普通高等学校"十四五"规划汽车类专业精品教材

车辆与运载装备轻量化技术

胡志力 华 林 编著

华中科技大学出版社
中国·武汉

内容简介

本书从车辆与运载装备轻量化的国际发展趋势出发,系统介绍了轻量化材料、结构与先进成形制造技术研究的最新成果。全书共分 10 章,在介绍车辆与运载装备轻量化研究背景和重要意义的基础上,详细阐述了车辆与运载装备轻量化材料选用、轻量化结构设计、轻量化构件先进成形制造技术等。重点介绍了目前在车辆与运载装备上所应用的主要轻量化材料,包括高强钢、铝合金、镁合金和复合材料的特性,以及车辆与运载装备制造中所采用的新工艺、新方法。同时结合工程实际,以典型工程案例介绍了车辆与运载装备轻量化设计制造时应关注的要点。

本书可作为高等院校汽车设计与制造及相关专业本科生、研究生的教材,也可作为从事汽车轻量化成形理论研究,工艺装备开发、生产和应用的工程技术人员的参考书。

图书在版编目(CIP)数据

车辆与运载装备轻量化技术 / 胡志力,华林编著. -- 武汉:华中科技大学出版社,2024.12. -- ISBN 978-7-5772-1361-3

Ⅰ. U462.2

中国国家版本馆 CIP 数据核字第 20242Y8F23 号

车辆与运载装备轻量化技术
Cheliang yu Yunzai Zhuangbei Qinglianghua Jishu

胡志力　华　林　编著

策划编辑:胡周昊	
责任编辑:郭星星	
封面设计:廖亚萍	
责任监印:朱　玢	
出版发行:华中科技大学出版社(中国·武汉)	电话:(027)81321913
武汉市东湖新技术开发区华工科技园	邮编:430223
录　　排:武汉三月禾文化传播有限公司	
印　　刷:武汉科源印刷设计有限公司	
开　　本:787mm×1092mm　1/16	
印　　张:16.75	
字　　数:426 千字	
版　　次:2024 年 12 月第 1 版第 1 次印刷	
定　　价:49.80 元	

本书若有印装质量问题,请向出版社营销中心调换
全国免费服务热线:400-6679-118　竭诚为您服务
版权所有　侵权必究

普通高等学校"十四五"规划汽车类专业精品教材

/ 编审委员会 /

顾　　　问：华　林　　武汉理工大学
编委会主任：颜伏伍　　武汉理工大学
　　　　　　汪怡平　　武汉理工大学
委　　　员：（按姓氏拼音顺序排列）

褚志刚	重庆大学	卢剑伟	合肥工业大学
何智成	湖南大学	唐　亮	北京林业大学
贺德强	广西大学	陶　骏	东风商用车有限公司
胡　杰	武汉理工大学	汪俊君	岚图汽车科技有限公司
胡　林	长沙理工大学	王衍学	北京建筑大学
胡明茂	湖北汽车工业学院	吴华伟	湖北文理学院
胡志力	武汉理工大学	熊树生	浙江大学
黄　晋	清华大学	严运兵	武汉科技大学
黄其柏	华中科技大学	杨彦鼎	东风汽车集团有限公司研发总院
金立生	燕山大学	查云飞	福建理工大学
赖晨光	重庆理工大学	张　勇	华侨大学
李　杰	北京建筑大学	赵　轩	长安大学
刘　波	北京科技大学	朱绍鹏	浙江大学
刘金刚	湘潭大学		

前　　言

轻量化是汽车与航空航天运载装备领域永恒的主题，它对装备的综合性能和服役效能具有决定性影响。运载装备轻量化技术是世界各国节能减排和提高装备性能首选的办法。最典型的应用代表是汽车，世界汽车协会报告指出，汽车整车重量每降低10％，燃油效率可提高6％～8％，排放可降低5％～6％；对于电动汽车，对应续航里程可增加5％～6％。而新一代的深空探测器、先进战机和高超声速飞行器等航空航天装备长航时、高承载和高机动的发展趋势更是对轻量化技术提出了迫切需求。航空航天运载装备轻量化技术可以减少飞行器的燃料消耗，提升续航能力和机动性，是未来航空航天运载装备发展的关键技术之一。

在过去的数十年里，一系列高性能优化设计方法、新材料和制造工艺技术的研发和应用，不断推动汽车与航空航天运载装备轻量化水平的提升。本书是作者团队在车辆与运载装备轻量化领域长期研究成果的总结。在国家自然科学基金项目、国家重点研发计划项目、国家科技重大专项项目、教育部创新团队发展计划项目等支持下，通过产学研密切合作，作者团队研究建立了高强钢、铝合金、碳纤维等典型轻量化材料的成形制造理论，开发了典型轻量化构件的高质高效成形技术与装备，并在国内外汽车与航空航天著名企业进行了规模化应用，取得了显著的社会效益和经济效益。作者团队将车辆与运载装备轻量化技术相关研究成果总结整理成书，以期促进我国车辆与运载装备轻量化技术的创新与应用发展。

本书共有10章，首先介绍了车辆与运载装备轻量化发展的背景及国内外最新研究现状，然后分别从轻量化材料选用、轻量化结构设计和轻量化先进制造工艺技术三个方面重点阐述了实现车辆与运载装备轻量化的途径和方法。全书力求反映国际车辆与运载装备轻量化技术的新材料、新结构和新工艺，结合大量工程实例，深入浅出地指导学生学习有关车辆与运载装备轻量化的基础知识。

本书由胡志力和华林等人共同编著完成，具体分工如下：第1章和第5章由华林撰写，第6章和第7章由胡志力撰写，第8章和第9章由郭巍撰写，第2章由孙倩撰写，第3章由马梦撰写，第4章由黄锋撰写，第10章由胡泽启撰写。全书由胡志力统稿定稿。

车辆与运载装备轻量化技术正处于快速发展之中，作者的认识与理解难免不全面、不准确，恳切希望读者批评指正。

编著者
2024年5月

目 录

第1章 概述 (1)
  1.1 车辆与运载装备材料 (1)
  1.2 车辆与运载装备结构 (3)

第2章 轻量化材料选用 (5)
  2.1 高强钢 (5)
  2.2 铝合金 (7)
  2.3 镁合金 (9)
  2.4 非金属材料 (11)

第3章 轻量化结构设计 (14)
  3.1 概述 (14)
  3.2 车辆与运载装备的结构特点及轻量化路径 (15)
  3.3 汽车轻量化结构优化设计方法 (29)
  3.4 基于性能目标最优的轻量化优化设计方法 (32)
  3.5 车辆与运载装备轻量化结构设计案例分析 (35)

第4章 轻量化构件一体化压铸与特种铸造技术 (49)
  4.1 一体化压力铸造 (49)
  4.2 熔模铸造 (57)
  4.3 挤压铸造 (61)
  4.4 低压铸造 (65)
  4.5 半固态铸造 (69)

第5章 高强钢热冲压技术 (76)
  5.1 高强钢热冲压技术原理及特点 (76)
  5.2 高强钢热冲压关键技术 (79)
  5.3 先进热冲压工艺 (95)
  5.4 高强钢轻量化构件热冲压案例分析 (102)

第6章 高强铝合金热冲压技术 (110)
  6.1 高强铝合金热冲压技术原理及特点 (110)
  6.2 高强铝合金热冲压关键技术 (114)
  6.3 热冲压主要工艺参数对材料成形性能的影响 (116)
  6.4 高强铝合金热冲压成形的屈服强度 (124)
  6.5 先进热冲压工艺 (126)
  6.6 高强铝合金轻量化构件热冲压案例分析 (139)

第 7 章 高强铝合金热锻成形技术 ……………………………………………………… (150)
    7.1 高强铝合金热锻成形技术原理及特点 ……………………………………… (150)
    7.2 铝合金热锻成形关键技术 …………………………………………………… (150)
    7.3 高强铝合金轻量化构件热锻案例分析 ……………………………………… (160)

第 8 章 非金属工程塑料成型工艺技术 ……………………………………………… (190)
    8.1 工程塑料成型工艺基础 ……………………………………………………… (190)
    8.2 工程塑料成型工艺的关键技术 ……………………………………………… (191)
    8.3 工程塑料常见的成型工艺方法 ……………………………………………… (197)
    8.4 工程塑料轻量化成型工艺应用案例 ………………………………………… (205)

第 9 章 非金属复合材料轻量化成型工艺 …………………………………………… (210)
    9.1 非金属复合材料轻量化成型工艺基础 ……………………………………… (210)
    9.2 非金属复合材料轻量化成型工艺关键技术 ………………………………… (213)
    9.3 非金属复合材料轻量化成型工艺应用案例 ………………………………… (218)

第 10 章 轻量化结构增材制造技术 ………………………………………………… (223)
    10.1 增材制造技术的原理及特点 ………………………………………………… (223)
    10.2 增材制造关键技术 …………………………………………………………… (227)
    10.3 轻量化增材制造工艺 ………………………………………………………… (238)
    10.4 增材制造技术在发动机连杆上的应用 ……………………………………… (246)
    10.5 增材制造技术在航发叶片上的应用 ………………………………………… (252)

参考文献 ………………………………………………………………………………… (256)

第1章 概 述

随着全球交通运输业的快速发展,轻量化已经成为当前车辆与运载装备设计和制造领域的关键议题。无论是汽车、航空航天器、高铁还是其他运载交通装备,轻量化都旨在通过采用轻质材料和优化设计,降低装备重量,从而减少能源消耗、提升运行效率,并满足环境保护和可持续发展的要求。轻量化技术不仅能提升装备的动力性能、操控性能和加速性能,还能显著增强其安全性能。

轻量化技术的背景可以追溯到石油危机以及对环境保护和能源效率的日益关注。在过去几十年中,各类交通运输行业都在致力于提高能源效率和减少排放,以应对资源稀缺和环境污染问题。轻量化作为一种重要的解决方案,被广泛应用于现代车辆与运载装备的设计和制造中。

轻量化技术的应用不仅有助于降低能源消耗和减少排放,还能提高装备的能源效率。较轻的装备重量意味着更少的能量需求,因此可以更高效地利用有限的能源,减少能源浪费。此外,轻量化技术还有助于提升装备的操控性能、加速性能以及整体运行效率,为乘客和运营者提供更好的使用体验。

为了实现轻量化,材料选择成为关键因素。传统的车辆与运载装备制造主要使用钢铁作为结构材料,这些材料虽然强度高、可塑性好,但相对较重。然而,随着科学技术的进步和新材料的引入,制造商开始寻求更轻量化的解决方案。高强度钢、铝合金、镁合金和复合材料等新型材料具有较低的密度和良好的强度,可以有效减轻装备重量,同时保证结构的强度和刚度能满足使用需求,因此成为优选的轻量化材料。

此外,车辆与运载装备的结构设计也发生了变化。传统的结构设计主要采用单一材料,但随着轻量化要求的提高,现代设计逐渐采用多种材料的组合,即将不同材料应用于适合其特性的部位,如高强钢和铝合金用于主要承载结构,碳纤维增强聚合物(CFRP)等复合材料用于加强关键部位,可以实现结构的轻量化和强度的平衡。

综上所述,车辆与运载装备轻量化技术在实现环境保护、提高能源效率和促进可持续发展方面具有重要意义。本书将深入探讨轻量化材料的选用、轻量化结构设计的原则和方法,以及轻量化制造过程和技术。

1.1 车辆与运载装备材料

车辆与运载装备材料是指用于制造和维修各类交通运输装备的材料,包括金属、塑料、橡胶、玻璃、纤维等。材料的选择和应用直接影响着装备的动力性能、质量、舒适性、成本等方面。因此,材料是车辆与运载装备的重要组成部分,也是技术发展的基础和动力。

车辆与运载装备材料可以分为金属材料、非金属材料和复合材料三大类。

金属材料是最常用的车辆与运载装备材料,主要包括钢铁、铝合金、镁合金、钛合金等。钢铁是最传统的材料,具有强度高、成本低、可回收利用等优点,但也存在密度大、耐腐蚀性差等缺点。为了降低重量和提高性能,钢铁工业不断开发高强钢、超高强钢等新品种。铝合金具有密度小、导热性好、可回收利用等优点,但存在强度低、成本高等缺点。镁合金是密度最小的结构金属材料,具有轻量化潜力大、阻尼性好等优点,但存在强度低、耐腐蚀性差等缺点。钛合金虽具有高强度、高耐热、高耐腐蚀等特性,但成本高、加工难。

非金属材料是指除金属以外的其他类型的材料,主要包括塑料、橡胶、陶瓷、玻璃等。塑料具有密度小、可塑性好、成形性好等优点,但存在强度低、耐热性差等缺点。橡胶是一种高弹性、高阻尼的材料,具有减振、密封、降噪等功能。陶瓷具有高硬度、高耐热、高耐腐蚀等特性。玻璃则具有良好的透明性、隔音性和隔热性。

复合材料是由两种或两种以上不同性质的材料组合而成的新型材料,具有各组分材料所不具备的优异性能。复合材料可以分为金属基复合材料、陶瓷基复合材料和树脂基复合材料三大类。这些复合材料在车辆与运载装备中的应用主要集中在碳纤维增强聚合物(CFRP)和玻璃纤维增强聚合物(GFRP)等方面,主要用于车身结构件、覆盖件等部件。

1.1.1 根据功能和位置分类

根据不同的功能和位置,车辆与运载装备材料可以分为以下几类:

结构材料:用于装备的主要承力部件,如白车身、底盘、悬架、发动机等,要求具有高强度、高韧性、高耐热性、高耐腐蚀性等特点。常用的结构材料有各种钢(普通钢、高强钢、超强钢等)、铝合金、镁合金、钛合金等。

装饰材料:用于装备的内外饰部件,如仪表板、门板、座椅、保险杠等,要求具有良好的外观、舒适性、耐候性、耐磨性等特点。常用的装饰材料有各种塑料(聚丙烯、聚乙烯、聚氯乙烯等)、橡胶(天然橡胶、合成橡胶等)、纤维(棉纤维、涤纶纤维等)、皮革等。

功能材料:用于装备的各种电器、电子、传感器等部件,要求具有特殊的物理或化学性能,如导电性、导热性、磁性、光学性等。常用的功能材料有各种金属(铜、铝、铁等)、半导体(硅、锗等)、陶瓷(氧化物、碳化物等)、复合材料(碳纤维复合材料、金属基复合材料等)等。

1.1.2 根据制造工艺分类

根据不同的制造工艺,车辆与运载装备材料可以分为以下几类:

铸造材料:通过将液态金属或塑料注入模具中冷却凝固而成形的材料称为铸造材料,如铸铁件、铸铝件、注塑件等。

锻造材料:在高温下加压变形而成形的金属材料称为锻造材料,如锻钢件、锻铝件等。

轧制材料:在高温或常温下经过多次轧制而成形的金属材料称为轧制材料,如轧钢板、轧铝板等。

拉伸材料:在高温或常温下经过拉伸而成形的金属材料或塑料称为拉伸材料,如拉伸钢丝、拉伸铝丝、拉伸塑料等。

挤压材料:在高温或常温下经过挤压而成形的金属材料或塑料称为挤压材料,如挤压铝型材、挤压塑料等。

1.2 车辆与运载装备结构

车辆与运载装备的结构设计对于轻量化和性能提升至关重要。传统的结构设计主要采用钢铁材料,这些材料在强度和刚度方面性能优异但相对较重。然而,随着对轻量化要求的提高,现代设计逐渐采用多种材料的组合和新的结构设计方法。

以下是一些常用的车辆与运载装备轻量化结构设计原则和方法:

1.2.1 多材料组合

现代轻量化结构设计采用多种材料的组合,以实现最佳的重量和强度比。不同材料具有不同的特性和适用范围,因此将不同材料应用于适合其特性的部位可以最大限度地优化装备结构性能。例如,高强钢和铝合金常被用于构建主要的承载结构,如车身框架和安全结构,以提供足够的强度和刚度。同时,轻量化材料如碳纤维增强聚合物被用于加强关键区域,如车身侧撞梁和B柱,以提升装备的碰撞安全性。

1.2.2 结构优化设计

结构优化设计是一种基于工程原理和计算的设计方法,旨在实现结构的最优化。使用计算机辅助工程(CAE)软件和数值模拟技术进行结构优化设计可以确定最佳的材料分布、形状和连接方式,以实现轻量化和性能提升的目标。拓扑优化和形状优化是常用的结构优化方法,它们可以帮助设计师找到最佳的结构形状,以满足强度、刚度和重量等方面的要求。

1.2.3 制造工艺优化

车辆与运载装备结构的制造工艺也对轻量化起着重要作用。优化的制造工艺可以减少材料的浪费,也可以降低制造成本,同时提高结构的性能。例如,采用先进的成形技术,如热成形、挤压和注塑等,可以实现复杂形状和轻量化结构的制造。此外,智能制造技术和自动化工艺的应用可以提高生产效率和一致性,减少人为误差和能源消耗。

1.2.4 模拟和测试验证

在车辆与运载装备结构设计和制造过程中,模拟和测试验证是不可或缺的环节。使用计算机辅助工程软件和虚拟仿真技术,可以对结构进行各种载荷和条件的模拟分析,以评估其性能和可靠性。此外,还需要进行实际的物理测试和验证,以确保结构在实际使用中的动力性能和安全性能。

现代车辆与运载装备的结构设计常采用多材料组合、结构优化设计和制造工艺优化等方法,旨在实现轻量化和性能提升的目标。通过综合考虑材料、结构形状和制造工艺等因素,制造商可以实现结构的最佳权衡,提供更轻量化、更高强度和更安全的装备产品。

本章主要介绍了车辆与运载装备轻量化的概念、意义以及与之相关的材料和结构设计。通过对轻量化技术的讨论,我们可以得出以下结论:

(1) 车辆与运载装备轻量化是当前设计和制造领域的重要议题。随着环境保护和可持续发展的要求日益提高,轻量化成为实现能源效率提升、减少能源消耗和排放的关键手段。

（2）材料的选择对于轻量化至关重要。传统的制造主要使用钢铁作为结构材料,但随着技术进步和新材料的引入,铝合金、镁合金、钛合金和复合材料等新型材料得到了广泛应用。这些材料具有较低的密度和良好的强度,能够实现装备结构的轻量化。

（3）结构设计在实现轻量化和提升性能方面起着关键作用。传统的结构设计通常采用钢铁材料,但随着对轻量化要求的提高,现代设计逐渐采用多材料的组合。通过结构优化设计和制造工艺优化,可以实现结构的最佳权衡,以满足强度、刚度、重量和安全性等要求。

（4）轻量化的实现要综合考虑材料、结构设计、制造工艺和性能验证等多个方面。通过模拟和测试验证,可以评估结构的性能和可靠性,以便做必要的调整和改进。

综上所述,车辆与运载装备轻量化技术是实现环境保护、提高能源效率和推动可持续发展的关键手段。通过选择合适的轻量化材料、优化结构设计和制造工艺,我们可以实现更轻量化、更高强度和更安全的装备产品。

第 2 章 轻量化材料选用

在车辆与运载装备轻量化的进程中,材料的选择是至关重要的一步。车辆与运载装备材料的选用直接决定其重量、性能,尤其是安全性能。随着科学技术的不断进步和新材料的涌现,制造商面临着更多的选择和挑战。在本章中,我们将深入探讨轻量化材料的选用原则、常见材料的特点和应用,以及不同材料在装备制造中的优势和限制。

为了实现车辆与运载装备的轻量化,传统的钢铁材料已经无法满足需求。尽管钢铁具有良好的强度和可塑性,但其相对较高的密度使得车辆与运载装备的重量较大,导致燃油经济性和尾气排放方面存在挑战。因此,研发和应用新型材料成为轻量化领域的重要任务。

高强钢是一种重要的轻量化材料,具有较高的强度和刚度,可用于制造关键部件和安全系统。通过合金设计和热处理工艺,高强钢的性能可以进一步优化,实现更轻量化的车身结构,同时保持足够的强度和刚度。

钛合金是一种广泛应用于航空航天等领域的轻量化材料。钛合金具有卓越的强度、刚度和抗腐蚀性能,同时具备较低的密度。尽管钛合金的成本相对较高,但在高端汽车和赛车领域得到了广泛应用。通过在关键部位使用钛合金,可以显著减轻车辆的重量,提高燃油经济性和安全性能。

铝合金具有较低的密度和良好的可塑性。铝合金在车辆与运载装备制造中应用广泛,特别是在车身、底盘和发动机部件等方面。通过铝合金的应用,可以有效减轻重量,提高燃油经济性和动力性能。

此外,镁合金和复合材料等新型材料也逐渐受到关注。镁合金具有良好的比强度和振动吸收性能,可用于制造轻量化部件。复合材料,如碳纤维增强聚合物(carbon fiber reinforced polymer,CFRP),具有高强度、高刚度和轻量化的特点,已广泛应用于车辆与运载装备制造。

本章将深入探讨各种轻量化材料的特点、优势和限制,并讨论其在不同部件中的应用情况。我们将介绍材料的物理和力学性能,以及其对轻量化、燃油经济性和安全性能的影响。通过了解不同材料的特点和适用范围,我们可以为车辆与运载装备轻量化的材料选用提供更深入的指导。

2.1 高 强 钢

高强钢是汽车轻量化的关键材料之一,采用高强钢可以降低整车质量及成本,同时提高车身的刚度和碰撞性能。高强钢的应用主要集中在车身的性能敏感区域,如前后防撞梁、车门防撞梁、前后纵梁、中央通道、座椅横梁、门槛纵梁、顶盖横梁、A 柱加强板、B 柱加强板和风窗立柱加强板等。这些区域需要有较高的变形能力和吸能能力,以保护司乘人员的安全。

2.1.1 高强钢的特点

高强钢是通过优化钢的化学成分和热处理工艺,使其具备较高屈服强度和抗拉强度的钢材。高强钢是相对软钢而言的,不同钢厂和汽车生产厂的划分标准并不统一,分别按照屈服强度或抗拉强度划分。根据世界钢铁协会的定义,将屈服强度在 210~550 MPa 范围内的钢定义为高强钢(high strength steel,HSS),屈服强度在 550 MPa 以上的钢定义为超高强钢(ultra high strength steel,UHSS)。在日系汽车中,一般把抗拉强度在 340 MPa 以上的钢定义为高强钢,抗拉强度在 780 MPa 以上的钢定义为超高强钢。这两种方法都是经常采用的。

相对于普通碳钢,高强钢有如下特点:

(1) 高强度和刚度:高强钢的屈服强度和抗拉强度明显高于普通碳钢,通常超过 550 MPa,甚至可达 700 MPa 以上。这使得高强钢在满足强度要求的同时,可以减小材料的厚度,从而减轻车辆重量。

(2) 轻量化:尽管高强钢具有较高的强度,但其相对密度较低,相比于其他材料如铝合金或镁合金,高强钢可以实现更好的强度-重量比。这意味着使用高强钢可以减轻车辆的重量,提高燃油经济性和动力性能。

(3) 良好的可塑性和成形性:高强钢具有出色的可塑性和成形性,可以通过各种成形工艺制造复杂形状的零部件。这使得高强钢适用于制造具有复杂几何形状和结构的车身部件,并且可以减少材料浪费。

(4) 优异的冲击吸能能力:高强钢在碰撞时表现出良好的冲击吸能能力,能够吸收和分散碰撞能量。这使得高强钢能够在汽车安全性能方面发挥重要作用,保护司乘人员免受伤害。

2.1.2 高强钢在汽车上的应用

高强钢在汽车制造中有广泛的应用,涵盖了多个方面:

(1) 车身结构:高强钢被广泛用于车身主体结构的制造,包括车顶、车门、侧面梁等。这些车身零部件对强度和刚度的要求较高,高强钢可以在保证安全性的同时实现车身减重。

(2) 关键部件:高强钢也广泛应用于制造关键部件,如车身框架、底盘组件、悬架系统等。这些部件承受着较大的载荷和应力,高强钢的高强度和高刚度使其成为可靠的选择。

(3) 碰撞安全性:高强钢在碰撞安全性方面发挥重要作用。它可以用于制造安全车架和碰撞能量吸收结构,能够有效吸收和分散碰撞能量,减小司乘人员受伤的风险。

(4) 优化设计:高强钢的引入可以帮助优化车辆设计,改善车辆的性能和燃油经济性。通过使用高强钢,汽车制造商能够实现更轻量化的设计,提高整车的效率和综合性能。

2.1.3 高强钢在航空航天装备上的应用

高强钢在航空航天装备上中的应用涵盖了以下几方面:

(1) 关键承力部件:高强钢因其超高的屈服强度和抗拉强度,被广泛应用于飞机起落架、发动机轴、齿轮轴承、火箭发动机壳体等关键承力部件。这些部件需要承受巨大的冲击力和压力,高强钢的使用确保了零部件在极端条件下的可靠性和安全性。

(2) 装备性能：高强钢的使用可以显著提升航空航天装备的性能。高强钢的应用使得航空航天装备在承受巨大载荷的同时保持良好的抗疲劳性能。高强钢极高的强度和可靠性使其在航空航天领域的重要性进一步增强。

(3) 轻量化设计：在航空航天领域，轻量化是提高装备性能和燃油效率的关键。高强钢的使用可以在不牺牲结构强度的前提下减轻装备重量，实现轻量化设计。

(4) 安全性：航空航天装备面临极端温度变化等多种恶劣因素的影响，高强钢能够在航空航天装备上保持耐高温、耐磨损等稳定的性能，可为装备及人员的安全性和防护性提供必要的支撑。

2.1.4 轻量化材料高强钢面临的挑战

(1) 成形难度大：高强钢由于强度高，导致成形过程中存在回弹、裂纹、皱纹等问题，因此其成形需要采用特殊的成形工艺和设备，如热冲压、激光焊接等，增加了生产难度和成本。

(2) 氢致延迟断裂风险：高强钢在焊接或镀锌过程中，容易吸收氢原子，在应力作用下易产生氢致延迟断裂(hydrogen induced delayed fracture，HIDF)，导致零件失效或断裂。目前尚无有效的方法来预测或防止 HIDF 的发生。

(3) 应用范围受限：高强钢虽然在车身结构件上有广泛的应用，但在其他部位如发动机、变速器、悬架等还难以替代传统材料，因为这些部位需要考虑耐热性、耐腐蚀性、摩擦性能等因素。

2.2 铝 合 金

2.2.1 铝合金的特点

铝合金就是在铝材料的基础上添加一定量的合金元素所形成的材料，具有以下几个显著特点：

(1) 轻质高强：铝合金的密度较低，相比于钢材等传统材料，铝合金具有更轻的质量。结合合金化和热处理等方式，铝合金能够获得较高的强度。

(2) 耐腐蚀性强：铝合金表面有一层天然的氧化铝膜，具有良好的耐腐蚀性，能够在恶劣环境下使用，而无须额外的防腐处理。

(3) 加工性能优越：铝合金易于加工和成形，可以通过挤压、铸造、焊接等方法制作成复杂形状的零件，能够适应不同的设计需求。

(4) 导热性良好：铝合金导热性较好，适用于需要散热的零部件，如电子设备外壳等。

(5) 可回收性强：铝合金是可再生资源，回收铝的能耗比生产原铝低，且回收后性能不受影响，符合环保要求。

(6) 良好的导电性：铝合金的电导率接近铜，适宜于电气相关的应用，如电缆导体。

(7) 美观性：铝合金表面可以进行阳极氧化、电泳涂装等处理，能够达到美观的效果，适用于需要视觉效果的产品。

2.2.2　铝合金在汽车上的应用

铝合金在汽车领域的应用形态主要包括铸造铝合金、变形铝合金、泡沫铝等多种类型。如图 2-1 所示，宝马 5 系列车身前端总成由冲压铝板件、铸铝合金件和铝挤压件焊接而成。

图 2-1　宝马 5 系列车身前端总成

（1）铸造铝合金：铝合金可通过铸造工艺制造复杂形状的零部件。铸造铝合金具有良好的成形性和适应性，能满足汽车工业的各种生产需要。

（2）变形铝合金：与铸造铝合金相比，变形铝合金拥有更强的韧性和更高的强度，其合金含量也比较低，通常被应用于汽车装饰件、结构件、散热部件和车体面板等。

（3）泡沫铝：在车体骨架中填充泡沫铝，这是铝合金目前最流行的一种应用方式。将泡沫铝用作夹心结构材料的夹心，可增强夹心板的刚度、隔音、隔热、减振等性能。图 2-2 所示是泡沫铝在车身中的典型应用。

图 2-2　泡沫铝在车身中的典型应用

2.2.3　铝合金在航空航天装备上的应用

铝合金在航空航天装备上的应用非常广泛，主要得益于其优良的力学性能、轻质和耐腐蚀等特性。以下是铝合金在航空航天领域的一些具体应用：

（1）飞机结构件：铝合金常用于制造飞机的机身、机翼和尾翼等结构件，帮助减轻重量，提高燃油效率。

(2) 航天器外壳:在航天器如卫星、探测器的外壳中,铝合金以其出色的耐腐蚀性和比强度得到了应用,以保护内部设备和系统。

(3) 发动机部件:一些飞机和航天器的发动机部件也使用铝合金,主要是低温和高强度的部件。

(4) 舱体与座舱:铝合金被应用于飞机座舱的结构中,以保证乘员的安全,提高乘员的舒适性。

(5) 起落架:部分航空器的起落架采用铝合金材料制作,具有较高的强度与较低的自重。

(6) 连接件与支架:铝合金因其轻质特性被广泛用于制造各种连接件、支架和固定件,从而赋予结构以稳定性。

(7) 隔热和屏蔽材料:航天器面临极端温度,铝合金可以用作隔热和屏蔽材料,保护内部设备免受高温影响。

2.2.4 轻量化材料铝合金面临的挑战

轻量化材料铝合金在应用和发展中面临多种挑战,主要包括以下几方面:

(1) 强度与韧性平衡:铝合金虽然具有优良的轻量化性能,但在某些应用中,其强度和韧性可能不足,尤其是在高负荷环境下。

(2) 腐蚀性能:铝合金在某些环境中容易发生氧化和腐蚀,特别是在潮湿或盐雾环境中,这个特性在一定范围内限制了其应用。

(3) 加工成本:高性能铝合金的材料成本和加工成本相对较高,尤其是一些高合金化的铝合金,其生产和加工技术要求较高。

(4) 焊接性:某些铝合金在焊接时可能出现缺陷,如裂纹、气孔等,导致焊接接头性能下降。这对结构件的整体强度提出了挑战。

(5) 热处理:铝合金的热处理过程复杂,需严格控制温度和时间,以确保材料性能的稳定性。这对生产工艺提出了较高要求。

(6) 回收与可持续性:尽管铝合金具有较高的可回收性,但在实际应用中的回收率和再利用效率仍有待提高。

(7) 市场竞争:随着复合材料及其他轻量化材料的发展,铝合金面临来自这些新材料的竞争,需要不断提高自身性能以保持竞争力。

2.3 镁 合 金

2.3.1 镁合金的特点

镁合金是以镁为基础加入其他元素组成的合金。镁合金是最轻的金属结构材料,其密度为 $1.75\sim1.90\ g/cm^3$。镁合金的强度和弹性模量较低,但它有高的比强度和比刚度,在相同重量的构件中,选用镁合金可使构件获得更高的刚度。镁合金有很高的阻尼容量和良好的消振性能,可承受较大的冲击振动负荷,适用于制造承受冲击载荷和振动的零部件。镁合金具有优良的切削加工性和抛光性能,在热态下易于加工成形。镁合金具有以下的优势

及特点:
（1）资源丰富,镁在地壳中的含量为 2.35%,进入 21 世纪后,产量逐年上升。
（2）镁合金具有良好的导热性,可回收性好,抗电磁干扰性强,屏蔽性能优良。
（3）镁合金被誉为"绿色工程材料",镁合金是继钢铁和铝合金之后发展起来的第三类金属结构材料。
（4）镁合金的再生性能好,与塑料不同,镁可以简单地再生使用而不降低其使用性能,且再生溶解时耗能较小。

2.3.2 镁合金在汽车上的应用

在汽车领域中应用最广泛的镁合金是压铸件,80%~90%的镁合金压铸件是应用在汽车工业上的。目前市场上,使用镁合金制造车身部件的关注度相对较高,特别是车灯散热支架、仪表盘支架、转向支架、中控骨架以及车载显示屏框架等车身部件。这些镁合金部件得到了市场客户的广泛接受。

此外,在车身系统、内外饰系统、底盘系统和动力总成中,镁合金的应用都非常广泛。由于镁合金结构件具有良好的减振效果,当来自结构外部的弹性应力通过镁合金件传递给其他结构件时,应力在镁合金件内部会大幅度衰减。这导致相邻结构件所承受的实际载荷降低,从而降低了这些结构件的设计强度要求,并提高了它们的安全性。

汽车零件采用镁合金具有以下优点:可以显著减轻车重、降低油耗和减少尾气排放,提高燃油的总体经济指标。汽车所用燃料的 60% 消耗于汽车自重,汽车每减重 10%,燃油消耗量将减少 8%~10%。此外,车身减重可以提高汽车的有效载荷,同时改善制动和加速性能。在汽车上应用镁合金可以提高其减振性能,降低噪声,从而提高汽车的安全性能和乘坐舒适性。

2.3.3 镁合金在航空航天装备上的应用

镁合金因其优良的力学性能、低密度和良好的加工性,在航空航天装备中得到了广泛应用,主要包括以下几方面:
（1）结构件:镁合金可用于制造飞机机身、附件和支架等结构件,以减轻重量,提高燃油效率。
（2）机舱组件:座椅框架、隔板和内饰件等机舱组件通常要求轻量化和高强度,镁合金能够满足这些需求。
（3）发动机部件:某些发动机外壳和支架零件使用镁合金,以降低重量并提高热管理能力。
（4）航空电子设备:镁合金用于制作航空电子设备外壳,能够提供必要的屏蔽效果和结构强度。
（5）无人机和航天器:在无人机和航天器的制造中,镁合金因其轻质特性被应用于框架和支架等关键部件。
（6）防护设备:一些防护外壳和防护装置也采用镁合金,以保证在减少重量的同时提供良好的防护性能。

镁合金的应用有助于提高航空航天装备的整体性能,但由于镁合金耐腐蚀性较差,通常需要进行表面处理和表面保护以确保其在严苛环境中的使用安全。

2.3.4 轻量化材料镁合金面临的挑战

目前镁合金在压铸领域的应用正处于从导入期向成长期过渡的发展阶段。镁合金产品的研发周期相对较长,需要进行多次试验和改进,以确保产品质量和性能达到要求。镁合金的产能方面存在一定限制,特别是对于大中型镁合金产品而言,因为生产设备和技术要求较高,规模化生产需要一定的实践经验和积累。然而,随着镁合金应用技术的逐渐成熟以及成本效益的提高,预计镁合金将拥有更广阔的市场空间。随着技术的不断进步和工艺的改善,未来镁合金有望发展成为重要的结构材料。那些提前布局镁合金压铸生产的企业将有望率先受益于镁合金行业的发展红利,并且有机会迅速扩大其生产经营规模。对于镁合金压铸企业而言,持续的技术创新和投入将是保持竞争力和实现可持续发展的关键。

镁合金在未来的市场空间非常广阔,特别是在乘用车轻量化方面。据中国汽车工程学会发布的《节能与新能源汽车技术路线图 2.0》规划,预计到 2025 年和 2030 年,每辆汽车所需的镁合金用量目标分别为 25 kg 和 45 kg。根据中国汽车流通协会乘用车市场信息联席分会的预测,到 2025 年中国乘用车零售销量约为 2400 万辆,因此在 2025 年中国汽车镁合金的需求量预计为 60 万 t。此外,根据 CM 咨询公司在第 79 届世界镁业大会上的预测,全球镁市场未来 5~10 年仍将保持增长趋势,并且汽车压铸领域镁合金消费的年复合增长率(CAGR)将明显高于其他领域的,预计 2022—2027 年期间的 CAGR 为 6.7%,2028—2032 年期间的 CAGR 为 11.0%。

综上所述,镁合金在未来的发展前景非常乐观,特别是在汽车轻量化领域。随着技术的进一步成熟和性价比的提高,镁合金有望成为重要的轻量化材料,满足汽车行业对于轻量化、节能和环保的需求。

2.4 非金属材料

2.4.1 非金属材料的特点

汽车轻量化中的非金属材料主要包括塑料、碳纤维、复合材料、陶瓷及玻璃等。这些材料具有以下几个显著特点:

(1) 低密度:非金属材料一般比金属材料轻,从而有效减少汽车整体重量,提升燃油效率和降低排放。

(2) 耐腐蚀性:许多非金属材料如塑料和某些复合材料,对腐蚀和氧化具有较强的抵抗性,能够延长汽车部件的使用寿命。

(3) 良好的成形性:非金属材料易于成形,可以制造出复杂的形状,便于设计和创新。

(4) 绝热性和隔音性:某些非金属材料具有优良的绝热和隔音效果,可提升乘车舒适性。

(5) 成本效益:尽管一些高性能复合材料成本较高,但很多非金属材料如塑料的生产成本相对较低,有助于降低整车生产成本。

(6) 可回收性和环保性:许多非金属材料可回收利用,符合可持续发展的要求,可降低对环境的影响。

（7）易于加工和上色：非金属材料通常易于进行后处理，如喷涂和着色，能够满足汽车外观设计的多样化需求。

2.4.2 非金属材料在汽车上的应用

2.4.2.1 碳纤维

车身构件是碳纤维材料在汽车领域中应用最多的部位，常见的碳纤维车身构件有车架、引擎盖、车顶框架等。现有的碳纤维材料的比强度和比刚度比普通钢更高，而密度却小得多，所以在保障车身结构强度的情况下，采用碳纤维材料后车身重量要远低于采用普通钢材后的车身重量，一般可以减重50%左右，可以有效降低车身自重，提高汽车动力学性能。这个特点在竞速型汽车中表现尤为明显。

碳纤维在底盘构件上的应用也很广泛，常见的有制动摩擦片、轮毂、传动轴等。碳纤维材料不存在传统金属材料的热损耗问题，具有耐油、耐水、耐热、耐腐蚀、不易老化等特点，因此是汽车制动摩擦片的理想材料之一。

轮毂不仅需要具有较强的抗冲击性能，还需要具有良好的耐热性、耐久性以及安全性。而碳纤维材料不仅可以适应轮毂的一系列要求，而且还可减小簧下质量，提升操控稳定性。

碳纤维传动轴不仅可以在保障传动轴质量及性能的情况下，减轻一半以上的传动轴重量，而且在同等重量和直径的情况下，碳纤维传动轴的扭矩最大值可以提高至钢制传动轴的170%以上。在同等重量下，碳纤维传动轴还具有更强的耐疲劳性能和耐久性能。

碳纤维在汽车内外饰零部件中的应用，不仅赋予了汽车科技感、动感和豪华感，还增添了"运动、时尚"的元素，这使得汽车更容易吸引年轻消费者。近年来，许多汽车制造商开发并推广了大量以"运动套件"形式出现的碳纤维产品。碳纤维材料被广泛应用于汽车的内饰件和覆盖件，例如引擎盖和车顶棚等部件。

2.4.2.2 工程塑料

塑料主要由非金属材料组成，具有密度小、成形性好、耐腐蚀、防震、隔热等特性，同时又具有金属板所不具备的外观色泽和触感。工程塑料与普通塑料相比具有更好的稳定性、耐热性和耐腐蚀性，与金属相比，质量轻，易加工，电绝缘性更好，既可以实现轻量化还可以节省成本。因此，工程塑料在轻量化制造方面的应用呈现增长趋势，材料的种类也在不断丰富。与同结构性能的钢材相比，工程塑料和复合材料一般可使部件的重量减轻35%左右。低密度和超低密度片状成形复合材料的发展，为重量减轻提供了巨大潜力，其减轻效果甚至超过了铝材，并且整体成本通常更低。

工程塑料在汽车外饰件上的应用是为了替代钢材，从而减轻汽车的自重。主要的应用部件包括保险杠、挡泥板、车轮罩、散热器格栅、扰流板等。汽车用塑料有很多以往传统材料没有的优点，主要体现在重量轻、外观装饰效果好、实际应用功能多、理化性能优良、易于加工成形、节能和可持续性好等方面。

工程塑料在汽车内饰件上的应用旨在提升安全性、环保性和舒适性。主要应用部件包括仪表板、车门内板、副仪表板、杂物箱、座椅后护板等。一般要求内饰材料必须具备以下特点：良好的强度和刚度，能承受一定的冲击载荷；良好的尺寸稳定性，特别是高温稳定性；良好的抗紫外线性等耐候性，可确保10年以上的使用寿命；良好的耐溶剂性；低气味性；以及哑光性。

结构件和功能件主要采用高强度的工程塑料,主要包括油箱、散热器水箱、空滤器壳体、风扇叶片等。

2.4.3 非金属材料在航空航天装备上的应用

非金属材料在航空航天装备中的应用越来越广泛,通过使用非金属材料,航空航天装备能够实现更轻、更高效、更耐用的性能,帮助提高整体飞行性能和安全性。航空航天装备用非金属材料主要包括以下几种类型。

2.4.3.1 复合材料

航空航天装备用非金属复合材料包括碳纤维复合材料、玻璃纤维复合材料、金属基复合材料和陶瓷基复合材料等。碳纤维复合材料具备优异的强度重量比,广泛用于航空航天结构件,如机翼、机身和燃料箱等。玻璃纤维复合材料则用于一些力量要求较低的部件,如内部装饰件。金属基复合材料结合了金属和非金属材料的优点,应用于需要兼顾强度和轻量化要求的航空航天零部件。陶瓷基复合材料因能够承受极高的温度和氧化环境,常用于高温部件,如喷气发动机的涡轮叶片。

2.4.3.2 工程塑料

常用于航空航天领域的工程塑料有聚四氟乙烯(PTFE)和聚醚醚酮(PEEK)等,这些高性能工程塑料因其出色的耐温和耐腐蚀性能常用于密封件、滑动轴承和管道等部件。

2.4.3.3 泡沫材料

轻质泡沫在隔热、声学衰减及减振方面有良好表现,应用于舱内隔离和防噪声设计。

2.4.4 轻量化材料非金属面临的挑战

轻量化材料在非金属领域的应用虽然具有许多优点,但也面临一些挑战,主要包括以下方面。

(1)力学性能:相比传统金属材料,非金属材料如复合材料和聚合物的强度和刚度通常较低,需要通过改进材料配方或结构优化来提升性能。

(2)热稳定性:许多轻量化非金属材料在高温环境下的性能会下降,限制了其应用范围,特别是在航空航天及汽车发动机等高温工况下。

(3)耐磨性和耐腐蚀性:虽然一些非金属材料具有良好的化学稳定性,但在某些环境(如机械磨损或化学腐蚀)下表现不佳,这影响了其长时间使用的可靠性。

(4)加工难度:与金属相比,某些轻量化非金属材料的加工过程可能更加复杂,需要专门的技术和设备,增加了生产成本。

(5)环境影响:一些非金属材料的生产和废弃处理可能会引发环境问题,例如塑料的降解性较差,这增加了对循环利用和环保材料的需求。

(6)连接难题:轻量化非金属材料与传统金属材料的连接技术较少,可靠的连接方案仍然是一个亟待解决的问题。

(7)成本问题:高性能的轻量化非金属材料往往制造成本较高,限制了它们在大规模应用中的经济性。

(8)标准化与认证:轻量化非金属材料的广泛应用需要以行业标准和认证体系为支撑,而目前在一些领域尚缺乏统一的标准。

第3章 轻量化结构设计

3.1 概 述

车辆与运载装备轻量化的主要途径有结构设计轻量化、材料轻量化以及先进的制造工艺技术三个方面。其中结构设计轻量化主要是指通过布局设计、结构优化,对各构件的形状、配置、板厚等结构属性进行强度、刚度、疲劳性能等的计算和分析,在保证性能要求的前提下,寻求零部件壁厚减薄、数量精简和结构的整体优化等,从而实现轻量化的结构优化和设计。

结构设计轻量化可以在不改变材料、工艺等情况下,实现零部件的轻量化,其实现较为容易,且成本往往较低,因此结构设计轻量化是车辆与运载装备轻量化的主要途径之一。特别是随着近几年计算机辅助工程(computer aided engineering,CAE)等分析技术的提升,通过计算机的模拟分析,就能去除零部件的大量设计冗余。因此,结构设计轻量化是现代化车辆与运载装备设计的最基本途径。但通过结构优化实现轻量化的方法有局限性,当结构优化做到一定程度时,要想继续实现轻量化,往往需要进一步借助于轻量化材料。

图 3-1 所示的是宝马公司总结的车身轻量化发展历程。在第一阶段(AB 段),通过结构优化就能实现较为显著的轻量化效果,且车身的制造成本也会随之降低。在第二阶段(BC 段),轻量化目标通过一些常用的材料轻量化方案,或一些结构优化设计就可以实现。该阶段的轻量化,往往伴随着成本的略微增加或持平。要想进一步实现第三阶段(CD 段)的轻量化,单纯地依靠结构优化设计或制造工艺是难以达到的,还需要依靠先进的轻量化材料,此时往往伴随着成本的大幅度上升。先进的轻量化材料,虽然现阶段成本较高,但属于车用材料的核心前沿技术,代表着轻量化的未来发展方向。以某全钢结构白车身的轻量化为例,在第一阶段,通过 CAE 的模拟分析,车身结构得以优化,壁厚减小,不仅可以减重 7% 左右,还因用材的减少而实现降本。在第二阶段,主要采用塑料前端框架、塑料外覆盖件、铝合金防撞横梁以及部分高强钢骨架等,实现车身减重 10% 左右。由于轻量化材料价格的上涨,虽然材料用量减少,但总体上成本还略微上升。至此,采用常规的轻量化方案,已经很难再有所效果,只有引入全铝(或钢铝)、碳纤维复合材料等先进轻量化材料来制作车身,才能把轻量化做到极致。

目前在轻量化结构优化方面,常用的汽车结构优化设计方法主要有结构拓扑优化、形状优化、尺寸优化,以及单目标和多目标优化方法等。具体实现轻量化的途径主要包括:

(1)通过优化设计方法减轻车身质量和减小钢板厚度,使部件薄壁化、中空化、小型化及复合化,采用 CAE 技术计算汽车强度和刚度,确保减重后整车的性能。

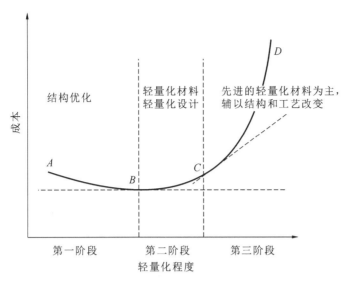

图 3-1 车身的轻量化发展历程

（2）开发设计结构更趋合理化的中空零部件，主要途径就是在结构上采用"以空代实"，即对于承受以弯曲或扭转载荷为主的构件，采用空心结构取代实心结构，同时优化结构材料布局，使之更加紧凑，这样既可以减轻重量，节约材料，又可以充分利用材料的强度和刚度。

（3）在轻量化与材料特性、工艺性、生产批量、成本及其他制约因素中找到一个最佳的结合点，实现多材料组合的轻量化结构，强调合适的材料用于合适的部位，并借助 CAD（计算机辅助设计）/CAE 技术使结构轻量化设计与优化融入概念设计，缩短开发周期，降低成本。

轻量化结构设计是运载装备轻量化的重要途径之一，是轻量化产品开发的基础和前提。轻量化结构设计是指将合适的材料、最优的结构形状和尺寸用在运载装备结构合适的位置，使每部分材料都能发挥出其最大的强度、刚度和吸能作用，提高材料利用率，降低整车质量，降低材料成本，实现节能、减排、降耗。因此对于这部分内容的了解和学习至关重要，掌握轻量化结构设计的理论、方法和过程对未来从事相关轻量化产品研发也大有裨益。

3.2 车辆与运载装备的结构特点及轻量化路径

3.2.1 车辆的结构特点及其轻量化路径

汽车的结构按照四大总成主要可以分为车身、底盘、动力系统以及电气系统等。目前，汽车轻量化技术的实施基本从产品开发阶段入手，首先制定明确的轻量化目标和减重指标，然后将这些目标和指标从整车分解到各个总成，再分解到具体零部件，按照轻量化产品开发流程与技术规范进行严格的管控，最终才能实现预计的轻量化目标。

为了能够使整车实现最大限度的轻量化，在实施轻量化技术时，应该按照车身轻量化→底盘轻量化→动力总成轻量化→电气系统轻量化的顺序进行。因此，对汽车进行轻量化设计时，各个总成的重要性依次为车身、底盘、动力系统、电气系统。本节从车身和底盘两部分出发，详细介绍这两大总成的结构特点及其主要零部件现阶段的轻量化方法。

3.2.1.1 车身的结构特点及其轻量化

（1）车身的结构特点。

车身一般分为白车身和车身附件两大类。白车身是指由车身本体、开启件及其他可拆卸结构件组成的总成。车身本体主要由车身骨架及其外覆盖件组成，开启件主要是四门、前舱盖和行李舱盖(也称为后尾门)。典型的白车身结构示意图如图3-2所示。车身附件主要是指安装于车身本体并提供辅助功能的零部件总和。不同车型的车身附件范围各有不同，一般包括门锁、铰链、玻璃升降器、车身用各种胶黏剂和水性涂料等。

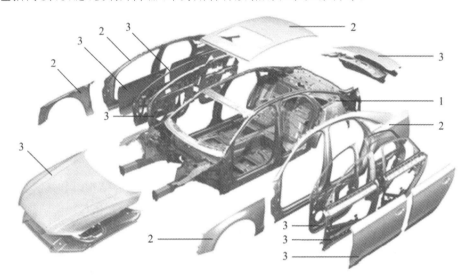

图3-2　白车身结构示意图
1—车身骨架；2—外覆盖件；3—四门两盖

车身是汽车发动机、变速器、传动系统、制动系统、悬架系统、排气系统、电气系统以及内外饰零部件的安装基础，并通过相应结构设计来满足司乘人员的安全性要求。车身质量占整车质量的1/4～1/3，其轻量化对整车的轻量化有极其重要的影响。车身轻量化的目的是在确保车身结构抗撞性、刚度、强度以及NVH(noise vibration harshness，噪声、振动与声振粗糙度)性能的前提下，减轻车身骨架的质量，同时不提高汽车车身制造成本，进而增强整车产品的市场竞争力。

（2）车身的材料轻量化。

车身的轻量化设计主要来源于材料轻量化，车身的轻量化材料主要包括高强钢、铝合金、镁合金、碳纤维复合材料和塑料等。轻量化材料的用量逐渐增加，各种轻量化材料的应用呈现出一定的竞争关系，汽车轻量化材料的应用仍以高强钢为主，同时各种轻量化材料也呈现出相互促进、混合使用的发展趋势。图3-3所示是我国车身轻量化材料的应用发展趋势。

① 高强钢的应用比例逐渐增高。

采用高强钢替代传统低碳钢，钢板的厚度可减薄20%～30%，还可以提升车辆的安全性。作为轻量化材料，高强钢的最大优势是可以采用与传统低碳钢材料相同的焊接方法，通用性强。纯电动车特斯拉Model 3采用钢铝混合的车身结构，其车身纵梁、A柱、B柱、车顶纵梁以及底板梁等均使用超高强钢制作。近几年国内的车身用高强钢发展迅速，部分车型的高强钢用量已达到较高水平，国产新能源混动车型的高强钢用量最高达70%，有效地减

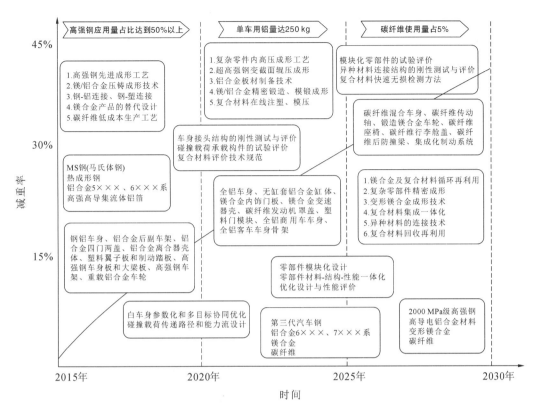

图 3-3　我国车身轻量化材料的应用发展趋势

轻了车身质量,提高了结构安全性。

② 车身用高强钢等级逐渐提升。

高强钢强度的提高可以减薄钢板厚度,在满足车身性能的前提下,进一步实现减重。超高强钢强度可以达到 1500 MPa、1700 MPa,远远超过普通高强钢。随着强度的不断提高,零部件在壁厚选择、结构设计时有更大的优化空间,从而达到轻量化效果。按照工程材料学理论,钢材强度高,其成形性能必然下降,科学工作者对材料技术和产品成形技术进行综合研究,开发了第二代高强钢和第三代高强钢,强塑积成为衡量高强钢性能的重要指标。

③ 铝合金零部件替代传统钢制零部件的数量逐年增加。

铝合金车身零部件开发是近几年最火热的轻量化研究方向之一,一些车企相继开展全铝车身、钢铝混合车身的研究以实现轻量化目标。用于汽车车身的主要有 5 系和 6 系铝合金板材。一般来说,具有较好塑性的非热处理强化的 5 系铝合金板材,主要用于形状复杂、强度要求不高、不注重外观质量的外覆盖件内板及结构件,典型牌号有 5052、5182、5754。外覆盖件的外板一般采用 6 系铝合金板材,6 系铝合金属于可热处理强化铝合金,6 系铝合金板材在冲压成形时无滑移线产生,所以适用于外板等强度、刚度要求高的部位。目前使用较多的 6 系铝合金板材主要有 6111、6022(北美车企使用),6014、6016、6451(欧洲车企使用),6016、6022、6111(日本车企使用)。国内车企在铝合金板材的应用上开发较晚,外板较多选用 6016 铝合金,内板多选用 5182 铝合金。

④ 碳纤维复合材料零部件逐步得到量产应用。

碳纤维复合材料具有轻质高强的优良性能,是汽车轻量化的理想材料之一。但目前国内车用碳纤维复合材料的研究刚刚起步,还处于技术探索积累阶段,原材料成本高及加工效率低等问题依然阻碍着碳纤维复合材料的推广应用。宝马 i3 以全碳纤维复合材料乘员舱开创了碳纤维复合材料在中级车上应用的先河。虽然目前材料的价格较高,但其仍然具有较大优势,有望得到量产应用。碳纤维复合材料制备工艺的进步和规模效应的不断凸显,有望打破技术及成本壁垒,促进行业进一步发展。

⑤ 塑料零部件逐渐增加。

塑料材料由于密度低、比强度高,在轻量化方面具有较大的优势。目前国内运用比较成熟的车身塑料零部件是前端框架,吉利、长城、江淮、众泰等自主车型的塑料前端框架都已在全系车型上应用。另外塑料后尾门、塑料前舱盖、塑料车门、塑料顶盖、塑料备胎舱等,在国内都有相应的量产运用。由于受到自身的强度较低、结构设计复杂、成本较高等因素的影响,因此塑料材料还难以实现大批量应用。

(3) 车身主要零部件的轻量化。

① 车身骨架的轻量化。

传统的车身骨架主要采用钢制材料,随着人们对整车安全的要求不断提高以及轻量化需求的推动,车身骨架使用的普通低碳钢正逐渐被高强钢所替代。新能源汽车由于电池质量的增加,对轻量化的需求更加迫切,为了平衡电池质量的增加,高强钢和轻质材料(铝合金、碳纤维复合材料、塑料等)的应用比例显著提升,从而最大限度地实现轻量化。以目前最为典型的纯电动车型特斯拉 Model S、Model 3,宝马 i3、i8 为例,前两者采用全铝、钢铝混合车身骨架,后两者则采用碳纤维复合材料车身骨架。国内的蔚来 ES8、奇瑞 eQ1 也均采用全铝车身骨架。图 3-4 所示是特斯拉 Model S 的铝合金车身示意图。

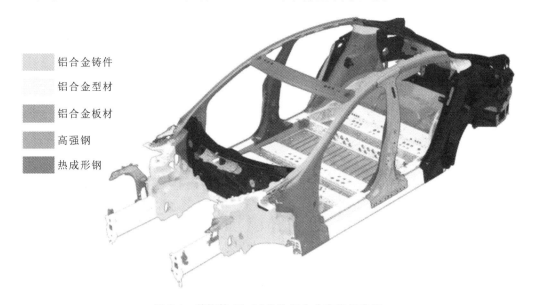

图 3-4 特斯拉 Model S 的铝合金车身示意图

② 车身四门的轻量化。

目前,汽车四门用钢选材多为低碳钢。其中汽车车门外板作为外观件应具有很好的成形性和抗凹性,因此多用烘烤硬化钢,以减薄厚度,保证抗凹性;汽车车门内板由于形状较外板更为复杂、拉延量更高,要求具有更高的成形性和深冲性能,因此多采用冲压成形性能和深冲性能优良的低碳钢。随着轻量化设计的推进,车门用材逐渐向着轻质方向发展,如铝合金、复合材料等。铝合金材料由于减重效果明显已在车门上得到应用,通过"以铝代钢"技术的应用,可实现四门减重30%～50%,铝合金车门及"铝合金外板+钢制内板"钢铝混合车门已有量产应用。复合材料车门外板一般采用改性PP(聚丙烯)材料。目前复合材料车门已在宝马、北汽、吉利等品牌的部分车型上得到应用。

③ 前舱盖的轻量化。

前舱盖在结构上一般由外板和内板组成,内板起到增强刚度的作用。前舱盖的主要性能要求是高刚度、对行人具有安全保护功能和具有良好的耐久性能。前舱盖总成属于大型外覆盖件,因而要求具有较强的抗凹性。

目前,前舱盖主要用材有钢、铝合金和塑料(或复合材料)三种。钢制前舱盖外板采用烘烤硬化钢,保证外板有足够高的抗凹性,内板用低碳钢如DC04,提供良好的冲压性能;铝合金前舱盖外板一般用6系铝合金板材,内板可用5系和6系铝合金板材,其中5系铝合金板材使用较多,这是因为5系铝合金板材的冲压性能更好,成本也更低。图3-5所示是奥迪A8的铝合金前舱盖内外板。复合材料前舱盖目前还在开发阶段,其中,采用碳纤维复合材料制作前舱盖内外板,可以实现显著的轻量化效果。铝合金前舱盖相对于钢制前舱盖可实现20%～50%的减重,而塑料(或复合材料)前舱盖相对钢制前舱盖的轻量化效果将更加明显。

图3-5 奥迪A8的铝合金前舱盖内外板

④ 后尾门的轻量化。

后尾门主要是指SUV或两厢轿车尾部后背上的车门,一般由尾门本体、尾门附件及尾门内外饰件三大部分组成。尾门本体是各种附件、内外饰件的载体,是后尾门最主要的部分。

传统的尾门本体由金属钢板冷冲压后包边连接而成,后尾门轮廓多不规则,外形复杂。尾门内板一般采用成形性能比较好的DC04、DC06等钢板一体化冲压成形;外板由上下两部分钢板冲压焊接而成,常采用高级精整表面的烘烤硬化钢(即BH钢,如B180H1等)、高强度无间隙原子钢(即IF钢,如HC180Y、HC220Y等)。由于轻量化等方面的需求,国内外也有一些车型开始采用塑料材料尾门本体。其中雪铁龙BX在1983年率先采用全热固性塑料后尾门,开启了塑料后尾门在汽车上的应用先河。国产新奇骏于2014年量产塑料后尾门,开启了塑料后尾门在国内汽车上的应用先河。另外,还有一些车型采用铝合金尾门本体、碳纤维复合材料尾门本体等,相对于传统的钢制尾门本体,均具有极佳的轻量化效果。

⑤ 防撞横梁的轻量化。

防撞横梁是汽车前、后保护装置的重要组成部分。在汽车发生低速碰撞时,防撞横梁可以将部分碰撞能量及时传递至左右吸能部件,充分吸收碰撞能量,降低车辆低速碰撞受损程度,起到保护车辆前后端车灯、锁体、冷却系统等主要部件的作用。图 3-6 所示是铝合金防撞横梁,主要由横梁、吸能盒、安装基板、拖钩套筒及支架等部分组成。

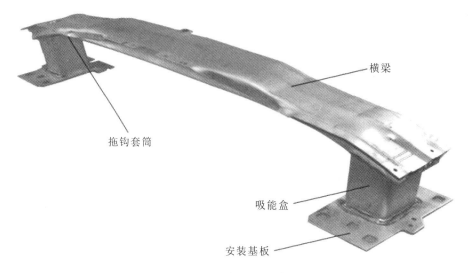

图 3-6 铝合金防撞横梁

传统的防撞横梁本体主要采用普通钢材冷冲压拼焊而成,该工艺保持了与车身其他钣金件相同的制造工艺,不需要单独的生产线,而且材料价格低,采购方便,模具要求低,一般车企冲压线都能制造。冷冲压拼焊的主要不足在于截面尺寸过大,零件重,一般需要与发泡塑料配合来实现行人保护功能。在全球节能减排以及汽车轻量化的趋势下,国内外对防撞横梁的研究主要集中在如何既保证其碰撞性能又实现轻量化。目前防撞横梁轻量化主要通过轻量化材料、结构优化和先进成形工艺来实现。

3.2.1.2 底盘的结构特点及其轻量化

(1) 底盘的结构特点。

汽车底盘主要由传动系统、制动系统、转向系统和悬架系统组成,如图 3-7 所示。传动系统一般由变速器、万向传动装置、主减速器、差速器和半轴等组成,其基本功用是将动力传输给汽车的驱动车轮,产生驱动力,使汽车能在一定速度下行驶。制动系统主要由供能装置、控制装置、传动装置和制动器等组成,其主要功用是使行驶中的汽车减速甚至停车,使下坡行驶的汽车速度保持稳定,使已停驶的汽车保持不动。转向系统是用来改变或保持汽车行驶或倒退方向的一系列装置,主要作用为改变车辆行驶方向、反馈路面及车辆行驶状况、减小碰撞对驾驶员的伤害、提高驾驶舒适性。悬架系统是汽车的车架与车桥或车轮之间的所有传力连接装置的总称,主要作用是传递作用在车轮和车身之间的一切力和力矩,缓和不平路面传给车身的冲击载荷,保证乘员的舒适性,减小车辆本身的动载荷,保证汽车的操纵稳定性。

(2) 底盘的材料轻量化。

底盘轻量化是未来汽车底盘技术的发展方向之一。由于结构轻量化技术在底盘上应用的潜力不大,底盘设计在保证强度、刚度、耐久性、NVH 性能、操纵稳定性、舒适性的前提下,多采用材料轻量化手段。传统底盘以黑色金属材料为主,随着轻量化技术的发展,其他轻质高强的材料在底盘上的应用也得到快速发展。

① 铝合金的应用是未来底盘轻量化的主要途径之一。

图 3-7　底盘的四大系统示意图

目前底盘各系统中有许多零部件已普遍使用铝合金材料,如制动系统的铝车轮、转向系统的转向器壳体、制动系统的卡钳等。一般来说,车型定位越高,其悬架系统使用的铝合金零件数量就越多。目前,奥迪 A4、A6、Q5,宝马 5 系、7 系和路虎揽胜等车型已推出了全铝底盘,国内一些整车企业近几年也大量开发铝合金底盘零部件,如广汽、众泰、吉利、比亚迪(BYD)等品牌的部分车型,已经成功开发了铝合金副车架、控制臂等关键底盘零部件。随着节能减排要求的普及,汽车电气化、轻量化需求增长,未来底盘铝合金材料的使用趋势将从功能件往结构件发展,特别是在悬架系统及制动系统零部件上,铝合金材料有很大的应用增长空间。

② 高强钢的强度等级逐渐提高。

汽车用先进高强钢在新一代汽车伙伴计划、超轻钢车身等项目上得到了应用和推广,在减重、节能、提高安全性、降低排放等方面展现了广阔前景,与铝合金及镁合金相比亦具有很强的竞争力。高强钢在汽车车身上大量成熟应用也给底盘系统提供了很多借鉴,目前,先进高强钢已在底盘悬架系统上得到了大量的应用,如前后副车架、扭力梁、控制臂等。这些零部件结构相对简单,焊接部位较多,板厚较大,承受交变载荷,要求材料具有较好的成形性能、力学性能、焊接性能、疲劳性能等。常用的高强钢有 SAPH 系列、QSTE 系列、DP 钢(双相钢)、高扩孔钢、MS 钢(马氏体钢)、CP 钢(复相钢)及热成形钢等。随着材料技术的发展,高强钢的生产技术越来越成熟,强度等级也越来越高,采用更高强度等级的高强钢替代传统的高强钢,是近几年底盘轻量化的重要途径之一。

③ 复合材料在底盘上的应用还处于起步阶段。

先进的复合材料(热塑性和热固性复合材料、高性能复合材料等)以其轻质、高强度、耐疲劳、可设计性强等优点越来越多地取代传统金属材料,成为汽车轻量化的主流方向之一。国内外各大整车企业及先进复合材料公司纷纷开展复合材料汽车底盘零部件的研发工作,目前主要开发的底盘零部件有传动轴、板簧、弹簧、轮毂、刹车片等,且部分复合材料零部件已成功应用,如宝马 M3 复合材料传动轴比纯钢结构减重 40%,丰田 86 复合材料传动轴比纯钢结构减重 50%,等等。复合材料汽车底盘零部件的减重效果显著,但由于复合材料汽车零部件的生产成本较高,目前主要应用在赛车及高端车型上,复合材料在底盘上的应用还属于起步阶段。随着材料成本的不断降低、生产技术的不断创新,复合材料在汽车底盘零部件上的应用将越来越广泛。

（3）底盘主要零部件的轻量化。

① 控制臂。

控制臂也称为摆臂，其外端通过球铰与车轮轮毂相连，内端则通过球铰、橡胶衬套与车架相连。控制臂的设计对强度、固有频率、横向及纵向刚度等都有较高的要求。控制臂本体由通过板材冲压成形的上臂体与下臂体扣合焊接而成，内部为中空结构，目前控制臂常用的材料为 QSTE420TM、SAPH440 等热轧结构钢。随着科学技术的进步，大量轻量化的控制臂材料及结构涌现出来，如铝合金控制臂、高强钢单片冲压控制臂、复合材料控制臂等。其中，铝合金控制臂应用技术比较成熟，由于成本较高，目前主要应用在中高端车型上，图 3-8 所示的是 BYD 唐的铝合金控制臂。高强钢单片冲压控制臂目前应用较少，但也有比较成熟的应用案例；而复合材料控制臂尚处于预研阶段。

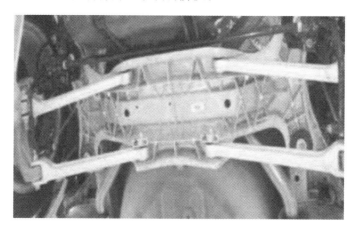

图 3-8　BYD 唐的铝合金控制臂

② 副车架。

副车架是前后车桥的骨架，是前后车桥的组成部分。图 3-9 所示是福特蒙迪欧碳纤维复合材料副车架。副车架并非完整的车架，只是支承前后车桥、悬架的支架，车桥、悬架通过它与正车架相连。副车架是车身与悬架连接的一个中间缓冲体，通过调校副车架的软硬刚度可以调控车辆舒适性与操纵性之间的调配关系。

图 3-9　福特蒙迪欧碳纤维复合材料副车架

传统副车架大多是由钢板经过冲压、焊接而成的。由于副车架形状比较复杂，一般需要选用具有较好塑性的材料，考虑到焊接性能，因此尽量选择碳含量低的钢板。随着轻量化技术的发展，近几年在副车架上大量应用铝合金材料，特别是在一些中高端车型上。液压胀形副车架在轻量化方面也有较大的优势,该技术在国外已经成熟应用,在国内少数车企的部分车型中也有量产应用。

③ 转向节。

转向节通常在汽车行驶过程中起到稳定并灵敏传递行驶方向的作用,它与轮毂、控制臂、减振器、转向机和传动轴等零件连接,承受汽车前部载荷,并支承带动前轮绕主销转动而使汽车转向,在汽车行驶过程中还承受着多变的冲击载荷,因此转向节要尽可能有很高的强度、刚度和安全系数,同时尽可能减轻质量,以满足操纵稳定性和汽车轻量化需求。

目前,转向节主要有锻钢和球墨铸铁两种材质,其中锻钢价格较高,因此市场上主要以球墨铸铁转向节为主。无论是由锻钢还是由球墨铸铁生产的转向节,其主要缺点均是零件质量大,且外形不够复杂。为了进一步减轻产品质量,很多整车企业开始采用铝合金、高强球墨铸铁等材料,实现转向节的轻量化。

④ 轮毂。

汽车轮毂是汽车传动的重要部件,作为簧下质量构件,轮毂的结构、材料和制造质量不仅直接关系到人身安全,还对汽车的整备质量、油耗、速度、加速度、制动性、平顺性等有着重要的影响。

目前,全世界的汽车轮毂,不管是载重汽车轮毂还是乘用车轮毂,所用材料基本分为两种,即钢材和铝合金,这两种材料制造的轮毂占市场份额的95%。乘用车上的钢制轮毂占有率逐渐下降,据统计,有80%以上的乘用车采用铝合金轮毂,且占比逐渐增加。此外,随着汽车轻量化的发展,人们对轮毂质量的要求不断提高,一些新型材料也被用于制造汽车轮毂,如镁合金、塑料及复合材料。

⑤ 制动踏板。

制动踏板主要包括踏板臂和安装支架(底座),目前主要采用金属材料,其中踏板臂主要采用 Q235 或 Q345 等材料,安装支架主要采用 DC01 等板材。制动踏板具体的结构示意图如图 3-10 所示。制动踏板是使用频率最高的零件之一,基于大众的认知度及安全考虑,制动踏板臂均采用金属材料制成,但部分车型的安装支架已经开始采用塑料材料。采用塑料安装支架替代传统的金属制动踏板安装支架,在国内外已经有成熟的案例,如宝马 X5、观致等。宝马 X5 及观致的踏板安装支架材料采用玻璃纤维增强尼龙材料,相对于传统的 DC01 材料,轻量化效果明显。

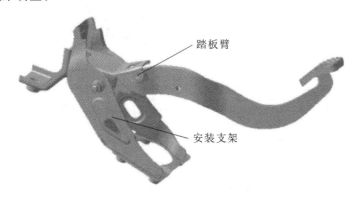

图 3-10 制动踏板结构示意图

虽然汽车轻量化的压力越来越大,但制动踏板的轻量化技术应用在相当长的一段时间内,不会成为热点。这是因为制动踏板是最为重要的安全法规件之一,材料的耐久性、稳定性等相当重要。塑料化制动踏板虽然能有效地实现单件轻量化,但带来的风险较大。由于客户对车辆安全的关注度高,故与金属材料相比,塑料制动踏板的认可度不高,因此车企应用意愿较低。

3.2.2 运载装备的结构特点及轻量化设计方案

随着航空航天等运载装备朝着重型化、高承载和高机动等方向发展,其承载结构轻量化设计与高承载效率之间的矛盾日益突出。轻量化是航空航天结构设计的关键,其中降低飞行器结构质量、增加有效载荷、提高任务性能都是现如今行业面临的顶级技术挑战。薄壁结构与连接结构是航空航天结构中两大类主要的承载结构形式,本节主要围绕以上两类结构来介绍轻量化设计的方法和思路。

3.2.2.1 薄壁结构的轻量化设计

薄壁(壳)结构因其高比刚度、高比强度的优点,常作为装备的典型主承力结构,广泛应用于火箭级间段、燃料储箱、飞机机身、飞船密封舱等。屈曲失稳通常是这类结构的主要失效模式。下面主要介绍考虑后屈曲行为的薄壁结构设计、考虑缺陷敏感性的薄壁结构鲁棒性设计与新型轻质薄壁结构设计这三种设计思路。

(1) 考虑后屈曲行为的薄壁结构设计。

薄壁结构大型化导致刚度降低,加之承载重型化,结构更易发生局部屈曲变形。因此,为实现大型薄壁结构的轻量化设计,必须充分挖掘后屈曲承载能力,进而达到结构轻量化的目的,如图 3-11 所示。

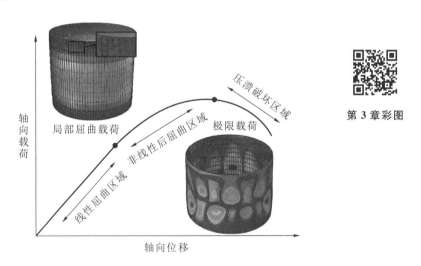

图 3-11 局部屈曲与后屈曲对比图(有彩图)

针对薄壁结构后屈曲承载性能,可以采用数值分析方法来开展研究,主要包括 Koiter 法、隐式动力学方法、弧长法、显式动力学方法等。其中显式动力学方法应用最为广泛,该方法可模拟结构从线性屈曲到非线性后屈曲直至压溃破坏的全过程,此外,还可以针对复合材料加筋板、蒙皮桁条结构、加筋薄壳结构等来对薄壁结构开展后屈曲分析与优化研究。然而,该方法存在分析效率较低的不足:一方面,加筋、夹层等复杂薄壁结构参数化建模困难,且当有限元模型规模较大、自由度达到几十万甚至上千万时,后屈曲分析计算成本巨大;另一方面,传统优化算法需要反复调用仿真分析数据。高昂的计算成本导致大部分设计工作依赖于等效模型。然而,等效模型的适用条件相对严格,通常只适用于具有单胞密排结构、均匀边界条件和周期性边界条件的情况,且主要用于整体屈曲性能的分析。

针对复杂设计特征造成的设计空间维度爆炸问题,以及薄壁结构复杂后屈曲行为造成的高计算成本问题,科学研究者从周期性结构等效性能表征、布局变量关联、低维子问题逼近、层次自适应代理模型等角度发展了系列创新算法,形成了一系列极具特色的连续分步优化格式,以逼近全局最优解。其核心思想为通过建立序列设计空间自适应调节机制,将高维优化问题连续降维为若干基于等效模型的子问题优化问题,获得具有一定拥挤度的精英种群解集,进而基于变保真度代理模型开展精细的非线性局部优化。

(2) 考虑缺陷敏感性的薄壁结构鲁棒性设计。

舱段大型化导致初始缺陷难以避免,其后屈曲承载力会因对初始缺陷敏感而大幅折减,这种随机缺陷影响下的后屈曲临界承载力分析是公认的结构力学世界性难题。20世纪60年代,美国航空航天局(简称NASA)基于大量筒壳试验结果,利用半经验法给出了NASA SP-8007 "折减因子设计规范"。但大量试验结果表明,随着加工工艺的改进和质量控制经验的累积,早期折减因子建议值显得愈发保守,并且忽略了不同结构设计对缺陷敏感性的影响,导致结构承载效率无法有效发挥,也会导致运载火箭燃料储箱重量的大幅增加。

目前,主流薄壁结构缺陷敏感性数值分析方法包括:实测缺陷方法、模态缺陷方法、单点扰动载荷法、多点最不利扰动载荷法和能量壁垒法等。通过提升折减因子的求解精度,可以一定程度上减少结构冗余。不仅如此,除了被动地挖掘减重设计空间,还可以在设计过程中考虑结构构型的缺陷敏感性,通过同步提升结构的屈曲载荷与抗缺陷能力,实现面向缺陷容忍的筒壳结构设计,主动地挖掘轻量化设计空间。针对这个目标,研究者开展了大量关于薄壁(壳)结构缺陷敏感性分析及设计的研究工作,并指出筋条的多层级布置能够有效抑制局部失稳波的转移与扩散,从而提升结构的抗缺陷能力(见图3-12)。随着航空航天结构的更新迭代,如何在结构设计初期凭借有限试验数据甚至无数据的迁移学习开展薄壁结构缺陷敏感性的分析与设计,是十分具有挑战性的科学难题。

(3) 新型轻质薄壁结构设计。

航空航天装备中薄壁结构除了需要考虑屈曲承载性能,还需要考虑刚度调控、隔热、减振、吸波、抗疲劳等多功能需求。随着材料科学与加工制造等行业的发展,以曲线加筋结构、夹层结构、复合材料结构为代表的各类新型轻质薄壁结构得到了广泛的研究与应用,如图3-13所示。

曲线加筋通过合理的刚度调控可以实现板壳面内应力的重分配与传力路径控制。曲线加筋布局设计相当于对无限个小直筋的定向、间距及位置进行自由布置,增加了结构的设计空间。此外,利用超级计算机可对全尺寸飞机机翼内部结构进行千兆像素级分辨率的拓扑优化设计,开展复杂变刚度板壳(曲筋增强/曲线纤维增强)的智能设计,构建图像空间下结构性能智能预测框架,从而破解设计变量的维数灾难瓶颈。

夹层薄壳结构是另一种重要的轻质多功能结构,主要由上下面板与不同的芯体(格栅、点阵、蜂窝、波纹和褶皱)构成。这种结构形式不仅增大了夹芯的惯性矩,而且增大了夹层的比刚度,具有质量轻、弯曲刚度大等优点。同时,夹层薄壳结构还能够兼具其他物理化学特性,如结构散热、振动控制、吸能等。多样的芯体形式和丰富的功能特性,为夹层薄壳结构带来了更优异的可设计性,促进了未来薄壁(壳)结构向轻量化、多功能化和智能化发展。

(a) 多级加筋结构试验件

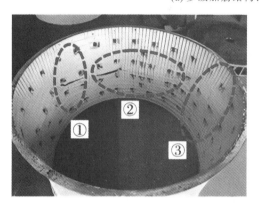
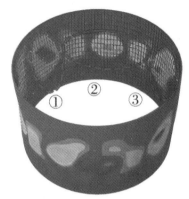

(b) 单级加筋失稳波从局部扩展到整体

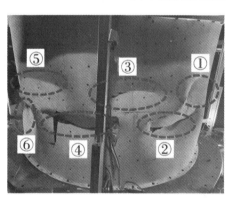
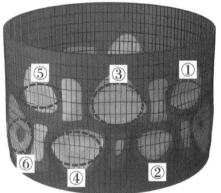

(c) 多级加筋结构失稳波得到抑制

图 3-12　多级加筋圆柱壳（有彩图）

随着复合材料制备技术的进步，纤维自动铺放技术的出现使得变刚度复合材料板壳结构的制造成为可能。变刚度复合材料板壳结构铺层设计主要通过纤维角度、铺层数量/厚度、铺层顺序等设计因素在空间上的非均匀分布，实现复合材料板壳结构的变刚度设计。总体来说，由于复合材料本身具有多尺度效应，且复合材料破坏模式多样，因此如何兼顾分析精度、加工工艺与整体承载效果仍然是十分具有挑战性的难题。

3.2.2.2　连接结构的轻量化设计

连接结构轻量化设计难点在于连接部件结构设计对连接区的耦合作用效果显著，需要对连接件与被连接区域进行同步设计。本节主要围绕连接结构传力设计及区域应力调控展

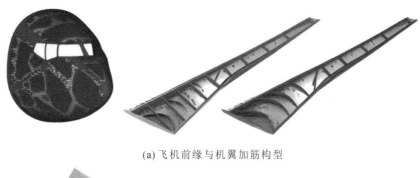

(a) 飞机前缘与机翼加筋构型

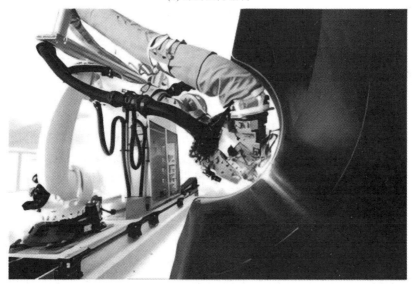

(b) 蜂窝点阵结构

(c) 自动铺丝技术制备复合材料

图 3-13　新型轻质薄壁结构(有彩图)

开介绍,如图 3-14 所示。

(1) 传力路径引导的连接结构轻量化设计。

传力路径引导的结构设计方法是通过设计连接结构拓扑及装配形式,使得载荷的传递方式与结构的服役状态一致,从而满足结构性能要求的设计方法。20 世纪 90 年代,学者通过引入载荷传递分析的概念,提出广义结构刚度指标,量化载荷从作用点起到边界约束为止

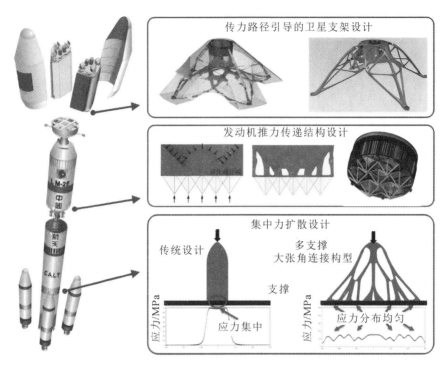

图 3-14 连接结构的轻量化设计方法

的路线,并应用于车辆工程的结构设计之中。针对火箭捆绑装置开展传力路径优化设计研究,可以大幅优化捆绑连接结构的载荷。为了规避结构细节尺寸的影响,可以引入结构承载因子对飞机加强框结构的传力路径进行优化设计,该方法仅需要考虑结构外形和载荷,有效地降低了工程问题的复杂度。

近年来,伴随先进制造技术的发展,复杂连接结构的生产制造成为可能,在保证结构传力性能的基础上,创新的连接结构设计可以满足结构阻热、抗振、局部变形协调等多种精细化功能指标,同时需要制定新的制造约束和目标评判方案。面向创新连接结构的制造可行性研究,在考虑增材制造的工艺约束的条件下可开展多种满足制造特征的拓扑优化方法研究,例如通过赋予结构虚拟温度场并限制虚拟温度指标实现结构连通性。面向创新连接结构的功能性指标,可根据相应结构的承载特性提出局部刚度指标优化设计,从而实现最大应力的大幅降低。基于传力路径的结构设计方法可以较为容易地获得符合传力需求的创新构型。

(2) 区域应力调控的连接结构设计。

我国研究人员在早期航天器设备设计中已经认识到连接结构对区域应力调控的重要性。东方红卫星平台通过回转曲面对接环实现主星载荷与推进舱载荷的均匀调控。近年来,伴随着航空航天装备大型化、承载重型化的结构趋势,局部强度、轻量化问题和区域应力调控之间的矛盾越发突出。为解决上述问题,学者们主要从一体化结构设计和集中力扩散设计两方面展开研究。

一体化设计通过先进制造技术,将部分部件联合进行优化、设计和制造,从而避开了不同部段间相互影响的问题。针对运载火箭发动机机架与舱段传力结构,考虑推力载荷的有效传递、重型运载火箭发动机机架与舱段传力结构之间的耦合影响,学者们联合开展了最优传力路径的分析和结构优化设计工作。针对发动机的推力传递结构轻质化设计问题,基于储箱箱底与壳段结构联合传力的结构设计方案可使传力效率提高30%。针对航天器气闸舱货舱门与大开口门框面临的相对滑移量大及结构强度差问题,通过门框刚度补强及增加限位装置的一体化设计方法,可有效降低相对变形及应力水平。

对于对接环、连接短壳等大型连接件,集中力扩散设计方法可以将集中载荷均匀过渡至承载舱段。采用集中力扩散拓扑优化技术,可以获得应力分布更加均匀的概念设计。采用集中力扩散设计方法对千吨级集中力扩散结构进行结构设计可以得到大张角连接构型,这种连接构型能够降低局部应力集中、实现强度等分配,因此可以减少材料使用,实现连接区域轻量化。

3.3 汽车轻量化结构优化设计方法

轻量化结构优化设计按照结构材料分布最优可以分为拓扑优化、尺寸优化、形状优化等优化设计方法;按照结构性能目标最优又可以分为单目标优化和多目标优化两类。本节主要介绍基于结构材料分布最优的轻量化结构优化设计方法,下一节主要介绍基于性能目标最优的轻量化结构优化设计方法。在这两大类优化设计方法的工程实际应用案例中,要求解优化设计问题,基本都应明确以下四个要素:优化目标、设计变量、约束条件和优化算法。

3.3.1 拓扑优化设计

拓扑优化是在一定空间区域内根据约束、载荷及优化目标而寻求材料最佳分配和布局的一种优化方法。其基本思想是在优化前构造一个合理的优化模型(包括结构所有的材料或者可能的单元),然后利用一定的优化方法逐步删减不必要的结构元素,直至最终得到一个最优化的拓扑布局。

拓扑优化的主要思路就是将寻找结构的最优拓扑问题,转化为在给定的设计空间内寻求最佳材料分配的问题。从结构形式上来说,拓扑优化研究的问题主要分为两大类:一类是连续体结构拓扑优化,包括平面问题、板壳问题、实体结构等;另一类是离散体结构拓扑优化,包括桁架、刚架、网架等。连续体结构拓扑优化的目标一般是使结构的刚度最大,在满足一定边界条件(应力约束、质量约束、体积分数约束、固有频率约束等)和给定外载荷强度的情况下,把一定的材料放到给定的设计空间中,使材料在某些地方聚集并在某些地方形成孔洞,从而得到结构的最优拓扑。而离散体结构拓扑优化的目标是在满足一定边界条件的情况下,寻求结构最优的布局形式,例如杆件的分布、连接方式等。

拓扑优化是一个根据优化参数反复迭代以寻求最优解的过程,其方法主要有均匀化方法、变密度法等。均匀化方法将结构拓扑优化归结为材料在一定区域内的优化分布问题,以材料微结构的几何尺寸和方向作为拓扑优化设计变量,在优化过程中,如果孔洞变大以致充满整个微结构,则该微结构消失;如果孔洞变小以致消失,则该微结构为实体材料所填充。如果优化结束时,微结构仍存在,则认为该区域由某种复合材料组成。在拓扑优化后得到的结构中,微结构中的材料只有孔洞和实体材料两种状态。

均匀化方法适用于比较简单的平面结构(如板、壳、膜等),当扩展到三维问题时,其应用变得相对复杂。因此出现了变密度法,即人为地引入一种密度在0~1之间变化的假设材料,以材料密度 i 为拓扑优化设计变量,通过引入密度与弹性模量间假定的函数关系 $E_i =$

$f_i(x_i)E_0$(其中 $f_i(x_i)=\{0,1\}$,E_0 为材料密度 $i=1$ 时的弹性模量),将结构的拓扑优化问题转化为材料的最优分布问题,然后使用准则法或数学规划法求解材料最优分布。因为变密度法会引入密度在 0~1 之间的材料,所以造成了最终必须处理自然界中可能不存在该材料的困难。

变密度法的关键是如何构造函数 $f_i(x_i)$,代表性的函数有 SIMP(solid isotropic microstructure with penalization)和 RAMP(rational approximation of material properties)两种。SIMP 密度-刚度插值模型对中间密度的惩罚由下式进行。

$$f_i(x_i) = x_i \cdot p \quad (i=1,2,\cdots,n) \tag{3-1}$$

式中:p 为惩罚因子,其取值越大,中间密度单元越少,离散效果越好,但 p 太大又容易引起棋盘格问题。通过上式以连续变量的密度函数来表达单元相对密度与材料弹性模量之间的对应关系,从而获得光滑的材料插值模型。

RAMP 密度-刚度插值模型对中间密度的惩罚则由下式进行。

$$f_i(x_i) = \frac{x_i}{1+p(1-x_i)} \quad (i=1,2,\cdots,n) \tag{3-2}$$

拓扑优化问题的实质是一个包含单元增删的离散优化问题,其数学模型如下:

$$\begin{cases} \text{find } \boldsymbol{X} = [x_1,x_2,\cdots,x_n]^{\text{T}} \\ \min c(x) = \boldsymbol{P}^{\text{T}}\boldsymbol{U} \\ \text{s. t.} \begin{cases} v \leqslant V_{i\max} \\ \boldsymbol{P} = \boldsymbol{K}\boldsymbol{U} \\ 0 \leqslant x_{\min} \leqslant x_i \leqslant 1 \end{cases} \end{cases} \tag{3-3}$$

式中:x_i 为设计变量,代表离散单元的伪密度,取值在 $[x_{\min},1]$ 之间;$c(x)$ 为结构的柔度;v 为结构的体积;$V_{i\max}$ 为优化后体积的上限值;$\boldsymbol{K}$ 为总刚度矩阵;$\boldsymbol{U}$ 为结构的位移向量;$\boldsymbol{P}$ 为结构所受的外力向量。为了避免总刚度矩阵出现奇异,通常取 $x_{\min}=0.001$。

3.3.2 尺寸优化设计

尺寸优化设计是在给定结构类型、材料和拓扑布局的情况下,通过具体优化算法确定结构单元的属性,如板的厚度、梁和杆的截面参数、弹簧的刚度和应力系数等,以使结构重量、体积或造价最小。尺寸优化还可以设置多种结构响应为约束条件或目标函数,如应力约束、位移约束、屈曲因子、频率约束、静柔度约束、动响应约束等。尺寸优化是结构优化设计中最基本、最成熟的优化方法,已广泛地应用于各种结构的设计过程中。

尺寸优化中的设计变量可以是板壳单元的厚度,复合材料的分层厚度和材料方向角度,梁的高度、宽度和厚度等。应用尺寸优化方法来优化单元的属性时,既不改变单元的形状,也不改变结构的拓扑关系,所以在优化结束后不需要对结构重新划分网格,直接利用尺寸优化的结果更新单元的属性便可以得到新的模型。

在尺寸优化设计中,设计变量可以被定义为一个函数,以反映它们如何影响优化目标和约束条件。最简单的定义方式是将设计变量作为线性系数,应用在如下的函数中。

$$\rho = C_0 + \sum D_i C_i \tag{3-4}$$

式中:ρ 为待优化的属性;C_0 为常数,一般设置为 0;D_i 为定义的设计变量,通过上限值和下限值指定变量的变化范围;C_i 为设计变量 D_i 的权重系数,一般设置为 1。以大客车车身骨架的尺寸优化为例,设需要确定壁厚的车身骨架杆件总数为 n,每个构件的壁厚 ρ_i 只有一个设计变量,则第 i 个构件的壁厚参数为 $D_i(i=1,2,\cdots,n)$;以车身骨架结构总体积的函数 $V(\boldsymbol{D})$ 为目标函数,则车身骨架的尺寸参数优化设计数学模型可以描述为

$$\begin{cases} \text{find } \boldsymbol{D}_i = [D_1, D_2, \cdots, D_n]^T \\ \min V(\boldsymbol{D}) = \sum_{i=1}^{n} A_i \rho_i = \sum_{i=1}^{n} A_i(C_{0i} + D_i C_i) \\ \text{s. t.} \begin{cases} D_{i\min} \leqslant D_i \leqslant D_{i\max}(i=1,2,\cdots,n) \\ S_j \leqslant S_{j0}(j=1,2,\cdots,m) \end{cases} \end{cases} \quad (3\text{-}5)$$

式中:A_i 为第 i 个构件所用材料的总面积;$S_j \leqslant S_{j0}$ 为约束函数。如果对应每个设计变量 D_i 的 C_{0i}、C_i 分别为 0 和 1,则目标函数可以简化为

$$\min V(\boldsymbol{D}) = \sum_{i=1}^{n} A_i D_i \quad (3\text{-}6)$$

尺寸优化设计并不改变结构的拓扑形态和边界形状,只是对特定的尺寸进行调整,相当于在设计初始条件中就增加了拓扑形态的约束。结构最初始的拓扑形态和边界形状必须由设计者根据经验、试验或拓扑优化确定。在不能保证这些最初的设计是最优的情况下,即使尺寸优化的结果很好,也达不到全局最优的效果。

3.3.3 形状优化设计

形状优化是设计人员对模型有了一定的形状设计思路后所进行的一种细节设计,目的是通过改变模型的某些形状参数(如几何形状特征)来改变模型的力学性能,以满足某些具体要求(如应力、位移等)。在形状优化中,优化问题的求解通过修改结构的几何边界实现,而在有限元分析中,形状则通过节点的位置确定,因此修改结构的形状亦即修改网格节点的位置。HyperMorph 是一个内嵌在 HyperMesh 软件中的网格变形模块,通过它可以使用多种交互式的方法来改变网格形状,这些方法包括拖拽控制柄、改变倒角和孔的半径以及曲面映射等。

在有限元分析中,结构的形状由网格节点的坐标定义,即结构的边界形状改变须转换成网格的内部改变。在形状优化过程中,改变网格节点位置通常有两种方法:基矢量方法和扰动矢量方法。

(1) 基矢量方法。

基矢量方法将结构的形状定义为基矢量的线性组合,用基矢量定义网格节点的位置,即

$$\boldsymbol{x} = \sum D_i \boldsymbol{B}_i \quad (3\text{-}7)$$

式中:$\boldsymbol{x}$ 为网格节点坐标的矢量;$\boldsymbol{B}_i$ 是与设计变量 D_i 相关的基矢量。

(2) 扰动矢量方法。

扰动矢量方法将结构的形状改变定义为扰动矢量的线性组合。扰动矢量用于定义与原始网格相关的节点位置改变,设计变量为扰动矢量的系数,即

$$\boldsymbol{x} = \boldsymbol{x}_0 + \sum D_i \boldsymbol{P}_i \quad (3\text{-}8)$$

式中:$\boldsymbol{x}_0$ 为网格节点的初始坐标矢量;$\boldsymbol{P}_i$ 为与设计变量 D_i 相关的扰动矢量。HyperMorph 中主要有三种创建扰动矢量的变形方法,分别为:通过变形域和控制柄创建扰动矢量、通过体积块变形创建扰动矢量和通过自由变形创建扰动矢量。每种方法都有相应的优缺点,在处理变形的问题上应该选择合适的方法创建扰动矢量。

3.4　基于性能目标最优的轻量化优化设计方法

基于性能目标最优的轻量化优化设计方法主要分为两种,即单目标优化设计方法和多目标优化设计方法。单目标优化设计方法是以结构的某一性能目标为优化目标,以其他性能目标设定值和变量的变化范围作为约束条件,以板厚度和梁断面形状尺寸参数为设计变量的优化设计方法。多目标优化设计方法是以结构某几个重要的性能指标作为优化目标,以结构其他性能(如抗撞性)指标为约束条件,以板厚度和梁断面形状尺寸参数为设计变量的优化设计方法。多目标优化设计得到的优化解不是某一个数值,而是一个解集,还需要根据优化目标和约束条件从中确定适合具体优化问题的唯一最优解。

3.4.1　单目标优化设计

单目标优化设计方法是最简单且常用的优化设计方法,其数学模型描述如下:

$$\begin{cases} \text{find } \boldsymbol{X} = [x_1, x_2, \cdots, x_n]^T \\ \min f(x) \\ g_p(x) \leqslant 0; p = 1, 2, \cdots, l \\ h_q(x) = 0; q = 1, 2, \cdots, m \\ x_{id} \leqslant x_i \leqslant x_{iu}; i = 1, 2, \cdots, n \end{cases} \quad (3\text{-}9)$$

式中:$\boldsymbol{X}$ 为设计变量的列向量;$f(x)$ 为目标函数;$g_p(x)$ 为不等式约束函数,l 为不等式约束函数的个数;$h_q(x)$ 为等式约束函数,m 为等式约束函数的个数;x_{iu} 和 x_{id} 为第 i 个设计变量取值的上限和下限。单目标优化设计方法主要用于汽车结构轻量化和性能优化设计,常见的车身优化案例有:

(1) 以减重为优化目标,车身刚度、强度、主要低阶模态频率为约束条件,车身零件结构尺寸为设计变量;

(2) 以车身刚度最大为优化目标,车身质量、强度和频率为约束条件,车身零件结构尺寸为设计变量;

(3) 以车身一阶扭转频率最大为优化目标,车身质量、强度、刚度和一阶弯曲频率为约束条件,车身零件结构尺寸为设计变量。

3.4.2　多目标优化设计方法

3.4.2.1　多目标优化设计方法的描述

在工程实际优化问题中,大多数对多个性能目标有最优要求,即多目标优化设计(MOD)问题。多目标优化设计问题可定义为:在满足约束的条件下,寻求使多个目标函数达到最优的设计变量值。求取目标的最小值或最大值的问题可以相互转化,对于最小化目标函数的多目标优化设计,其数学模型描述为

$$\begin{cases} \text{find } \boldsymbol{X} = [x_1, x_2, \cdots, x_n]^{\mathrm{T}}, & x \in \Omega \\ \min f(x) = \{f_1(x), f_2(x), \cdots, f_k(x)\} \\ g_p(x) \leqslant 0, & p = 1, 2, \cdots, l \\ h_q(x) = 0, & q = 1, 2, \cdots, m \\ x_{id} \leqslant x_i \leqslant x_{iu}, & i = 1, 2, \cdots, n \end{cases} \quad (3\text{-}10)$$

式中：$\boldsymbol{X}$ 为设计变量的列向量；Ω 为设计空间；n 为设计变量的个数；$f_1(x),f_2(x),\cdots,f_k(x)$ 为优化设计目标函数，k 为目标函数的个数；$g_p(x)$ 为不等式约束函数，l 为不等式约束函数的个数；$h_q(x)$ 为等式约束函数，m 为等式约束函数的个数；x_{iu} 和 x_{id} 为第 i 个设计变量取值的上限和下限。多目标优化设计方法主要用于结构轻量化设计和车身性能优化设计，常用的车身优化方案有：

（1）轻量化优化：以减重和车身某几个结构抗撞性为优化目标，车身刚度、强度、模态频率和其他结构抗撞性指标为约束条件，车身零件梁断面形状尺寸和板厚为设计变量，对车身结构进行轻量化设计。

（2）NVH 优化：以车身刚度、模态频率最大为优化目标，车身质量、强度和结构抗撞性指标为约束条件，车身零件梁断面形状尺寸和板厚为设计变量，对车身 NVH 性能进行多目标优化。

（3）被动安全性优化：以车身正碰或侧碰等结构抗撞性指标为优化目标，车身质量、刚度、强度和模态频率为约束条件，车身零件梁断面形状尺寸和板厚为设计变量，对车身被动安全性进行多目标优化。

多目标优化设计问题主要是求解一个或多个存在于设计空间且满足约束条件的设计变量集，从而使目标函数各分量取得最优值。为了解决多个优化目标间的相互冲突问题，必须对各个目标进行协调和折中，尽可能使多个目标函数达到最优。为了解决这个问题，学者们提出了 Pareto 解集的概念。多目标优化设计问题的所有非劣解集组成其 Pareto 最优解集。事实上，在实际优化问题中，通常会得到一个连续的且包含无限多个非劣解集的 Pareto 最优解集。因此，多目标优化设计问题的最终解就是，根据优化设计问题的实际情况从 Pareto 解集中挑选一个最优的折中方案。

3.4.2.2 多目标优化设计方法的分类

多目标优化设计方法根据问题的计算规模可以分为直接优化方法和间接优化方法两种。常用的直接优化方法有加权函数法、梯度优化算法、遗传算法、粒子群算法、模拟退火算法等，这些方法常用于模型简单、计算量不大的多目标优化问题。对于计算量大、难以用直接优化方法计算的优化问题，通常采用近似算法来间接寻找最优解，常用的间接优化方法有响应面法、人工神经网络法、克里金插值法等。

（1）响应面法（response surface method，RSM）。

响应面法是采用多项式来拟合设计因素与响应值之间的函数关系，以解决多变量问题的一种统计方法。根据仿真模型的复杂程度，可选择一阶、二阶、三阶或多阶多项式构建响应面代理模型。模型阶次越高，越能准确描述响应的非线性特性，其中比较常用的二阶多项式响应面数学模型可表达为

$$\hat{y}(x) = \beta_0 + \sum_{i=1}^{m} \beta_i x_i + \sum_{i=1}^{m} \beta_{ii} x_i^2 + \sum_{i=1}^{m-1} \sum_{i<j=2}^{m} \beta_{ij} x_i x_j \quad (3\text{-}11)$$

式中：x_i 为 m 维优化设计变量的第 i 阶分量；x_j 为 m 维优化设计变量的第 j 阶分量；β_0、β_i、

β_{ii} 和 β_{ij} 为多项式的待定系数。选取 n 个样本点,采用最小二乘法对多项式的待定系数进行拟合,即

$$\min_{\beta} \sum_{i=1}^{n} (y_i - \hat{y}_i) \tag{3-12}$$

式中:$\boldsymbol{\beta}$ 是待定系数组成的向量;y 和 $\hat{y}_i$ 分别是第 i 个样本点的真实响应值和近似响应值。

(2) 人工神经网络法(artificial neural network method,ANNM)。

人工神经网络是一种模仿动物神经网络行为特征,进行分布式并行信息处理的数学模型。在诸多神经网络模型中,径向基函数神经网络(radial basis function neural network,RBFNN)具有复杂非线性逼近能力强、学习收敛速度快、泛化能力好、容错功能强等诸多优点。RBFNN 在结构上属于前馈型三层局部逼近网络,其拓扑结构通常由输入层(信号)、隐含层(径向基函数)和输出层(响应)构成。输出层节点与隐含层节点的关系可表示为

$$y_k = \sum_{i=1}^{k} \beta_i \varphi(\|x - c_i\|) \tag{3-13}$$

式中:β_i 为连接权重;c_i 为第 i 个隐含层节点中心;$\|x - c_i\|$ 为欧氏距离函数;φ 为非线性基函数。

(3) 克里金插值法(Kriging model,KRM)。

克里金插值法的实质是利用区域化变量的原始数据和变异函数的结构特点,对未知样本点进行线性无偏、最优估计。Kriging 近似模型由全局近似模型和局部偏差两部分组成,其表达式为

$$y(x) = f(x) + z(x) \tag{3-14}$$

式中:x 为设计变量;$y(x)$ 为待拟合的响应函数;$f(x)$ 为多项式响应面近似模型;$z(x)$ 为局部偏差,可表示为期望为 0、方差为 σ^2 的随机过程。$z(x)$ 的协方差矩阵可表示局部偏离的程度,其表达式为

$$\text{cov}[z(x_i), z(x_j)] = \sigma^2 \boldsymbol{R}[R(x_i, x_j)] \tag{3-15}$$

式中:$\boldsymbol{R}$ 为相关矩阵,是对角线元素均为 1 的 $n \times n$ 对称矩阵;$R(x_i, x_j)$ 是 n 个采样点中任意两个样本点 x_i 和 x_j 的相关函数,可采用如下高斯相关函数表示。

$$R(x_i, x_j) = \exp\left(-\sum_{k=1}^{m} \theta_k |x_{ik} - x_{jk}|^2\right) \tag{3-16}$$

式中:m 为设计变量的个数;x_{ik},x_{jk} 为样本点(x_i, x_j)在第 k 个方向上的坐标;θ_k 是相关性参数。相关函数确定之后,$y(x)$ 在未知点 x 处的近似响应估计值可表示为

$$\hat{y} = \boldsymbol{f}^{\mathrm{T}}(x)\hat{\boldsymbol{\beta}} + \boldsymbol{r}^{\mathrm{T}}(x)\boldsymbol{R}^{-1}(y - \boldsymbol{F}\hat{\boldsymbol{\beta}}) \tag{3-17}$$

式中:$\boldsymbol{f}^{\mathrm{T}}(x) = [f_1(x), f_2(x), \cdots, f_m(x)]$ 为近似模型的回归基函数向量;$\boldsymbol{r}^{\mathrm{T}}(x) = [R(x, x_1), R(x, x_2), \cdots, R(x, x_n)]$ 为 n 个样本点与未知点 x 所组成的相关函数矢量;$\boldsymbol{R}^{-1}$ 为相关矩阵的逆矩阵;$\boldsymbol{F}$ 为多项式响应面近似模型 $f(x)$ 的向量形式;$\hat{\boldsymbol{\beta}}$ 为回归系数矩阵,计算式如下。

$$\hat{\boldsymbol{\beta}} = (\boldsymbol{F}^{\mathrm{T}} \boldsymbol{R}^{-1} \boldsymbol{F})^{-1} \boldsymbol{F}^{\mathrm{T}} \boldsymbol{R}^{-1} \boldsymbol{y} \tag{3-18}$$

方差估计值可由下式计算得到:

$$\hat{\sigma}^2 = \frac{[(\boldsymbol{y} - \boldsymbol{F}\hat{\boldsymbol{\beta}})^{\mathrm{T}} \boldsymbol{R}^{-1}(\boldsymbol{y} - \boldsymbol{F}\hat{\boldsymbol{\beta}})]}{n} \tag{3-19}$$

用于拟合 Kriging 模型的参数 θ_k 的极大似然估计值为

$$\max_{\theta_k>0}\varphi(\theta_k) = \frac{n\ln(\hat{\sigma}^2) + \ln|R|}{2} \tag{3-20}$$

通过求解 k 维非线性无约束优化问题,就可以得到最优拟合的 Kriging 代理模型。

3.5 车辆与运载装备轻量化结构设计案例分析

3.5.1 车辆轻量化结构设计案例

汽车轻量化和碰撞安全一直是国内外研究的热点,为了在不增加车身质量的前提下满足汽车碰撞安全的要求,越来越多的吸能材料和结构被研究并被应用到车辆结构中。近年来,多胞材料以行程长、比吸能高、耐冲击的特点引起了国内外学者的广泛关注。负泊松比多胞材料也是其中具有优异力学性能的新型力学超材料。与传统材料相比,负泊松比材料具有更高的冲击阻抗、抗剪能力、能量吸收能力,在汽车工业中具有广泛的应用前景。

目前对于负泊松比结构的研究主要集中在新型负泊松比材料的结构设计、力学性能分析和应用场景探索上,学者针对不同负泊松比结构在面内冲击、面外冲击和非理想冲击性能等方面进行了大量的研究。研究结果表明几何结构参数对结构的冲击性能有很大影响。在现有四方双箭头结构的基础上,研究者根据晶体中的六方晶系设计得到相应的六方双箭头结构的负泊松比材料。本节首先对新型六方双箭头负泊松比材料的结构和力学特性进行简单介绍,然后对其组成的汽车吸能装置进行多目标优化,得到最优结构参数,最后采用台车碰撞试验验证其性能。

3.5.1.1 新型负泊松比材料的结构设计与力学特性分析

负泊松比材料,也称为拉胀材料,在受到轴向拉伸作用力时,垂直于拉伸方向会发生膨胀变形现象。通常情况下,绝大部分材料的泊松比都为正值,但在一些具有特殊构造的自然材料和人工结构中能够表现出负泊松比现象。负泊松比结构根据人工微观结构样式的不同可以分为内凹六边形结构、双箭头结构、手性和反手性结构、旋转多边形铰接结构、三维折纸结构、三维剪纸结构、柔性 Buckliball 结构以及金属纤维几何网络结构等。

双箭头结构是负泊松比结构中较为典型的结构之一,其具体的二维结构拓扑示意图如图 3-15(a)所示,结构中的各个几何参数的定义如图所示。相对于其他拓扑结构,双箭头结构不易发生屈曲,具有较高的等效强度,且能很好地在空间内进行布置而形成多维结构,因此具有较高的研究价值。在由双箭头构建的三维模型中,目前较为常见并被广泛研究的是四方双箭头负泊松比结构,其单胞、多胞和俯视结构示意图如图 3-15(b)~(d)所示,其单胞结构由两个完全相同的双箭头结构在空间上竖直正交分布组成,单胞结构在空间三个方向上阵列排布组成其宏观结构。受六方晶系的宏观结构排布的启发,通过在竖直方向上平均分布三个二维双箭头结构可以设计出三维六方双箭头结构,其单胞、多胞和俯视结构示意图如图 3-15(e)~(g)所示。六边形排列中的每个单元的细胞壁受到六个相邻结构的影响,相互作用区域形成三角形。随着整体稳定性的提高,六方双箭头结构具有更稳定的变形能力和更好的抗剪性,同时结构在压缩过程中的力学表现也更稳定,可以降低制造缺陷造成的不利影响,目前大多数具有负泊松比的结构可以基于六边形的概念设计成新的结构。

对于负泊松比结构,其单元晶胞的形式、排列和组合对其在轴向压缩情况下的局部力学

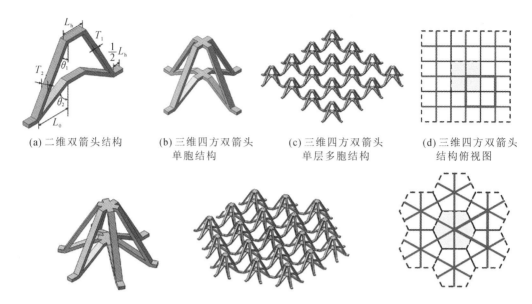

(a) 二维双箭头结构　　(b) 三维四方双箭头单胞结构　　(c) 三维四方双箭头单层多胞结构　　(d) 三维四方双箭头结构俯视图

(e) 三维六方双箭头单胞结构　　(f) 三维六方双箭头单层多胞结构　　(g) 三维六方双箭头结构俯视图

图 3-15　双箭头负泊松比结构

性能有显著影响。当负泊松比结构受到轴向压缩时,结构的变形过程通常可以分为弹性区、平台应力区、平台应力增强区和致密化区,如图 3-16 所示。

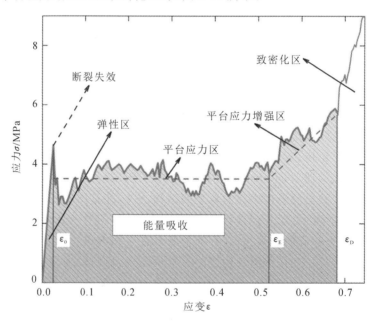

图 3-16　多胞材料典型的名义应力-应变曲线

弹性变形范围通常较短,端部以断裂破坏为特征,弹性阶段结束时对应的应变为 ε_0;进入平台变形期后,应力往往在恒定值附近波动;随着应变的增加,平台应力也开始逐渐增加,此时便进入平台应力增强区,平台应力开始增强时对应的应变为 ε_E;当多胞材料所有细胞壁完全被压溃时,应力增加率开始陡然上升,进入致密化区,多胞材料致密化开始时对应的应变为 ε_D。

在弹性区,结构的等效弹性模量是弹性变形阶段最重要的一个力学参数,根据 Euler-

Bernoulli 梁理论可以得到四方双箭头负泊松比结构(tetragonal double-arrow negative Poisson's ratio structure,TDA)和六方双箭头负泊松比结构(hexagonal double-arrow negative Poisson's ratio structure,HDA)的等效弹性模量表达式,具体形式如下。

$$E_{TDA} = \frac{12E_s I}{L_0^2 (L_h + L_0)^2} \frac{(\cot^2\theta_1 \csc\theta_1 + \cot^2\theta_2 \csc\theta_2)\sin(\theta_2 - \theta_1)}{(\cot\theta_2 - \cot\theta_1)^2} \quad (3\text{-}21)$$

$$E_{HDA} = \sqrt{3} E_{TDA} = \frac{12\sqrt{3} E_s I}{L_0^2 (L_h + L_0)^2} \frac{(\cot^2\theta_1 \csc\theta_1 + \cot^2\theta_2 \csc\theta_2)\sin(\theta_2 - \theta_1)}{(\cot\theta_2 - \cot\theta_1)^2} \quad (3\text{-}22)$$

式中:E_s 为基体材料本身的弹性模量;I 为杆件截面的惯性矩。应力-应变曲线和应变坐标轴所包围的面积表示在变形过程中单位体积所吸收的能量值。如果面积可以增加,能量吸收能力可以显著提高。根据现有能量吸收理论和六方双箭头结构参数可以得到各个阶段吸收能量值的表达式,具体形式如下。

$$\sigma_{HDA} = \sqrt{3}\sigma_{TDA} = \frac{\sqrt{3}\sigma_{ys}(T_1\sin\theta_1/L_0)^3 \sin\theta_2}{12\sin^2\theta_1(L_h\sin\theta_1/L_0 + \sin\theta_1)(L_h\sin\theta_1/L_0 + \sin\theta_2)} \quad (3\text{-}23)$$

$$\sigma(\varepsilon)_{HDA} = \sqrt{3}\sigma(\varepsilon)_{TDA} = \left(\frac{1-\varepsilon_E}{(1-\varepsilon_E)-(1+\mu_R\varepsilon_0)(\varepsilon-\varepsilon_E)}\right)^{3/2} \sigma_{HDA} \quad (3\text{-}24)$$

$$EA_1 = \frac{\sigma_{HDA}^2}{2E_{avg}} = \frac{\sigma_{HDA}^2}{E_{int} + E_{max}}, EA_2 = \int_{\varepsilon_0}^{\varepsilon_E} \sigma_{HDA} d\varepsilon, EA_3 = \int_{\varepsilon_E}^{\varepsilon_D} \sigma(\varepsilon)_{HDA} d\varepsilon \quad (3\text{-}25)$$

式中:μ_R 为平台阶段的泊松比;σ_{ys} 为基体材料的屈服应力;E_{avg} 表示等效弹性模量的平均值,由于弹性阶段吸收的能量非常小,因此可以用初始等效弹性模量 E_{int} 和最大等效弹性模量 E_{max} 的平均值来近似。

负泊松比结构在单轴压缩过程中吸收的总能量 EA 可以通过 EA_1、EA_2 和 EA_3 求和得到。通过等效弹性模量和吸收能量的表达式可以看出,六方双箭头模型的所有力学特性参数都是四方双箭头模型的 $\sqrt{3}$ 倍。在理论公式预测的基础上,采取有限元数值模拟和单轴压缩试验方法对四方和六方双箭头结构的力学和吸能特性进行了验证。三种结果的对比如图 3-17 所示,证明所建立的理论公式和有限元模型是正确的。

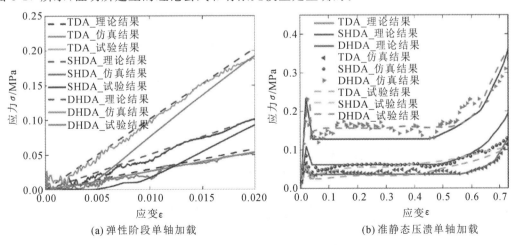

图 3-17　四方和六方双箭头负泊松比结构的理论、仿真和试验结果的对比(有彩图)

SHDA—疏松 HDA;DHDA—致密 HDA

3.5.1.2 汽车吸能装置的多目标优化设计

(1) 优化目标与优化设计变量。

综合考虑汽车轻量化的要求,比吸能(specific energy absorption,SEA)是一个衡量多胞材料吸能性的重要指标,其大小可以用下面的表达式计算。

$$\mathrm{SEA}(d) = \frac{\mathrm{EA}(d)}{M} \tag{3-26}$$

式中:M 为吸能结构的质量;EA 为总吸能量。在仿真分析中,质量可由仿真软件在附加材料属性后直接得到,总吸能量可通过计算应力-应变曲线下的积分面积得到。除了比吸能外,在耐撞性分析中峰值冲击力(peak impact force,PCF)也是另一个重要的性能参数,为了使缓冲设备或人员所承受的过载尽可能小,峰值冲击力的数值也被期望越小越好。峰值冲击力一般位于弹性区与平台应力区的交界处。因此,本案例将 SEA 和 PCF 两个性能参数作为新型六方双箭头负泊松比结构耐撞性的优化目标。

在优化变量方面,六方双箭头结构选择长胞壁夹角 θ_1、短胞壁夹角 θ_2、胞壁厚度 T_1 和胞壁宽度 T_2 作为优化变量。各个几何参数的初始设计值如表 3-1 所示,其中 θ_1 的取值范围设定为 [15°,45°],θ_2 的取值范围设定为 [45°,75°],T_1 的取值范围设定为 [1 mm,1.5 mm],T_2 的取值范围设定为 [1.5 mm,2.5 mm],其余几何参数保持不变。

表 3-1 双箭头结构几何参数的初始设计值

$\theta_1/(°)$	$\theta_2/(°)$	T_1/mm	T_2/mm	L_0/mm	L_h/mm
30	60	1.5	2	10	4

(2) 代理模型样本点选择。

在寻优和设计分析中,为了综合考虑计算量和计算精度的影响,常常使用代理模型来替代耗时较长的高精度模型。在构造代理模型之前,必须先在设计空间内获取能够反映真实模型的试验仿真设计点,然后通过这些设计点构造代理模型。最优拉丁超立方设计方法是较为常见的设计方法,具有空间均匀性与投影均匀性,也完全符合本案例需要的设计条件。因此,我们基于最优拉丁超立方算法构建了 20 组仿真样本点,样本点分布如图 3-18 所示。

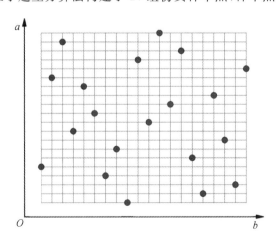

图 3-18 最优拉丁超立方仿真样本点分布

在获取样本点之后,采用建模软件 Catia 和有限元分析软件 LS-Dyna 计算相应模型在 30 km/h 的冲击速度下的应力-应变曲线,得到样本点的目标响应值,结果如表 3-2 所示。

表 3-2 样本点的目标响应值

$\theta_1/(°)$	$\theta_2/(°)$	T_1/mm	T_2/mm	SEA/(kJ·kg^{-1})	PCF/kN
38.68	46.58	1.105	1.816	9244.488	4113.061
33.95	62.37	1.395	2.500	9173.994	4147.659
18.16	73.42	1.263	1.711	9196.094	4129.235
45.00	68.68	1.342	2.079	9220.957	4124.068
19.74	57.63	1.421	1.605	9181.670	4133.537
30.79	59.21	1.237	2.026	9266.777	4142.831
15.00	51.32	1.184	1.974	9164.231	4146.402
41.84	56.05	1.079	2.342	9215.037	4124.729
22.89	60.79	1.053	2.447	9180.054	4146.405
35.53	71.84	1.289	1.553	9242.348	4111.654
16.58	67.11	1.316	2.289	9140.700	4149.410
37.11	52.89	1.447	1.658	9240.421	4125.597
29.21	70.26	1.500	1.921	9193.750	4136.198
21.32	65.53	1.000	1.868	9223.857	4127.492
26.05	54.47	1.132	1.500	9240.693	4118.691
27.63	45.00	1.211	2.395	9176.822	4148.140
43.42	48.16	1.368	2.184	9222.508	4133.976
32.37	75.00	1.158	2.237	9219.393	4134.963
24.47	49.74	1.474	2.132	9147.543	4146.327
40.26	63.95	1.026	1.763	9224.700	4099.410

(3) 响应面模型的建立。

根据这些样本点的响应信息,采取响应面方法(response surface method, RSM)建立设计变量和优化目标之间的近似模型,以表征它们的函数关系。即使样本点数量较少,RSM 依然能够展示各因素对响应变量的贡献,本节使用二阶响应面模型来建立输入与输出之间的数学模型,该模型可以表示为

$$\tilde{y} = \beta_0 + \sum \beta_i x_i + \sum \beta_{ii} x_i^2 + \sum_{i \neq j} \beta_{ij} x_i x_j \tag{3-27}$$

式中:$\tilde{y}$ 表示模型的拟合值;x_i 和 x_j 表示输入变量;β_0、β_i、β_{ii} 和 β_{ij} 分别表示回归函数的常数项、线性项、二次项和相互项系数。通常使用统计误差评估方法来测试和评估响应面方法的准确性,使用多元确定系数(R^2)和均方根误差(root mean square error, RMSE)来评估响应面方法的预测能力,计算式如下。

$$R^2 = \frac{\text{SST} - \text{SSE}}{\text{SST}} = \frac{\sum (y_i - \bar{y})^2 - \sum (y_i - \tilde{y})^2}{\sum (y_i - \bar{y})^2} \tag{3-28}$$

$$\text{RMSE} = \sqrt{\frac{\text{SSE}}{k}} \tag{3-29}$$

式中：SSE 表示误差平方和；SST 表示总平方和；y_i 表示近似模型的响应值；$\bar{y}$ 表示近似模型的平均响应值。通常，R^2 要求不小于 0.9，并且 R^2 越大，可靠性越高；RMSE 要求不大于 0.2，并且 RMSE 越小，精度越高。根据 R^2 和 RMSE 的要求和数值，本节所构建的 SEA 和 PCF 的二阶响应面模型如下。

$$\begin{aligned}
\text{SEA}(\theta_1,\theta_2,T_1,T_2) = &\ 7048.9338370 + 10.253967900\theta_1 + 17.399558167\theta_2 - \\
& 1599.8357857T_1 + 612.61159539T_2 - 0.24209195338\theta_1^2 - \\
& 0.136371886616\theta_2^2 - 685.09507313T_1^2 - 153.5642527T_2^2 - \\
& 0.0752988786678\theta_1\theta_2 + 6.75440251113\theta_1T_1 + 1.40263055524\theta_1T_2 + \\
& 0.48503347244\theta_2T_1 + 0.364603366345\theta_2T_2 - 100.12904149T_1T_2
\end{aligned}$$
(3-30)

$$\begin{aligned}
\text{PCF}(\theta_1,\theta_2,T_1,T_2) = &\ 3666.1482323 - 1.718467622\theta_1 + 2.319672219\theta_2 + \\
& 382.57821616T_1 + 163.28384342T_2 - 0.038757501550\theta_1^2 - \\
& 0.023924528649\theta_2^2 - 139.50206989T_1^2 - 30.291091451T_2^2 + \\
& 0.00166465330071\theta_1\theta_2 + 1.78582325573\theta_1T_1 + 0.424691319996\theta_1T_2 - \\
& 0.0281516555628\theta_2T_1 + 0.154912971123\theta_2T_2 - 26.798479809T_1T_2
\end{aligned}$$
(3-31)

其中，SEA 二阶响应面模型的 R^2 为 0.97796，RMSE 为 0.0493；PCF 二阶响应面模型的 R^2 为 0.99138，RMSE 为 0.0285。

（4）多目标优化算法。

NSGA-Ⅱ 算法是解决多目标优化问题的一种高效简便的方法，本节采取 NSGA-Ⅱ 算法来求解上一小节建立的响应面模型，本次案例的优化问题可以简要概括为以下形式：

$$\begin{cases}
\text{find }\{\theta_1,\theta_2,T_1,T_2\} \\
\min\{-\text{SEA}(\theta_1,\theta_2,T_1,T_2),\text{PCF}(\theta_1,\theta_2,T_1,T_2)\} \\
-\text{SEA}(\theta_1,\theta_2,T_1,T_2) \leqslant -9154.7 \\
\text{PCF}(\theta_1,\theta_2,T_1,T_2) \leqslant 4130.4 \\
\text{s.t.}\begin{cases}15° \leqslant \theta_1 \leqslant 45°, 45° \leqslant \theta_2 \leqslant 75° \\ 1 \leqslant T_1 \leqslant 1.5, 1.5 \leqslant T_2 \leqslant 2.5\end{cases}
\end{cases}$$
(3-32)

通过 NSGA-Ⅱ 算法产生了一系列 Pareto 非劣解，如图 3-19 所示。多目标优化问题的最终解决办法是通过多准则决策在 Pareto 解集中选择一个最优解，目前常用的多准则决策方法包括理想点方法、熵-TOPSIS 方法、灰色关联法等。

（5）多准则决策方法。

本节采用理想点方法来进行多准则决策，寻找 PCF、SEA 这两组矛盾的目标函数中 Pareto 解集的最优解。首先进行归一化处理，消除两个目标值的量纲和数量级差异。对于某个 Pareto 解，运用如下公式进行归一化处理：

$$f_j^z(i) = \frac{f_j(i) - \overline{f_j}}{\sigma(f_j)} (j = 1,2,\cdots,N_f)$$
(3-33)

式中：$\overline{f_j}$ 为 Pareto 解集中所有优化解对第 j 个目标函数 f_j 的均值；$\sigma(f_j)$ 为所有优化解对第 j 个目标函数 f_j 的标准差；$f_j(i)$ 为第 j 个目标函数 f_j 在解 i 处的函数值。对 PCF、SEA 这两个优化目标赋予一定的权重，然后对上述归一化处理值进行加权，归一化加权公式如下：

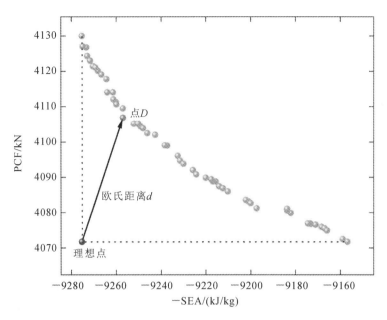

图 3-19　六方双箭头负泊松比吸能装置的 Pareto 解集及最优解

$$g_j^Z(i) = w_j f_j^Z(i), \quad \sum_{j=1}^{N_f} w_j = 1 \tag{3-34}$$

式中：w_j 是第 j 个优化目标的权重系数；$g_j^Z(i)$ 为目标函数的归一化加权公式。对于 PCF 和 SEA，其目标函数都拥有望小特性，Pareto 解集的理想点可定义为

$$G^{Z*} = \{g_1^{Z*}, g_2^{Z*}, \cdots, g_{N_f}^{Z*}\} = \{\min g_1^Z(i), \min g_2^Z(i), \cdots, \min g_{N_f}^Z(i)\} \tag{3-35}$$

最后用"欧氏距离"这一概念代表 Pareto 解与理想目标的距离值，距离最近的点即为 Pareto 解集中的最优解。针对某个 Pareto 解 i，它与理想点之间的欧氏距离可表示为

$$d(i) = \sqrt{\sum_{j=1}^{N_f} (g_j^Z(i) - g_j^{Z*})} \tag{3-36}$$

图 3-19 显示了多目标确定性优化设计得到的 Pareto 解集，通过对欧氏距离的求解得到了综合优化下的最优解（D 点），根据 D 点对应的几何参数可以求得综合优化下的结果，如表 3-3 所示。从优化结果来看，与初始设计值相比，优化后的比吸能提高了 1.02%，优化后的峰值冲击力值降低 6.28%，优化后的综合耐撞性得到了明显提高。同时，采用有限元模型对二阶响应面模型进行验证，仿真得到的比吸能与优化值之间相差 0.03%，峰值冲击力的结果相差 0.21%，两种模型的误差均在 3% 以内。因此，基于二阶响应面模型得到的负泊松比结构的耐撞性多目标优化结果是可信的。

表 3-3　六方双箭头结构的多目标优化结果对比

模型	$\theta_1/(°)$	$\theta_2/(°)$	T_1/mm	T_2/mm	SEA/(kJ/kg)	PCF/kN
初始模型	30	60	1	2	9160.43	4382.26
优化模型	38.347	57.129	1.177	1.544	9253.92	4107.09
验证模型	38.347	57.129	1.177	1.544	9256.40	4115.72

3.5.1.3　台车碰撞试验验证

采用整车碰撞试验来评价汽车零部件耐撞性是最直接、最有说服力的方法，但是整车级试验成本较高,且从整车碰撞结果中提取出零部件的耐撞性结果进行分析较为复杂。因此,本次的试验研究采用台车碰撞试验代替整车碰撞试验,简化了分析难度,提升效率的同时也降低了试验成本。

六方双箭头结构采用选择性激光熔融加工方式制备,得到的 NPR(negative Poisson's ratio,负泊松比)内芯与吸能盒通过点焊连接,吸能盒与前防撞梁通过焊接连接组成保险杠系统,保险杠系统通过螺栓连接安装在台车上,试验测试系统如图 3-20 所示。台车碰撞试验测试系统示意图如图 3-21 所示,牵引系统能够使安装前保险杠的试验台车按目标速度对刚性壁障进行冲击,台车上的测试系统主要为加速度传感器,用于记录碰撞过程中的加速度变化。轨道两侧设置了两台高速摄像机,用于拍摄整个碰撞过程。在轨道中间放置激光测速仪,用于测量撞击速度。台车的动力依靠牵引系统提供,在车辆牵引加速过程中,台车先被加速到目标速度,后保持匀速撞击刚性壁障。试验设定的台车速度为 30 km/h,为台车设置的配重质量为 800 kg。

图 3-20 碰撞试验测试台车、保险杠系统与六方双箭头负泊松比结构

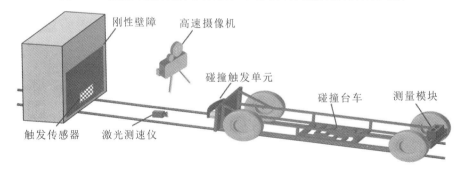

图 3-21 台车碰撞试验测试系统示意图

高速摄像机拍下了保险杠系统在碰撞不同时刻的变形图,同时采用 LS-Dyna 仿真软件对碰撞过程进行了有限元模拟,图 3-22 对比了保险杠系统在台车碰撞试验和有限元模拟两种状态下的变形模式。可以看出,有限元软件模拟的变形模型与试验结果基本一致,并且在有限元模拟和试验测试中,前防撞梁和两端防撞箱均发生了严重的塑性变形。

激光测速仪记录了台车在碰撞过程中的速度变化,台车上的加速度传感器记录了台车在碰撞过程中的加速度变化,如图 3-23 所示。观察图 3-23(a)和(b),可以认为模拟仿真分析是可信的。针对结构耐撞性的分析可以通过对上述数据进行处理来展开讨论。图 3-23(c)和(d)分别展示了传统吸能盒和添加 NPR 内芯的吸能盒在碰撞时间为 30~40 ms 时的力-位移曲线和比吸能-位移曲线,由于防撞梁、吸能箱和负泊松比结构之间的相互作用,添

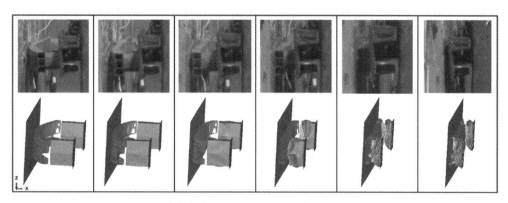

图 3-22 保险杠系统在台车碰撞试验和有限元模拟状态下变形模式的比较

加 NPR 内芯的吸能盒具有更高的峰值冲击力和平均挤压力。但该过程主要发生在挤压后期,该时期的比能量吸收效率是更加优异的,较传统吸能盒的比吸能提高 40.0%,并且在碰撞完成之前的比吸能也提高了 13.3%。相关研究表明,如果碰撞没有完全破坏吸能盒的 NPR 内芯结构,较高的能量吸收效率可以在碰撞中发挥更大的优势。同时,随着结构的弱化和梯度配置,加速度的表现可以更加稳定,具有 NPR 内芯结构的吸能盒在耐撞性方面具有应用前景。因此,与传统吸能盒相比,具有 NPR 内芯结构的吸能盒具有更优异的能量吸收特性,并能显著地提高耐撞性。

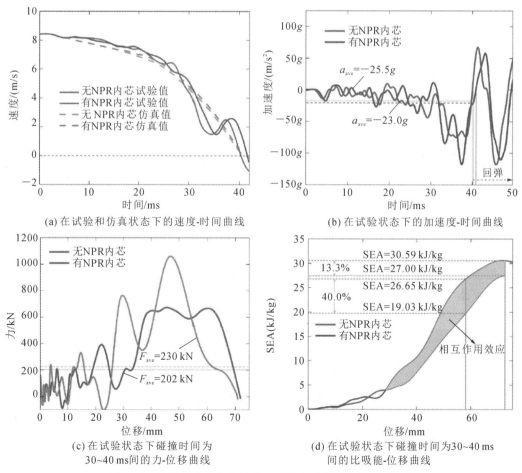

(a) 在试验和仿真状态下的速度-时间曲线

(b) 在试验状态下的加速度-时间曲线

(c) 在试验状态下碰撞时间为 30~40 ms 间的力-位移曲线

(d) 在试验状态下碰撞时间为 30~40 ms 间的比吸能-位移曲线

图 3-23 传统吸能盒与负泊松比吸能盒耐撞性比较(有彩图)

3.5.2 运载装备轻量化结构设计案例

航空发动机附件支架作为附件安装的基础,其结构设计需综合考虑安装空间、载荷形式、维护空间等,应满足在发动机各种工作条件下自身的强度、寿命、可靠性、维修性等要求。由于受到传统加工方法的限制,支架结构设计存在一定的局限性,这制约了结构效能的最大化,并难以满足未来对轻质、高效先进结构的需求。拓扑优化作为一种先进的优化方法,给结构设计带来了很大的灵活性,在许多领域都有很好的应用。目前,航空发动机附件支架结构设计主要凭设计者的经验,效率低且设计方向不明确。本小节主要基于 HyperWorks 平台,以某滑油滤支架为例,介绍多工况下的支架结构拓扑优化方法。

3.5.2.1 航空发动机附件支架典型工况分析

航空发动机附件支架与机匣、油滤附件的装配关系以及安装空间如图 3-24(a)所示。支架与油滤附件间的接触问题为强非线性问题,求解过程较为复杂,而优化重点关注支架中部主体部分的材料布局与传力路径,因此简化如下:支架所受载荷的作用点位于附件质心处;在各向过载条件下,支架与油滤附件可能发生接触的面简化为 Cyl 面、Bot 面、Top 面、Hol 面、X 面,如图 3-24(b)所示;并将各方向的作用力沿滑油滤中心轴方向 A 向和与中心轴垂直方向 H 向分解,如图 3-24(c)所示。由此,将附件质心处的各向载荷耦合到支架结构的不同表面上。为确保支架在发动机工作环境下的持久可靠性,结构设计时需保持应力在较低水平。在静应力方面,由于在线弹性范围内应力满足线性叠加原理,因此本小节在分析各工况时,仅考虑单一方向的过载影响。

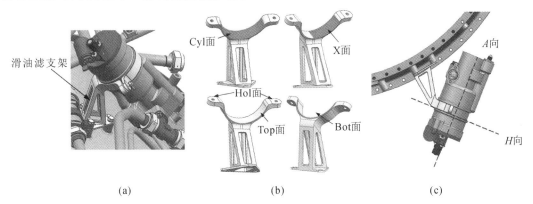

图 3-24 航空发动机附件支架空间排布及受力分析(有彩图)

根据油滤支架与机匣连接处的 3 个安装孔和固定油滤的 2 个螺栓孔的空间位置关系,将支架设计为平面对称结构,因此,X 方向或 $-X$ 方向只需考虑其中 1 个方向的过载,取最大值为 $2g$;为保证支架结构有足够的强度储备,在优化时取最大过载量,即 Z 与 $-Z$ 方向的过载量均取为 $9g$。由此选取的 5 种典型工况见表 3-4。

表 3-4 航空发动机附件支架 5 种典型工况

工况	1	2	3	4	5
状态	Z 向过载 $9g$	$-Z$ 向过载 $9g$	$-X$ 向过载 $2g$	$-Y$ 向过载 $1.33g$	Y 向过载 $1.33g$

3.5.2.2 航空发动机附件支架的拓扑优化设计

(1)拓扑优化设计流程。

在进行结构拓扑优化前,应保证结构分析是完备的,如输入材料属性、边界条件、载荷等。采用局部逼近的方法来优化求解器 Optistruct,通过灵敏度分析构建近似显式模型,经迭代计算找到最优解。该滑油滤支架的拓扑优化设计流程如图 3-25 所示。

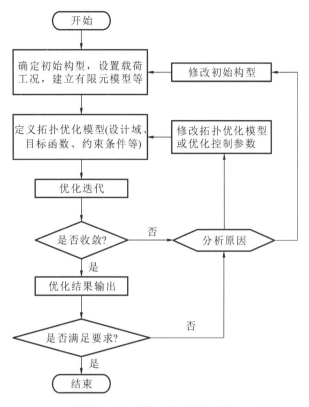

图 3-25 航空发动机附件支架的拓扑优化设计流程

(2) 拓扑优化设计数学模型。

基于变密度法,以单元的相对密度为设计变量,以最小化各工况下的结构柔度为目标,采用加权折中规划法,将此多目标优化问题转化为单目标优化问题,以体积分数、频率、应力以及制造约束为约束条件,建立多工况下滑油滤支架柔度最小化拓扑优化的数学模型为

$$\begin{cases} \text{find } \boldsymbol{X} = [x_1, x_2, \cdots, x_m]^{\text{T}} \\ \min C(\boldsymbol{X}) = \sum_{k=1}^{n} w_k C_k(x) \\ \text{s.t.} \begin{cases} \sum_{i=1}^{m} x_i v_i - f_V V_0 \leqslant 0, \quad \omega_1 \geqslant \omega^{\text{L}} \\ \sigma_k^{\max} \leqslant \sigma^{\text{U}} \\ 0 < \rho_{\min} \leqslant \rho_i \leqslant 1 \\ k = 1, 2, \cdots, n \end{cases} \end{cases} \quad (3-37)$$

式中:$\boldsymbol{X}$ 为设计域内单元的相对密度的列向量,为设计变量;m 为离散单元总数量;$C(\boldsymbol{X})$ 为支架结构的加权柔度,是优化的目标函数;w_k 为第 k 个工况对应的权重因子;$C_k(x)$ 为第 k 个工况的柔度;n 为工况数量;v_i 为第 i 个单元的体积;V_0 为初始体积;f_V 为体积约束对应的体积分数,本处取为 0.15;ρ_i 为第 i 个单元的相对密度;ω_1 为第 1 阶固有频率;$\sigma_k^{\max}$ 为第 k 个工况下的最大应力;ω^{L}、σ^{U} 分别为优化中设置的第 1 阶固有频率的下限值与结构最大应力的上限值,考

虑到优化后模型重建等引起的偏差,约束条件加严,取 $\omega^L=500$ Hz, $\sigma^U=45$ MPa。

此外,在优化中还引入了制造工艺约束:将最小成员尺寸设置为 6;设置了平面对称约束。根据工况的重要程度以及参考原滑油滤支架和优化初始构型在各过载条件下的响应,前文所述工况 1~5 对应的权重系数分别取为 0.30、0.30、0.30、0.05、0.05。

(3) 拓扑优化设计结构重建。

支架模型经 33 步迭代后收敛,得到拓扑优化的结果如图 3-26 所示。单元密度越接近 1,表示此处材料堆积,在结构设计时建议保留;单元密度越接近 0,表示此处材料稀少,在结构设计时可以去除。

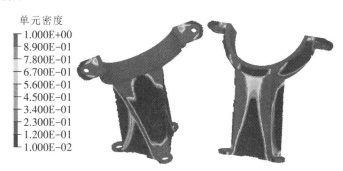

图 3-26　航空发动机附件支架的拓扑优化结果(有彩图)

考虑到支架结构的连接性与可制造性等因素,拓扑优化单元密度的阈值取为 0.5,即保留密度大于 0.5 的单元,如图 3-27 所示。

图 3-27　单元密度大于 0.5 的构型(有彩图)

为得到滑油滤支架的三维实体模型,基于拓扑优化结果重建几何模型。模型重建的基本原则是尽可能保留主要的结构特征,适当忽略次要的结构特征和不重要的细节。模型的重建过程分为以下三大步骤:

① 对选定的构型进行光顺处理,得到结构的外形轮廓;
② 基于外形轮廓,最大程度保留其主要特征,恢复出几何实体;
③ 进行局部细节完善,如增加倒角。

在模型重建中未强制要求结构完全对称,支架的最终几何模型如图 3-28 所示。从图中可见,支架上下直接相连,两两相互支撑,材料贴近初始构型壁面,且材料布置在外围,中间留空,有利于增强刚度。

3.5.2.3　航空发动机附件支架的结构分析及结果对比

(1) 支架优化前后应力对比。

原支架与优化后支架结构在各工况下的最大应力见表 3-5。以工况 1、5 为例,应力分布

图 3-28 拓扑优化后的支架几何模型(有彩图)

如图 3-29 所示。从结果来看,就应力水平而言,工况 1、2 是关键工况。优化后的支架与原支架在这两个关键工况下的最大应力基本相当,相差不到 2%。优化后的支架结构相对于原支架结构在工况 3、4、5 下的最大应力虽然有所增大,但是相对于工况 1、2 而言,结构应力要小得多。因此,就整个结构的静强度储备而言,优化后的支架结构与原结构基本相当。

表 3-5 各工况下的最大应力 (单位:MPa)

工况	工况 1	工况 2	工况 3	工况 4	工况 5
原支架最大应力	76.16	76.19	33.42	9.33	12.50
优化后支架最大应力	77.58	77.55	61.45	15.96	17.13

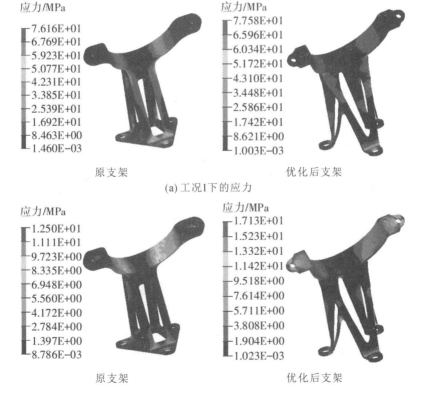

图 3-29 优化前后支架在工况 1、5 下的应力分布(有彩图)

（2）支架优化前后位移对比。

原支架和优化后支架结构在各工况下的最大位移见表3-6。以工况1、5为例,位移分布情况如图3-30所示。从表中可见,与原结构相比,优化后的支架在各工况下的位移均有较大幅度地减小。这表明优化后的支架结构在各工况下的刚度整体增强,支架结构抵抗变形的能力提高。

表3-6　各工况下的最大位移

工况	工况1	工况2	工况3	工况4	工况5
原支架最大位移/mm	0.121	0.219	0.241	0.017	0.080
优化后支架最大位移/mm	0.080	0.153	0.160	0.011	0.052
减小幅度	33.9%	30.1%	33.6%	35.3%	35.0%

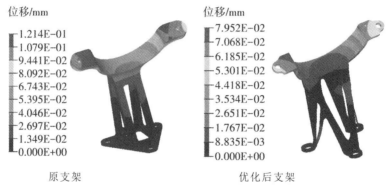

(a) 工况1下的应力

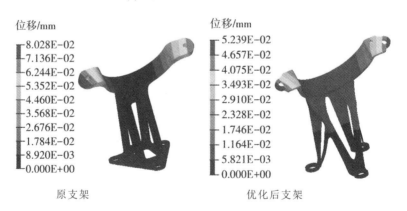

(b) 工况5下的应力

图3-30　优化前后支架在工况1、5下的位移分布(有彩图)

（3）支架优化前后模态分析结果对比。

原滑油滤支架的第1阶固有频率为353 Hz,优化后的支架结构的第1阶固有频率为571 Hz,相对于原支架提高了约61.8%,优化效果明显。

（4）支架优化前后质量对比。

原滑油滤支架材料为ZTC4合金,质量为196.2 g;优化后的支架材料选用TC4合金,其密度与ZTC4合金的相同,质量为151.4 g。相比于原支架,优化后支架质量约减轻22.8%。

第 4 章 轻量化构件一体化压铸与特种铸造技术

轻量化往往伴随着铸件的形状复杂化、薄壁化、复合化、高气密性与高尺寸精度。传统铸造技术和生产模式在生产特殊性能要求的铸件时往往具有很大局限性,因此研究开发一体化压铸与特种铸造技术引起了人们极大的关注。特种铸造是指在铸型、铸型材料、造型方法、金属液充型和铸型凝固条件等方面与传统砂型铸造有明显区别的各种新型铸造方法。它往往建立在新材料、新能源、信息技术、自动化技术等多学科高新技术成果的基础上,使传统的毛坯成形技术由粗糙成形变为优质、高效、高精度、轻量化、低成本、无公害的成形技术。特种铸造技术是先进制造技术中十分重要的部分,对提高一个国家的工业竞争力有很大影响,也是车辆与运载装备轻量化发展中不可或缺的。本章将结合汽车轻量化,对各种特种铸造技术的原理与特点、典型应用、关键技术及发展趋势进行介绍。

4.1 一体化压力铸造

4.1.1 压铸技术原理与特点

压力铸造简称压铸,是指在高压(20~200 MPa)作用下,使液态或半固态金属以极高的速度(5~70 m/s)压入铸型(压铸模)型腔,并在高压下凝固成形,获得轮廓清晰、尺寸精确铸件的方法,其具体工艺流程如图 4-1 所示。

压铸工艺通过机械、模具和合金等三大要素,实现了压力、速度及时间的统一,从而完成凝固成形过程。高压高速是压铸工艺区别于其他铸造方法的主要特点,它具备以下显著技术优势:

(1) 金属液在高压、高速条件下充型,充型能力强,可以制成形状复杂的薄壁铸件。

(2) 铸件在金属型中迅速冷却且在压力作用下凝固,能获得晶粒细小、组织致密的金属铸件,故而铸件力学性能较好。

(3) 充型速度快,且可实现一型多腔,故而压铸生产效率高。压铸技术是所有铸造技术中生产效率最高的成形技术,一般冷室压铸可达 75~100 次/h,热室压铸可达 350~1000 次/h。

(4) 压铸件精度高,尺寸稳定,一致性好,表面光洁,加工余量少,可不经过机械加工或对个别表面进行少许加工后即可使用。

(5) 在压铸中采用镶铸法可省略装配工序并简化制造工艺,在压铸件中嵌铸其他金属或非金属材料零件,即可获得复杂零件,提高材料利用率。

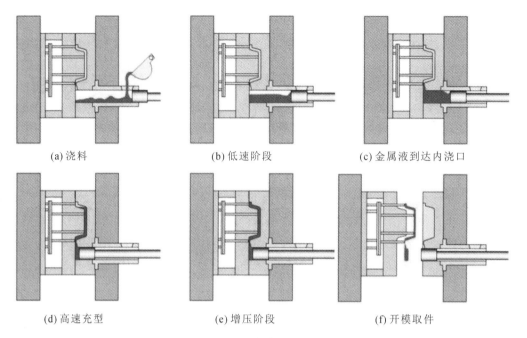

(a) 浇料　　　　　　(b) 低速阶段　　　　　(c) 金属液到达内浇口

(d) 高速充型　　　　(e) 增压阶段　　　　　(f) 开模取件

图 4-1　压力铸造工艺过程图

压铸工艺存在的技术劣势与不足主要体现在以下几方面：

(1) 金属液充填型腔时易将空气与金属液氧化膜卷入铸件中，导致产生卷起现象，故而常规压铸工艺生产的铸件后续一般不能利用热处理提高性能，否则会引起铸件鼓包、尺寸变化乃至开裂等问题。

(2) 由于金属液在较大压力下凝固成形，因此对模具要求高，且出于脱模考虑，通常压铸中仅能采用形状比较简单的金属型芯，限制了压铸工艺在复杂内腔零件制造中的应用。

(3) 压铸设备投资大，压铸模具制造费用高、周期长，故而不适用于单件或小批量铸件生产。

(4) 现有模具主要适用于低熔点合金（铝合金、镁合金、锌合金等），高熔点黑色金属的压铸成形对模具材料提出了更高的要求。

4.1.2　压铸零件的典型应用

压铸件应用范围和领域十分广泛，几乎涉及所有工业部门，如交通运输领域的汽车、船舶、摩托车，电子领域中计算机、通信器材、电气仪表，机械制造领域的机床、纺织、建筑、农机，以及国防工业领域和医疗器械领域等。

压铸件多以铝合金为主，占70%～75%，锌合金占20%～25%，铜合金占2%～3%，镁合金约占2%。随着汽车轻量化的发展与性价比要求的不断提升，镁合金在汽车产业中的应用逐年增长，汽车用镁合金已占镁合金消费总量的70%左右。

当前，压铸制品已经呈现多样化的发展态势，质量从几克到数十千克，尺寸从几毫米到几百乃至上千毫米。随着真空压铸、抽气加氧压铸、双冲头压铸以及半固态压铸等新兴压铸技术的成熟，压铸件的应用范围必将进一步扩大。图4-2为汽车工业中的几个典型压铸零件。

特别需要说明的是，一体化压铸技术因其超高强度集成、极简工序、生产效率高、易回收

(a) 油箱底壳　　　　　　(b) 发动机缸体　　　　　　(c) 变速器壳

图 4-2　汽车工业中典型的压铸零件

及低碳化空间可观等诸多特征,近年来受到了新能源汽车的追捧。如图 4-3 所示,目前一体化压铸技术已成功应用于乘用车白车身的下车体,主要包括后底板、前底板、前机舱等。与此同时,一体化下车体、一体化电池包、一体化顶盖、一体化侧围,乃至特斯拉提出的白车身一体化压铸成形,也均在研发与样件制备中。

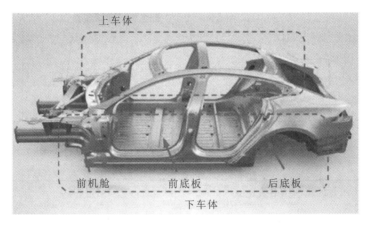

图 4-3　白车身一体化压铸件

4.1.3　压铸关键技术

压铸生产中,压铸机、压铸合金和压铸型是三大基本要素,压铸工艺是将三大基本要素进行有机组合和应用的过程。在实际生产中,生产装备(压铸机)基本确定,因此,本小节重点介绍压铸工艺(压力、速度、温度、时间、涂料)、压铸模具设计与压铸合金等关键技术问题。

4.1.3.1　压铸工艺

(1) 压力。

压铸压力由高压泵产生,并借助蓄能器传递给压射活塞,再通过压射头施加于压室金属液上。在整个压铸过程中,压力并不是常数,通常用压射力和压射比压来描述。

压射力是指压铸机压射机构推动压射头作用于压室金属液面上的力,其大小可通过式(4-1)计算。

$$F_y = p_g \pi D^2 / 4 \tag{4-1}$$

式中:F_y 为压射力(N);p_g 为压射缸内工作液压强(MPa);D 为压射缸直径(mm)。

压射比压(简称比压)是压室内金属液在单位面积上所受的压力,即压射力与压室冲头受压面积之比,计算式如下:

$$p_b = \frac{F_y}{A_g} = \frac{4F_y}{\pi d^2} \qquad (4\text{-}2)$$

式中：p_b 为压射比压（MPa）；F_y 为压射力（N）；d 为压射冲头直径（mm）；A_g 为压室冲头受压面积（mm²）。

压铸成形过程中压射冲头运动速度与比压随时间的变化关系见图4-4和表4-1。

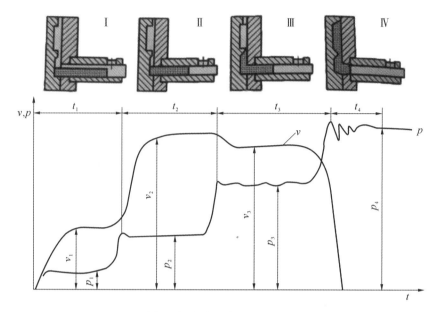

图 4-4 不同阶段压射冲头运动速度与比压随时间的变化

表 4-1 压射比压变化与作用

压射阶段	压射比压	压射头速度	压射过程	压力作用
第一阶段（Ⅰ，t_1）	p_1	v_1	压射头低速前进封住浇口推动金属液，压室内压力平稳上升，使压室内空气慢慢排出	克服压室与压射头、液压缸与活塞之间的摩擦力，称为慢压射第一阶段
第二阶段（Ⅱ，t_2）	p_2	v_2	压射头快速前进，金属液被推至压室前端，充满压室并堆积在内浇道前沿	在整个浇注系统中内浇道处阻力最大，比压 p_1 升高至 p_2，足以克服内浇道阻力，后期，内浇道阻力产生第一个压力峰，亦称慢压射第二阶段
第三阶段（Ⅲ，t_3）	p_3	v_3	压射头按要求的最大速度前进，金属液充满整个型腔与排溢系统	金属液克服内浇道阻力，充填型腔，比压升至 p_3，此阶段结束前，由于水锤作用，比压升高，产生第二个压力峰，即快压射阶段
第四阶段（Ⅳ，t_4）	p_4	v_4	压射头的运动基本停止，但稍有前进	此阶段为最后增压阶段，压铸机没有增压时，比压为 p_3，有增压时，比压为 p_4，压力作用于正在凝固的金属液上，使之压实，能有效消除或减少疏松，提高铸件致密度

实际生产中,选择压射比压需考虑的因素与选取原则见表4-2,具体可通过调整压铸机压射力和冲头直径来实现。

表 4-2 压射比压选择需考虑因素

因素	选择条件	说明
压铸件结构特性	壁厚	薄壁件选用高比压,厚壁件的增压比压要低
	铸件形状复杂程度	形状复杂件选用高比压,形状简单件选用低增压比压
	工艺合理性	工艺合理性好,比压选低值
压铸合金特性	结晶温度范围	结晶温度范围大,选用高比压;结晶温度范围小,选用低增压比压
	流动性	流动性好,选用低比压;流动性差,压射比压要高
	密度	密度大,压射比压、增压比压均应高;反之,则均应低
	比强度	要求比强度大,则压射比压要高;反之,压射比压要低
浇注系统	浇道阻力	浇道阻力大,浇道长,转向多,在同样截面积下,内浇道厚度大,则增压比压选高值
	浇道散热速度	散热速度快,压射比压高;反之,压射比压低
排溢系统	排气道分布	排气道分布合理,压射比压、增压比压均应高
	排气道截面积	排气道截面积足够大,压射比压、增压比压均应高
内浇道速度	内浇道速度	内浇道速度高,压射比压高
温度	金属液与铸型温差	温差大,压射比压高;反之,压射比压低

(2) 速度。

压室内压射冲头推动金属液移动的速度称为压射速度或压射冲头速度,可分为慢压射和快压射两个阶段。其中,慢压射又可分为两个阶段,第一个阶段是排出压射室内的空气,将金属液推至压室前端,封住浇料口;第二个阶段是冲头继续前进,将金属液推至内浇道前沿。慢压射速度视压室内充满度而定,随压室充满度的提高而降低。通常当压室充满度低于30%时,慢压射速度为30~60 cm·s^{-1};当压室充满度为30%~60%时,慢压射速度为20~30 cm·s^{-1};当压室充满度大于60%时,慢压射速度为10~20 cm·s^{-1}。

当充填时间确定后,可利用式(4-3)计算快压射速度。

$$v_{yh} = \frac{4V}{\pi d^2 t} \times [1+(n-1)\times 0.1] \tag{4-3}$$

式中:v_{yh}为快压射速度(cm·s^{-1});V为型腔容积(cm^3);n为型腔数量;d为压射冲头直径(cm);t为充填时间(s)。

充填速度是指金属液通过内浇道进入型腔的速度,亦称内浇道速度。充填速度与金属液流量、内浇道等密切相关。在较高充填速度下,即使采用较低比压亦可使金属液在凝固之前迅速充满型腔,进而获得轮廓清晰、表面光洁的铸件。然而,当充填速度过高时,金属液呈雾状充填型腔,易卷入空气形成气泡,或黏附型壁与后进入的金属液难以熔合而形成表面缺陷和氧化物夹杂,并加快压型磨损。依据等流量连续流动原理,在相同时间内以压射速度流过压室的金属液体积与以充填速度流过内浇道截面充填型腔的金属液体积相等,故充填速度可通过下式计算。

$$v_{\mathrm{C}} = v\frac{A}{A_{\mathrm{n}}} = \frac{\pi d^2 v}{4A_{\mathrm{n}}} \tag{4-4}$$

式中：v_{C} 为充填速度 $(\mathrm{cm \cdot s^{-1}})$；$v$ 为压射速度 $(\mathrm{cm \cdot s^{-1}})$；$A$ 为压室截面积 (cm^2)；A_{n} 为内浇道截面积 (cm^2)；d 为压射冲头直径 (cm)。

(3) 温度。

合金的浇注温度、压型的工作温度对压铸充填、成形凝固过程及铸型使用寿命和稳定生产等均有较大影响。浇注温度通常用保温炉中金属液温度表示。浇注温度过高，合金凝固收缩大，压铸件易产生裂纹，且晶粒也会变得粗大，同时可能造成黏模现象；浇铸温度过低又容易产生浇不足、冷隔和表面流纹等缺陷。浇注温度一般应高于合金液相线 20~30 ℃。相比冷室压铸，由于热室压铸机的料筒处于熔炉中，压射时合金热量损失小，故热室压铸的浇注温度通常较冷室压铸低。以镁合金为例，热室压铸时浇注温度通常在 640~660 ℃，而冷室压铸时浇注温度稍微高一些，一般在 680~720 ℃。

压型的工作温度对铸件质量的影响与浇注温度类似。压型工作温度过高或过低都会影响铸型的使用寿命和稳定生产。在连续生产中，若压型吸收金属液热量大于向外散失热量，其温度必然上升，应采用空气或循环冷却水/油进行冷却。压型工作温度大致可按式(4-5)进行计算，其中对薄壁复杂铸件取上限，而对厚壁简单铸件取下限。不同压铸合金的压型预热温度与连续工作温度推荐值见表 4-3。

$$T_{\mathrm{m}} = \frac{1}{3}T_{\mathrm{j}} \pm \Delta T \tag{4-5}$$

式中：T_{m} 为压型工作温度 (℃)；T_{j} 为金属液浇注温度 (℃)；ΔT 为温度波动范围，一般取 25 ℃。

表 4-3 不同压铸合金的压型预热温度与连续工作温度推荐值　　（单位：℃）

合金	温度	壁厚≤3 mm		壁厚>3 mm	
		结构简单	结构复杂	结构简单	结构复杂
铝合金	预热温度	150~180	200~230	120~150	150~180
	工作温度	160~240	250~280	150~180	180~200
铝镁合金	预热温度	170~190	220~240	150~170	170~190
	工作温度	200~220	260~280	180~200	200~240
镁合金	预热温度	150~180	200~230	120~150	150~180
	工作温度	180~240	250~280	150~180	180~220
铜合金	预热温度	200~230	230~250	170~200	200~230
	工作温度	300~330	330~350	250~300	300~350
锌合金	预热温度	130~180	150~200	110~140	120~150
	工作温度	180~200	190~220	140~170	150~200

(4) 时间。

压铸时，充填时间、增压时间、持压时间和留型时间，每个都不是孤立的，它们与压射比压、充填速度、内浇道截面积等因素互相制约，密切相关。

充填时间指的是自金属液开始进入型腔到充满为止所需的时间。充填时间的长短取决于压铸件体积、壁厚及复杂程度。对壁厚大、结构简单的压铸件,充填时间要长;反之,充填时间需短。对一定体积的压铸件,充填时间与内浇道截面积、内浇道线速度成反比,故内浇道截面积小则阻力大,充填时间就长。

增压时间是指金属液充型结束至形成一定增压压力所需的时间。压铸过程中增压时间越短越好,具体由压铸合金凝固时间(尤其是内浇道凝固时间)决定,增压时间必须小于内浇道凝固时间,否则金属液一旦凝固,压力将无法传递,即便增压亦不起压实作用。实际生产中,增压时间由压铸机压射系统性能决定,目前先进压铸机增压时间已可达 0.01 s 以内。

金属液充满型腔至内浇道完全凝固,压射系统继续保持压力的时间即为持压时间。持压时间取决于压铸件厚度与合金性质。对高熔点且结晶温度范围宽的合金,则厚壁件需持压时间长,反之则短。持压时间短易形成缩孔、缩松等缺陷,持压时间过长又会影响压铸生产效率。

留型时间是指持压结束至开型取出铸件的这段时间。留型时间取决于铸件出型温度的高低。留型时间短,铸件出型温度高,则铸件强度低,顶出时铸件可能产生变形,铸件中存在的气泡膨胀易造成铸件表面鼓泡。留型时间太长,铸件出型温度太低,合金收缩大均可能导致铸件开裂,抽芯、顶出阻力变大,同时亦会降低生产效率。

(5) 压铸涂料。

涂料的作用是为压铸合金和模具之间提供有效的隔离保护层,避免金属液直接冲刷模具型腔,保持金属液的流动性,还可以冷却模具,降低黏模倾向(尤其是对于铝合金压铸)。

涂料一般由隔绝材料或润滑材料及稀释剂组成,应满足以下要求:① 高温下具有良好润滑作用,且不析出有害气体;② 性能稳定,常温下稀释剂挥发后涂料不易变稠,粉状材料不易沉淀,便于存放;③ 对铸件和铸型无腐蚀。

4.1.3.2 压铸模具设计

压铸模具简称压铸模,包括成形部分、浇注系统、溢流系统、抽芯机构、顶出机构、导向部分及横架 7 部分。依据型腔数不同,可分为单腔压铸模、同形多腔压铸模与异形多腔压铸模;按压铸模构造可分为整体式压铸模、镶拼式压铸模、共用模套式压铸模和组合式压铸模;按压铸机特点可分为热压室压铸机用压铸模和冷压室压铸机用压铸模。其中冷压室压铸机用压铸模又可分为卧式冷压室压铸机用压铸模、立式冷压室压铸机用压铸模和全立式冷压室压铸机用压铸模。

压铸模材料要求具备小热膨胀系数、高导热性、高热屈服强度、高抗回火性、高蠕变强度、高延伸率等性能。对于镁合金而言,由于其化学、物理性能及铸造特性与铝合金有较大差异,故镁合金用压铸模设计不能完全套用铝合金用压铸模的设计原则。在模具材料选择上,镁合金与铝合金相比,其压铸模没有特殊要求,即型芯部分可采用 H13、SKD61 等热作模具钢,而模架等其余部位则可采用低碳钢等。然而,镁合金用压铸模的溢流系统、浇注系统、模具冷却系统的材料选择均与铝合金用压铸模有所不同。由于镁合金充型速度高于铝合金,因此镁合金用压铸模的排气道(槽)总面积需加大,通常比铝合金用压铸模大 20%~25%,溢流槽入口面积也要相应加大,但溢流槽入口和排气槽深度均要小于铝合金用压铸模,一般在 0.10~0.15 mm。镁合金凝固潜热低,仅为铝合金的 65%,因此镁合金用压铸模需增加热流道以确保模具的热平衡,通常有电加热和油加热两种。此外,由于镁合金收缩倾向比铝合金要小 30% 左右,因此在模具设计时,镁合金用压铸模的拔模斜度可小于铝合金用压铸模。

4.1.3.3 压铸合金

要生产质量优良压铸件,除了要具备完善的压铸模、适宜的压铸工艺以及工艺性能优越的压铸机外,还需要性能优良的合金材料。压铸合金性能包括使用性能和工艺性能,其中,使用性能是指为使铸件满足相应使用条件而对合金物理、力学和化学性能提出的要求;而工艺性能是指从压铸工艺特点出发,合金应具备的性质。压铸合金的性能要求主要体现在以下三方面。

(1) 高温下保持足够的强度和可塑性以及很小的热脆性。

压铸时,金属在模具内凝固成形的温度仍然较高,在冷凝收缩过程中必然有应力产生,这个应力会导致铸件有热裂倾向。当合金在高温下有较大脆性时,热裂倾向更大。因此,要求压铸合金在高温下保持足够的强度和可塑性以及小的热脆性。

(2) 结晶温度范围小。

结晶温度范围大的合金易产生树枝状结晶,会增加金属流动阻力,对充填过程有一定影响。同时,当结晶温度范围大时,金属液较长时间地处于半固态状态,阻碍了内部收缩,容易形成缩孔而使铸件组织不致密,甚至在收缩过程中可能使铸件的表面形成裂纹。

当金属的结晶温度范围小时,模具内各点的凝固过程趋于同步。这样,由于液体收缩形成的集中缩孔容易通过补缩得到填充,从而消除缺陷,使得铸件组织致密。而且在凝固过程中,由于收缩受阻产生的晶间裂纹也容易得到金属液的充填而愈合,铸件热裂倾向小。

(3) 收缩率小。

合金在模具内冷却凝固,会产生体积收缩。由于模具型腔形状(铸件形状)复杂且截面多变,因而收缩时常常产生缩孔、缩松等缺陷,收缩率越大,这种现象就越严重,故而要求压铸合金的收缩率要尽量小。

4.1.4 压铸技术发展趋势

传统压铸正向生产高强度、高韧性、高生产率以及大型、高品质压铸件的方向发展,即在保持其高生产率、高质量薄壁成形等特点的基础上,采用高真空压铸、局部加压、层流充填及改进压射筒润滑等技术,消除铸件气孔、疏松等缺陷,以获得高致密度、可热处理强化的产品。与此同时,开发充型速度低、充型压力大、可使用砂芯的压铸技术,以适应传统低压铸造或砂型铸造铸件,从而使压铸件拓展至当前难以适用的市场空间是压铸技术发展的另一重要方向。

特别需要说明的是,新能源汽车轻量化需求正在催生工艺革命,压铸机大型化的趋势显现,汽车大型结构件的一体化成形正成为汽车智能制造领域的发展趋势,压铸机将取代焊接机器人成为新能源汽车领域造车的核心装备。在"双碳"目标推动下,一体化压铸技术在生产效率、降本、轻量化方面的优势将越来越明显。铝合金一体化压铸设计与制造是一项全方位集成技术,技术壁垒高,包括软件开发与运用、零部件结构设计、免热处理材料开发、压铸成形工艺、压铸单元能力和大型模具设计等均需技术创新。尤其是模具设计与制造,除了要考虑铸造材料的流动性、热平衡、模具寿命、零件成形工艺性与质量,还需考虑零件后续加工工艺优化等。"一体化压铸成形工艺与装备"也已列入国家重点研发计划。新能源汽车行业的不断发展极大带动了铝合金一体化压铸技术的发展,铝合金一体化压铸必将成为未来新能源车企的优选制造工艺。

4.2 熔模铸造

4.2.1 熔模铸造技术原理与特点

熔模铸造亦称失蜡法铸造,是精密铸造的一种,是通过蜡料等易熔材料制造可熔性模型(简称熔模或模型),而后在其上涂敷若干层特制耐火材料,经过干燥和化学硬化形成整体模组,再利用蒸汽或热水从模组中熔失熔模而获得中空的型壳,随后将型壳放入焙烧炉中高温焙烧,最后向其中浇入熔融合金液而得到相应铸件的铸造技术。用此法获得的铸件与传统砂型铸造相比,具有较高的尺寸精度和较低的表面粗糙度,可实现产品的少屑或无屑加工,故该方法又称为熔模精密铸造,简称熔模精铸。熔模铸造的工艺流程如图4-5所示。

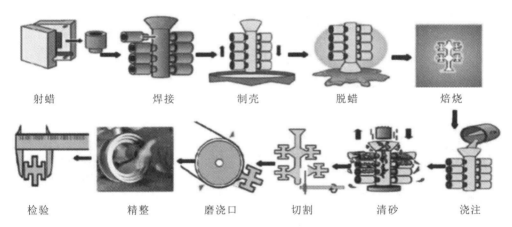

图 4-5 熔模铸造的工艺流程图

与其他传统铸造方法和零件成形方法相比,熔模铸造技术具有以下显著优势:

(1) 适应性强,可采用多种材料或多种工艺来制造熔模铸造用模具,能够适应多批量的生产,不论是大批量、小批量还是单件,均可顺利完成;

(2) 铸件尺寸精度高,尺寸精度最高可达CT7级,可大幅减少铸件后续加工量;

(3) 铸件表面光洁度高(表面粗糙度可达 $Ra\ 0.8 \sim 3.2\ \mu m$),品质好,成本低;

(4) 不受合金材料限制,可生产合金钢、碳钢、不锈钢、铜合金、钛合金、铝合金、镁合金等各种合金铸件;

(5) 可用于各种复杂结构形状铸件的生产,实现一体成形,进而减少连接件,提高整体刚强度的同时降低零件重量。

熔模铸造存在的技术劣势或不足主要体现在以下几方面:

(1) 熔模精密铸造工艺流程较长且烦琐,生产周期长;

(2) 铸件尺寸不能太大;

(3) 铸件冷却速度较慢。

4.2.2 熔模铸造零件的典型应用

熔模精铸不受合金材料限制,适用于铸铁件、铸钢件、铸铝件及铸镁件等的生产,在汽车工业中得到了广泛应用。图 4-6 至图 4-9 分别为各不同合金熔模铸件在汽车上的典型应用。

(a) 球墨铸铁转向节　　(b) 球墨铸铁差速器壳　　(c) 球墨铸铁曲轴　　(d) 灰铸铁刹车盘

图 4-6　熔模铸铁件典型应用

 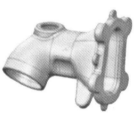  

(a) 钩体　　(b) 不锈钢排气弯管　　(c) 不锈钢薄壁叶轮　　(d) 板簧支架

图 4-7　熔模铸钢件典型应用

(a) 发动机缸体　　(b) 前副车架铸铝件　　(c) 一体化发动机盖

图 4-8　铝合金熔模铸件典型应用

(a) 发动机缸体　　(b) 舱盖　　(c) 密封盖板　　(d) 压罩

图 4-9　镁合金熔模铸件典型应用

4.2.3　熔模铸造关键技术

(1) 压型设计与制造。

依据成形零件图设计蜡模压型,压型就是制造蜡模的模具,其结构、尺寸精度、表面粗糙度等直接影响熔模的质量、制造成本和生产效率。压型分为机械加工压型、易熔合金压型、石膏压型、橡胶压型、环氧树脂压型等,实践中应根据生产条件、铸件生产批量和精度要求加以选择。

压型模具设计时需充分考虑射蜡收缩率、金属浇注成形收缩率、模具腔数、分型面位置、抽芯机构的设置等。以大批量生产用机械加工压型(该压型尺寸精度高,表面粗糙度值低,为 Ra 0.4～1.6 μm,使用寿命长,导热性好,生产效率高)为例,待模具设计完成,利用机床加工模具部件并完成组装和试模,其中模具材料可选用钢、铝合金、铜合金等。

(2) 蜡模制造。

蜡模制造包括以下步骤:① 将组成模料的各种原材料按比例混合并搅拌均匀,滤去杂质后制成符合熔模压制要求的模料(模料的基本要求见表 4-4);② 使用压蜡机将配制好的模料在一定压力下注入模具,待其冷却成形后开模取出蜡模;③ 利用焊接法将铸件蜡模与浇注系统熔模按照预定工艺方案连接组装成完整蜡模组;④ 将组装好的模组先后浸泡于专用清洗剂与清水中进行清洗,去除熔模表面的分型剂等,或用刻蚀液将模具表面轻度溶蚀,以提升模组的涂挂性能。蜡模质量的影响因素与相应控制方法如表 4-5 所示。

表 4-4 模料基本要求

指标	要求
熔化温度与凝固温度区间	兼顾耐热性和工艺操作的简便性,模料熔化温度常在 50～80 ℃,凝固温度区间以 5～10 ℃ 为宜
耐热性	耐热性是指温度升高时模料抗软化变形的能力,要求 35 ℃ 下模料的热变形量 $\Delta H_{35\text{-}2} \leqslant 2$ mm
收缩率	模料热胀冷缩小,可以提高熔模的尺寸精度,也可减小脱模时型壳胀裂的可能性。线收缩是模料最重要的性能之一,一般应小于 1.0%,优质模料的线收缩率低至 0.3%～0.5%
强度与硬度	为确保模具在生产过程中不损坏,熔模需具有一定强度,模料抗弯强度以 5.0～8.0 MPa 为好。为保证熔模的表面质量,模料应有足够的硬度,模料硬度常用针入度来表示,多在 4～6 度(1 度=1 mm)
黏度和流动性	为便于脱蜡和模料回收,模料在 90 ℃ 附近的黏度应为 3×10^{-2}～3×10^{-1} Pa·s,为得到清晰的熔模,模料的流动性应适当
灰分	灰分是指模料经高温焙烧后的残灰,也是模料的主要性能指标之一
其他	模料的涂挂性要好且要求无毒,为保证模料性能,模料常由多种成分组成。现使用的有非填料模料(蜡基模料、树脂基模料)、填料模料、水溶性模料等

表 4-5 蜡模质量的影响因素与控制方法

名称	影响因素	结果	措施
模料杂质	砂粒等固体杂质	粘在蜡模表面,在铸件表面形成粘砂或麻坑等缺陷	进入静直桶,排除杂质
模料使用时间	各种混入杂质以及模料变质	影响铸件的强度和硬度,还会出现粘砂或麻坑等缺陷	采取再生工艺或加入 5%～10% 新蜡改进模料性能
工艺参数	射蜡温度	射蜡温度过高会使收缩率增加,降低尺寸精度;反之,收缩率减小,但熔模表面粗糙度大	适宜的射蜡温度:56～58 ℃
	射蜡压力	射蜡压力增加则收缩率会下降,射蜡压力过小则表面凝固层收缩大	射蜡压力:3～4 MPa
	保压时间	保压时间越长,熔模收缩越小;保压时间过短,则收缩过大,在熔模厚壁及平面处容易出现缩陷	起模时间:45～55 s

(3) 型壳制造。

型壳的制作过程比较复杂,先是在模组表面粘一层预先配置好的硅溶胶,之后粘一层砂并进行悬挂干燥,砂干之后重复以上操作,直至粘4~5层,由内而外依次称为面层砂、过渡层砂与背层砂,形成完整模壳后将其倒置放入高温蒸汽釜中进行脱蜡处理,最后将脱蜡模壳置于电阻炉中进行加热焙烧,最终获得具备所需强度和透气性的型壳。型壳制造是熔模精铸的关键工序之一,是熔模精铸研究的核心课题,其中,耐火材料与黏结剂对型壳的影响见表4-6。

表4-6 耐火材料与黏结剂对型壳的影响

材料		材料性质	对型壳影响
耐火材料	石墨材料	耐火度高,热膨胀系数小,孔隙率较低,强度随温度升高而增加	增加对型壳型腔的充型能力,改变铸件冷却凝固顺序,增加型壳的透气性和强度
	氧化物材料	熔点高,绝热性好,可以降低金属液的冷却速度,便于更好地充型	改变粉末粒度,优化涂料,提高铸件表面质量
黏结剂	水玻璃型壳	成本低,生产周期短,脱壳性优良,透气性好	水玻璃模数合理,可提高型壳强度
	硅溶胶型壳	黏度低,分散性好,黏结性和反应性良好,流动性差	型壳有很好的高温强度及高温抗变形能力,制壳周期长
	复合型壳	使用寿命短,利用率低	提高型壳高温强度和抗变形能力,提高铸件表面质量,降低废品率

(4) 浇注、振壳与清理。

将中频感应炉、高频感应炉、工频感应炉、电弧炉、电渣炉、等离子炉、电阻炉等熔炼所得的熔融金属液浇注(重力浇注、真空吸注、离心浇注、调压浇注、低压浇注等)入焙烧型壳中,待其冷却凝固成形后将带壳零件放置到振壳机上进行振壳去模,随后进行切割、打磨、抛丸等处理,即可获得毛坯件。需要注意的是,振壳去模时要防止压倒零件,以免零件受压变形。

4.2.4 熔模铸造技术发展趋势

熔模精铸技术在汽车工业中的发展趋势主要体现在以下六个方面:

(1) 确立"精、优、轻、绿"的产品开发思想。

"精"指精密、精确,即充分利用精铸工艺及各方面技术,提高汽车铸件的尺寸精度与表面光洁度;"优"指无缺陷,即提高铸件质量检测技术和过程控制精度;"轻"指轻质结构和材质轻量化,即在确保强度和安全性的前提下,尽可能降低铸件重量,实现轻量化;"绿"指绿色铸造,即在整个铸件产品生命周期内,提高资源利用率,减少对环境的污染。

(2) 坚持产品"集成化、精益化、系列化、模块化、成品化"发展思想。

"集成化"是以铸代锻,以铸代冲,将原来冲压、锻造、铸造成形的数个零件通过合理设计以及结构优化,实现集成零件的铸造成形;"精益化"是指以杜绝浪费和提高资源利用率为目的来制造增值产品;"系列化"是指按照市场需要,对已有产品进行系列规划,开发新产品;"模块化"是指对已有产品的横向开发,以工艺产品为主,提高企业竞争力;"成品化"是指针对复杂化产品,利用熔模铸造技术制造后续加工少、精度高的产品,为客户创造价值并降低使用成本,实现双赢。

(3) 精铸工艺与装备技术升级。

伴随产品要求的不断提高,围绕熔模精铸工艺与装备技术,推广应用以下技术:① 硅溶胶型壳技术;② 复合制壳技术;③ 机械手(机器人)技术;④ 装备节能技术;⑤ 精铸型芯技术;⑥ 铸造检测技术;⑦ 绿色制造技术。

(4) 计算机软件引入。

计算机技术的发展为传统铸造行业带来了革命性进步,在熔模精铸复杂整体铸件造型、工艺方案设计与优化、工艺过程精确控制等方面有应用前景,推动熔模精铸技术向精细化、智能化方向发展。

(5) 3D打印技术的应用。

传统熔模精铸工艺存在蜡模压型模具制造周期长、开发模具费用高及模具改动难等问题,导致制造商难以实现开发样件周期短、成本低的目标。将新兴增材制造(3D打印)技术引入熔模铸造,用于蜡模与蜡模压型模具的制造中,是熔模精铸技术发展的另一重要方向。

(6) 一体化成形。

相比传统汽车制造工艺,熔模铸造能使部分零件一体成形,进而大幅提高生产效率,且铸件尺寸精度较高,满足性能要求。目前,国内外传统汽车企业、造车新势力企业等正在加快熔模铸造一体化产品的工艺设计与产业化开发。

4.3 挤压铸造

4.3.1 挤压铸造技术原理与特点

挤压铸造是对浇入铸型型腔中的定量液态金属施加较大机械压力(50~100 MPa),使其成形、结晶、凝固而获得铸件的一种方法。它是介于铸造和锻造之间的一种工艺,故亦称为液态模锻,兼有两者的一些优点。

挤压铸造可分为直接挤压铸造与间接挤压铸造两大类。其中直接挤压铸造类似于金属模锻,压力直接施加于液态金属的整个面上,这种施压方式适合于生产壁厚较大、形状不太复杂的零件;间接挤压铸造工艺与压铸相近,压力通过浇道间接作用于液态金属上,这种铸造工艺适合于生产形状相对复杂、壁厚差较大的零件。典型的直接挤压铸造工艺与间接挤压铸造工艺过程分别如图4-10与图4-11所示。

挤压铸造和常规高压压铸的区别如表4-7所示。

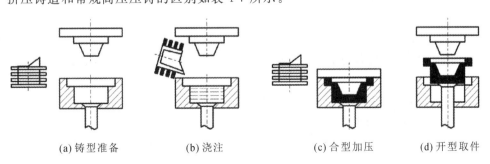

(a) 铸型准备　　　(b) 浇注　　　(c) 合型加压　　　(d) 开型取件

图 4-10　直接挤压铸造工艺过程图

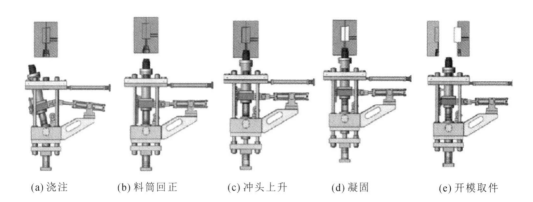

(a) 浇注　　(b) 料筒回正　　(c) 冲头上升　　(d) 凝固　　(e) 开模取件

图 4-11　间接挤压铸造工艺过程图

表 4-7　挤压铸造与常规高压压铸的区别

区别	挤压铸造	高压压铸
工艺典型特征	低速充型、高压凝固	高压、快速充型
保压状态	有,半固态至固态	无
内部质量	组织致密,几乎无缩孔、气孔	晶粒粗大,有气孔、缩孔
后续工艺	可 T6 热处理	不可热处理
力学性能	接近锻造水平	较低
使用的脱模剂	粉末挤压铸造脱模剂	水性压铸脱模剂
适合工件	适合厚壁,不适合薄壁	厚壁、薄壁都可
使用机器	挤压机、液压机	压铸机
使用目的	以铝代钢、以铸代锻,减少重量	提高生产效率
典型适用范围	结构件、承重件	电机壳、变速器、3C 电子产品

挤压铸造具备以下显著技术优势:

(1) 挤压铸造生产效率较锻造高,能大批量生产,总体生产成本低,可实现较复杂产品成形;

(2) 通过施加外力可打碎金属液凝固时形成的枝晶臂,便于补缩,因此铸件致密度高;

(3) 压力的作用改善了金属液与模具的接触状态,可获得较快的冷却速度,晶粒得到细化;

(4) 相比压铸,挤压铸造中尽可能将金属液以低速、层流形式充型,并且挤压铸造模具的设计考虑了排气结构,有助于减少气泡和夹杂物的形成,同时铸件可热处理,可进一步提高力学性能;

(5) 挤压铸造无须冒口补缩和最后清理,材料利用率高,工序简单,节能。

挤压铸造存在的技术劣势与不足如下:

(1) 挤压铸造中采用的是金属型模具,冷却速度较快,考虑到金属液充型能力,铸件厚度必须大于 5 mm;

(2) 考虑到成形后的脱模问题,对挤压铸造铸件的形状也有一定限制。

4.3.2 挤压铸造零件的典型应用

挤压铸造作为一种先进的金属成形工艺,已广泛应用于航空航天、军事及高科技领域高性能金属铸件的制造。随着新能源汽车的发展与汽车轻量化需求的增大,挤压铸造技术在汽车结构件上的应用也越来越广泛,如控制臂类、连杆类、发动机支架、轮边支架类等底盘件已采用了铝合金挤压铸造件。图 4-12 所示为几个典型的挤压铸造零件。

 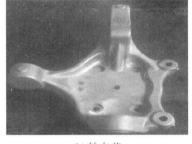 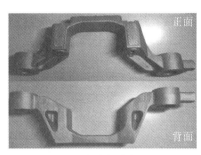

(a) 气囊支撑臂　　　　(b) 转向节　　　　(c) 发动机支架

图 4-12　典型的挤压铸造零件

4.3.3 挤压铸造关键技术

影响挤压铸造生产及铸件性能的关键工艺参数包括比压、加压开始时间、加压与充型速度、保压时间、浇注温度、模具温度及铸型涂料等。

(1) 比压。

比压是挤压铸造中最重要的工艺参数,它是指对铸型中单位面积上液态金属所施加的平均挤压力。铸件在挤压力作用下结晶,有利于消除缩孔、缩松和气孔等铸造缺陷,进而获得较好的内部组织和较高的力学性能。比压低时,铸件内部缺陷不能完全消除,只有达到某一临界压力,才能获得完好铸件;压力过高又会影响模具寿命,浪费资源。

挤压铸造比压应视合金种类、挤压方式、铸件形状和铸件大小而定。通常来讲,有色金属合金铸件的挤压铸造比压小于黑色金属合金铸件;直接挤压铸造比压小于间接挤压铸造;形状简单铸件挤压铸造比压小于形状复杂和薄壁铸件。依据生产经验,采用柱塞挤压或间接挤压的有色合金铸件的比压可选用 60~100 MPa;直接挤压有色合金铸件的比压可选用 25~50 MPa;黑色金属合金铸件挤压铸造比压比有色金属合金铸件大两倍左右。

(2) 加压开始时间。

金属液浇入铸型(直接挤压)或压室(间接挤压)至冲头开始加压的时间间隔称为加压开始时间。对于小件、薄壁件或复杂件,加压开始时间应小,生产中一般掌握在 15 s 以内;对于采用直接挤压铸造生产的简单实心件或厚大件,将金属液冷却到液相线以下加压,有利于提高铸件力学性能,此时可停留 10~20 s 后再开始加压。

(3) 加压与充型速度。

金属液充型时挤压冲头的运动速度称为加压速度,而充型速度是指金属液在低铸造压力作用下,进入并充满型腔时的流动速度。在铸型确定的条件下,冲头加压速度决定金属液的充型速度。实际生产中,金属液充型速度应控制在 0.8 m·s^{-1} 以下。充型过快,金属液易产生涡流,卷入气体,使铸件易起泡;而充型速度太低,金属液又不能充满型腔。为此,对于直接挤压铸造,厚壁铸件的冲头加压速度一般控制在 $0.1\ \text{m}\cdot\text{s}^{-1}$ 左右,而薄壁或小铸件的冲头加压速度可快些,控制在 $0.2\sim0.4\ \text{m}\cdot\text{s}^{-1}$;对于间接挤压铸造,常按充型速度进行控制,厚壁铸件可控制在 $0.5\sim1\ \text{m}\cdot\text{s}^{-1}$,薄壁或小铸件常控制在 $0.8\sim2\ \text{m}\cdot\text{s}^{-1}$。

(4) 保压时间。

保压时间是指从开始加压到铸件完全凝固的时间。保压时间长短取决于合金种类、铸件大小、铸型截面厚度以及铸型传热条件。保压时间过短,在铸件心部尚未完全凝固时就泄压,会使心部得不到压力补缩而出现缩孔、缩松等缺陷;保压时间过长,又会使起模困难,降低模具使用寿命。

(5) 浇注温度。

挤压铸造所采用浇注温度比同种合金其他铸造方式下的浇注温度略低一些。对于形状简单的厚壁实心铸件可取温度下限,而对形状复杂或薄壁铸件应取温度上限。浇注温度控制在较低值有益于金属内部气体的溢出,且一旦施压后还能使金属液进入过冷态,获得同时形核条件,进而获得等轴晶铸件。

(6) 模具温度。

模具温度过高或过低都会影响铸件质量和模具寿命。模具温度过低,铸件质量难以保证,易出现冷隔和表面波纹等缺陷;模具温度过高,易出现黏模现象,降低模具寿命,还会使铸件脱模困难。实际生产中模具温度取决于合金种类、铸件形状和大小。

(7) 铸型涂料。

为防止铸件粘焊铸型,使铸件能顺利从型腔中取出,在挤压铸型的表面一般会喷涂涂料,以降低铸件表面粗糙度,提高铸型寿命,减缓金属液在加压前的结壳速度,便于金属液在压力下的充型。值得注意的是,在挤压铸造中不能采用涂层来控制铸件的凝固过程,因为施加在金属液上的高压会使涂层剥落,引起铸件产生夹杂缺陷。为此,通常仅采用 $50\ \mu\text{m}$ 左右的薄层涂料。

涂料的种类与成分主要依据铸件形状、尺寸、合金种类、铸型材料和对铸件的工艺要求决定。对有色金属合金铸件,大多采用胶状石墨涂料,包括水基和油基胶状石墨涂料。水基胶状石墨涂料的主要成分有氧化锌、胶状石墨、水玻璃和水;油基胶状石墨涂料的主要成分有胶状石墨、机油(也有锭子油、植物油)、黄蜡或松香等。需要说明的是,对于挤压铸造后需热处理的铸件,应避免使用有机涂料。

4.3.4 挤压铸造技术发展趋势

挤压铸造技术的发展趋势主要体现在以下几方面。

(1) 半固态挤压铸造。

半固态挤压铸造是将制备好的具有特殊流变性的半固态金属浆料定量注入敞开的模具型腔内,随后借助于冲头的压力作用,使其强制充型、凝固、补缩并产生少量塑性变形,从而获得所需的零件或毛坯。由于挤压铸造产品的优质特性,半固态挤压铸造将受到产业界的广泛关注。

(2) 金属基复合材料挤压铸造。

金属基复合材料是以金属为基体,添加诸如高性能纤维、晶须颗粒等增强材料而形成的复合材料。但是由于增强材料与基体材料的润湿性差而难以用一般方法复合,因此挤压铸造就成为金属基复合材料的最佳成形方法之一。目前,该成形技术已成功用于生产汽车铝活塞、连杆、喷气发动机叶轮、飞机发动机扇形叶片等。美国已把挤压铸造的复合材料应用于航空工业和兵器中。

(3) 计算机技术应用。

用计算机模拟挤压铸造过程的温度场、速度场、压力场和凝固顺序等,以便判断铸件出现缩孔、缩松、裂纹及卷气的可能性以缺陷出现位置,进而利用仿真模拟结果对工艺参数与模具结构设计进行优化,这样可大大节省产品开发时间,降低模具制作费用,提高产品质量。

(4) 人工神经网络应用。

目前挤压铸造工艺参数的确定主要依靠经验,而且这些参数很难确定,人工神经网络是一个比较新的学科,在非线性系统、错误诊断、预测、自适应控制等方面已取得了很大成功,该技术在挤压铸造工艺参数优化中也必将得到越来越多的应用。

4.4 低压铸造

4.4.1 低压铸造技术原理与特点

低压铸造(low pressure casting,LPC)是介于重力铸造与高压铸造间的一种铸造技术。低压铸造最早可追溯至1906年,美国人 S. P. Wetherill 与 J. P. Wetherilljr 发明了一份专利,该专利采用低压设备铸造了一系列锌铝合金铸件;1910年,英国人 E. F. Lake 发明了可耐热300℃的铅锡合金铸造用设备,并申请了专利,这被认为是低压铸造技术公开报道的起源。直到1956年,德国 Karl Schmidt 公司采用该技术生产出小轿车用空冷发动机铝缸盖,低压铸造方法才被重视起来,因此国外亦称低压铸造为 Schmidt 法。

低压铸造是将铸型置于密闭坩埚上方,向坩埚中通入干燥的压缩气体,在较低气体压力(0.06～0.15 MPa)作用下,坩埚内熔融金属液顺着升液管自下而上,通过浇口平稳地进入型腔,随后适当增大压力并保持坩埚内液面上的气体压力,使型腔内金属液在较高压力作用下结晶凝固进而获得铸件,相应铸造原理与装备见图4-13。

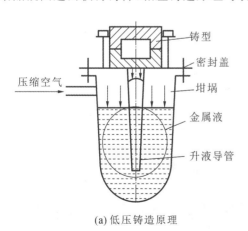

(a) 低压铸造原理　　　　(b) 低压铸造机

图 4-13　低压铸造原理与装备

低压铸造具备以下显著技术优势:

(1) 直浇口及补缩冒口系统小,循环材料重量轻,所需原材料少,生产成本低。

（2）可生产高强度、高结构效率的大型薄壁铸件以及压力铸造不能生产的空心铸件。

（3）低压铸造采用底注式充型方式，施加压力小，充型速度便于调节，金属液流动平稳，减少了卷气、夹渣等缺陷，铸后铸件可进行热处理。

（4）低压铸造过程的自动化程度较高，充型过程采用压力控制，温度可调节范围小，解决了重力铸造温度难以调控所带来的挑战（如在高温范围内，铸件往往出现更多的气孔、夹砂缺陷，粗糙表面度更高甚至出现机械粘砂现象；而在低温范围内，铸件则容易产生裂纹和浇不足缺陷）。

（5）低压铸造对铸型材料无严格限制，可适用于砂型、失蜡型、石墨型、金属型等。

（6）低压铸造应用范围广，可适用于不同壁厚、不同大小、不同结构的铸件，亦可应用于各种铸造合金（包括非铁合金及铸铁、铸钢等铁合金）。

（7）生产占地面积小，投资设备少，且易于实现机械化与自动化。

低压铸造存在的技术劣势与不足如下：

（1）金属型低压铸造铸件晶粒尺寸较相应挤压铸造件大，需细化晶粒，以便改进强度，同时保持较高的延展性。

（2）虽然充型仅需 10~15 s，但保压时间长（3~6 min），因此低压铸造整个生产循环可达 10 min，其铸造生产效率较挤压铸造低。

（3）不能生产壁厚在 4 mm 以下的铝铸件和壁厚在 3 mm 以下的镁铸件。

4.4.2 低压铸造零件的典型应用

低压铸造主要应用于较精密复杂中大铸件和小件的成形制造，该工艺几乎不受合金种类限制，尤其适用于铝合金与镁合金的铸造成形，生产批量可为小批、中批、大批。目前，低压铸造已用于航空、航天、军事、汽车、拖拉机、船舶、摩托车、柴油机、汽油机、医疗器械等机器零件的制造上，在生产框架类、箱体类、筒状、锥状等大型复杂薄壁铸件方面极具优势。图 4-14 展示了几种汽车上的典型低压铸造零件。

(a) 发动机气缸盖

(b) 轮毂

(c) 变速器操纵盒

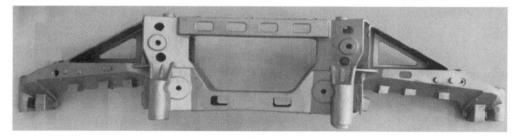
(d) 副车架

图 4-14 汽车上的典型低压铸造零件

4.4.3 低压铸造关键技术

正确制定低压铸造浇铸工艺是获得优良铸件的先决条件。依据低压铸造时金属液充型和凝固过程的基本特点,铸造工艺制定时需重点考虑的是压力大小、加压速度、浇注温度、铸型温度和涂料等。如图 4-15 所示,低压铸造的加压过程可分为升液(OA 段)、充型(ABC 段)、增压(CE 段)、保压(ED 段)、泄压(DF 段)等几个阶段。

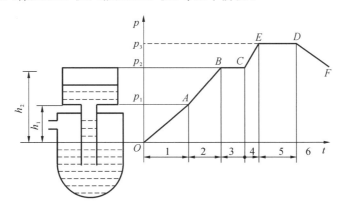

图 4-15 低压铸造浇铸过程中气压变化

(1) 升液压强与升液速度。

升液压强 p_1 是指当金属液面上升到浇口(高度为 h_1)时所需的压强。在升液过程中,升液高度 h_1 将随着坩埚内金属液面下降而增加,对应压强 p_1 也应随之增大。升液速度是指升液阶段金属液上升至浇口的速度。由于升液压强是在升液时间内逐渐建立起来的,随着压强的增大,升液管中液面升高,因此增压速度实际上反映了升液速度。增压速度可用式(4-6)计算。

$$v_1 = p_1/t_1 \tag{4-6}$$

式中:v_1 为升液阶段增压速度($Pa \cdot s^{-1}$);p_1 为升液压强(Pa);t_1 为升液时间(s)。

通常希望升液速度缓慢些,以防止金属液自浇口流入型腔时产生喷溅,并使型腔中气体易于排出型外。一般情况下,铝合金低压铸造升液速度控制在 $5\sim15$ cm/s,加压速率为 $1.27\sim1.75$ kPa/s;对于镁合金,加压速率可提高 $20\%\sim30\%$。

(2) 充型压强和充型速度。

充型压强 p_2 是指在充型过程中,金属液上升到铸型型腔顶部(高度为 h_2)时所需的气体压强。显然,充型压强小则铸件易浇不足,同时与升液压强 p_1 一样,p_2 随坩埚中金属液面下降而增大,具体可通过式(4-7)计算得到。

$$p_2 = \mu \rho g h_2 \tag{4-7}$$

式中:p_2 为充型压强(Pa);μ 为充型阻力系数,一般取 $1.0\sim1.5$,阻力小取下限,阻力大取上限;ρ 为金属液密度($kg \cdot m^{-3}$);g 为重力加速度($m \cdot s^{-2}$);h_2 为型腔顶部与坩埚中金属液面的距离(m)。

充型速度 v_2 是指在充型过程中金属液面在型腔中的平均上升速度,取决于通入坩埚内气体压强增加的速度,可通过式(4-8)计算得到。

$$v_2 = \frac{p_2 - p_1}{t_2} \tag{4-8}$$

式中:v_2 为充型阶段增压速度($Pa \cdot s^{-1}$);p_2 为充型压强(Pa);p_1 为升液压强(Pa);t_2 为充型时间(s)。

按工艺要求,低压铸造各浇铸阶段的增压速度是不同的。升液阶段升液速度应使合金液平稳上升,应控制在 50 mm/s 左右,而充型速度比升液速度要快一些,但要避免金属液产生涡流,可控制在 50~100 mm/s。

(3) 增压压强和增压速度。

金属液充满型腔后,在充型压强基础上进一步增加压强,称为增压压强或结晶压强,可利用式(4-9)进行计算。

$$p_3 = p_2 + \Delta p \text{ 或 } p_3 = K p_2 \quad (4-9)$$

式中:p_3 为增压压强(Pa);p_2 为充型压强(Pa);Δp 为充填后继续增加压强(Pa);K 为增压系数,一般取 1.3~2.0。

在铸件凝固过程中,坩埚内金属液在压力作用下经升液管、浇注系统源源不断地对铸件进行补缩,可有效消除缩孔、缩松,提高组织致密度。增压压强越大,补缩效果越好,组织越致密。增压压强亦可依据铸件结构特征、铸型种类和加压工艺来确定,如表 4-8 所示。

表 4-8 增压压强选用原则

铸件结构特征	铸型种类	加压工艺	增压压强/MPa
复杂薄壁	湿砂型、金属型	稳压	0.005~0.01
厚壁	干砂型	缓慢增压	≤0.25
厚壁并有特殊要求	金属型、石墨型	急速增压	0.35~0.5

为使增压压强起到应有的补缩作用,还应依据铸件壁厚与铸型种类确定增压速度,可通过式(4-10)计算得到。

$$v_3 = \frac{p_3 - p_2}{t_3} \quad (4-10)$$

式中:v_3 为增压阶段增压速度($Pa \cdot s^{-1}$);t_3 为增压时间(s)。

增压速度 v_3 对铸件质量亦有重要影响。对砂型厚壁铸件,铸件凝固缓慢,若增压速度很快,则可能出现刚凝固表层被压破现象;而对金属型薄壁铸件,铸件凝固速度很快,若增压速度很慢,则会失去增压补缩作用。因此,增压速度应视具体情况而定,一般金属型、金属芯低压铸造的增压速度取 10 kPa/s 左右,而干砂型厚壁铸件的增压速度取 5 kPa/s 左右。

(4) 保压时间。

保压时间是指保持恒定增压压力作用下,铸件凝固阶段所需的时间。若保压时间不足,则铸件凝固得不到充分补缩,易出现缩孔、缩松缺陷,严重时因铸件尚未完全凝固,铸型中金属液会倒流至坩埚中,造成"中空"废品;若保压时间过长,轻则使生产周期长、生产效率下降,严重时会使升液管上部"冻住",造成疏通困难,甚至停产。

(5) 浇注温度与铸型温度。

低压铸造时金属液在压力作用下充型,因而充型能力高于一般重力浇注,而且由于是在密封状态下进行浇注,金属液热量散失较慢,故其浇注温度可比一般铸造方法低 10~20 ℃。对于具体铸件而言,浇注温度仍需依据其结构、大小、壁厚及合金种类、铸型条件来正确选择。

铸型温度依铸型种类而定,采用非金属铸型(如砂型、陶瓷型、石墨型等)时,铸型温度一般为室温或预热至 150~200 ℃;采用金属型铸造铝合金铸件(如气缸体、气缸盖、曲轴箱壳等)时,铸型温度一般为 200~250 ℃;采用金属型铸造薄壁复杂件(如增压器叶轮、顶盖等)时,应将金属型预热至 300~350 ℃。

(6) 涂料。

低压铸造时,铸型、升液管以及坩埚都应涂刷涂料。浇铸过程中,升液管长期浸泡在金属液中,容易受到金属液侵蚀,导致其使用寿命缩短。采用铸铁坩埚和铸铁升液管时,会导致铝合金液中铁含量增加,铸件力学性能降低。因此,在坩埚内表面以及升液管内外表面均应刷涂一层涂料。此外,利用模具涂料可调节金属型芯的冷却速度,选用导热性差的涂料和增加涂料厚度均可明显起到保温作用,延缓铸件结壳时间。对于大型铸件可采用 ZnO 等作涂料,涂料厚度按不同部位可控制在 0.8~1.5 mm 之间。

4.4.4 低压铸造技术发展趋势

低压铸造应加强提高熔体充型能力、高精度砂芯制作、金属型温度精确控制以及提高铸件冷却速度等方面的研究与开发。为实现大型薄壁复杂构件的低压铸造制备,相关基础理论还需要进一步深入研究,工艺和设备还需要在实践中不断完善。以下问题尚有待解决:

(1) 计算机数值模拟技术不仅有助于弄清充型过程的缺陷产生原因,也可为低压铸造工艺提供有效的充型参数优化设计方案。因此深入研究并建立与实际充型过程相吻合的金属液流动模型对于数值模拟结果精确化至关重要,需充分考虑充型过程中除金属液之外的其他流体(如型腔内空气流和充型过程中外部充入的保护气氛气流)对金属液流的影响,并系统研究多相流体的交互作用机理,解决数值模拟结果与实际充型过程吻合精度的问题,提高低压铸造生产效率和铸件质量。

(2) 开发出适宜于低压铸造的合金体系。一直以来,低压铸造工艺采用的材料多集中于传统铸造铝合金和镁合金,可考虑结合材料热力学基础理论对传统铸造铝合金和镁合金进行成分优化,同时应加快研发除镁、铝合金之外的其他合金体系的低压铸造铸件,以适应工业广泛应用的需求。

(3) 加速研制新型低压铸造技术在大型薄壁复杂构件制备中的应用。如华中科技大学研制的连续式低压铸造技术将现有传统低压浇注兼保温坩埚分成 3 个独立坩埚,其底部由过道连通,分别完成加料补料、液面加压和升液浇注 3 个主要动作。该改进技术可实现连续生产,显著提高生产效率。

(4) 将传统复合材料制备工艺与低压铸造技术相结合,可制备出高质量的复合材料。如韩国庆尚国立大学采用低压铸造方法将熔融铝合金液渗入 FeCrSi 金属纤维多孔预制体中制备出铝基复合材料,提高了复合材料的综合性能。

4.5 半固态铸造

4.5.1 半固态铸造技术原理与特点

半固态铸造是在 20 世纪 70 年代发展起来的一种新的铸造成形技术,其基本原理是在液态金属凝固过程中,施以剧烈搅拌使所形成的树枝晶破碎,从而形成由近球形初生晶粒和残余液相共同构成的具有非枝晶组织特征的半固态合金,这种半固态合金在固相率达到60%时仍具有较好的流动性,可以采用常规的成形工艺,如压力铸造、挤压铸造。依据最终成形前金属物料状态的不同,可将半固态铸造分为流变铸造和触变铸造两种,相应工艺流程如图4-16所示。其中,触变铸造的质量控制相对稳定,是早期半固态铸造技术的主要研究方向,但半固态触变铸造技术效率低、能耗大、设备投资大,生产成本高,有逐渐减少趋势;与触变铸造相比,半固态流变铸造最显著的优势在于半固态浆料在线制备,工艺流程短,能耗低,料头和废品等可以及时就地回收,是当前研究的热点。

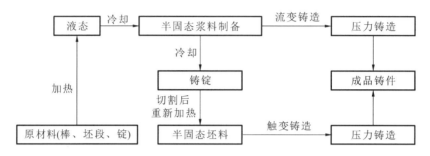

图4-16 半固态铸造工艺流程

与传统铸造技术相比,半固态铸造技术具有以下显著优势:

(1) 凝固收缩小,铸件精度高、外观质量好,铸后加工量少,甚至可直接获得无加工余量铸件;

(2) 消除了常规铸件中的柱状晶与粗大树枝晶,铸件组织细小致密,分布均匀;

(3) 金属充型平稳,无湍流,无飞溅,而且充型温度低,模具使用寿命长;

(4) 铸造工序简单,能耗低,凝固速度快,生产效率高,且铸造车间劳动条件可大幅改善(操作更安全,工作环境更优良);

(5) 半固态铸造可显著提高铸件力学性能。

与传统铸造技术相比,当前半固态铸造技术存在的劣势与不足如下:

(1) 铸件生产成本仍然较高;

(2) 由于事先需要制备半固态浆料,故生产效率较低;

(3) 生产过程中需要控制的参数较多,质量稳定性难以保证,有待提高。

4.5.2 半固态铸造零件的典型应用

众多生产实践表明,利用半固态成形技术可实现高强度、高致密度、高可靠性要求铸件的生产制造。目前,用半固态成形技术生产的汽车零件包括制动筒、转向系统零件、发动机活塞、轮毂、传动系统零件、燃油系统零件以及汽车空调零件等,已逐渐应用于一些豪华轿车上。半固态成形是目前铝合金零件成形的先进技术,随着国家对节能减排的重视,零件高性能及轻量化设计俨然成为发展的必然趋势。因此,半固态铸造工艺也必将在铝合金、镁合金等材料的成形加工中得到进一步推广应用,尤其是在汽车、航空航天等工业领域方面。图4-17为半固态铸造零件在汽车上的典型应用。

4.5.3 半固态铸造关键技术

半固态铸造是对半固态合金采用以上常规成形工艺(如压铸或挤压铸造)进行成形的,相关工艺参数(如压力、充型温度、压射速度、模具温度等)在其他章节中已做介绍。为避免

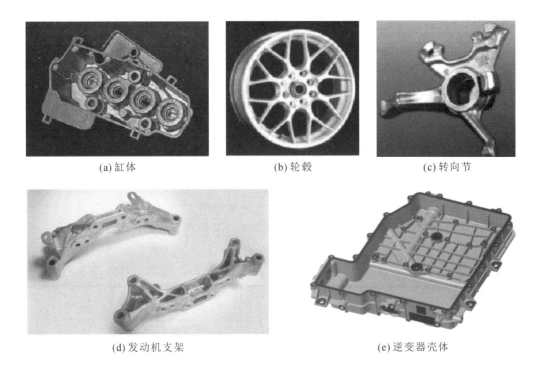

(a) 缸体　　(b) 轮毂　　(c) 转向节

(d) 发动机支架　　(e) 逆变器壳体

图 4-17　汽车上的典型半固态铸造零件

重复,此处仅从现状、挑战与目标三个角度对半固态铸造技术研究与发展过程中的五个关键技术进行介绍,依次是半固态铸造合金开发、新型制浆及流变成形一体化铸造技术、新型多功能一体化半固态铸造装备开发、半固态铸造数值模拟技术、半固态铸造缺陷控制技术。

4.5.3.1　半固态铸造合金开发

(1) 现状。

① 半固态铸造合金种类较少,当前成功应用的主要还是几种传统铸造铝合金(A356, A357)与铸造镁合金(AZ91D),缺乏能满足不同特性需求的合金材料,而且合金综合力学性能较低;② 缺乏与合金材料流变特性相关的基础理论研究,开发的半固态合金材料组织圆整度较差,且平均晶粒尺寸较大;③ 传统热力学方法开发的合金材料与实际试验结果相差较大,缺乏系统的半固态铸造合金材料判据。

(2) 挑战。

随着汽车工业对相关关键零部件性能的要求越来越高,传统适合半固态铸造的低强度合金已无法满足零件设计与使用要求,开发高性能半固态铸造合金的意义重大。当前,半固态铸造合金开发主要通过以下两个途径:① 在传统合金基础上通过合金成分调整来改善合金力学性能和半固态铸造性能;② 利用热力学计算和相图理论分析,开发特定需求的新型半固态成形合金。

无论采用以上哪种途径,均需考虑以下因素:① 合适的固液相温度区间 ΔT_{SL},通常控制 ΔT_{SL} 在 20~50 ℃ 之间,以利于半固态初生相形成与固相体积分数控制;② 固相体积分数对温度的敏感性,通常在合金开发时设计固相体积分数对温度的变化率 $df_S/dT \leqslant 0.015$。

(3) 目标。

开发出不同种类、不同牌号适于半固态铸造成形的合金材料,且半固合金材料的整体性能较传统合金有较大幅度提高。

4.5.3.2 新型制浆及流变成形一体化铸造技术

(1) 现状。

半固态制浆技术主要包括搅拌和倾斜板剪切低温浇注两种,而搅拌技术又包括机械搅拌、电磁搅拌、高能超声波振动等。搅拌制备技术虽然操作简单,但存在所制备浆料易氧化、会引入夹渣及新杂质、效率低等问题。倾斜板剪切低温浇注制浆工艺及装置简单,剪切力较大,但存在浆料飞溅、氧化,挂浆难清理,连续化程度低等问题。此外,由于浆料制备完全在敞开环境下进行,半固态浆料的温度及固相率难以控制。

在半固态浆料流变铸造成形方面,当前大多采用半固态制浆和浆料流变成形相互独立的方式,该方式存在以下弊端:① 半固态浆料在运输转移过程中会降温,浆料固相率难以控制,且易产生氧化夹渣,质量不稳定;② 整个工艺过程环节多、流程长,生产效率低;③ 需要专门装置用于制备半固态浆料,且设备复杂,导致半固态铸造成形铸件整体成本高。

(2) 挑战。

目前限制半固态铸造推广应用的主要问题是生产成本高、效率低且质量不稳定。研究表明,具有短流程特点的制浆成形一体化连续铸造技术是解决这一问题的有效措施。开发该一体化技术的具体途径有以下3种。

① 合金熔体的定量与输送:利用反重力模式在炉内定量压出合金熔体,合金熔体依靠输液管全密闭输送至压室内。此方法具有合金熔体传送路径短、质量好、氧化损耗小、对环境影响小、安全可靠等独特优点。

② 输液、制浆、铸造成形一体化连续同时完成:合金熔体在输送至压室过程中受压室壁外部激冷及预制件内部强制冷却和搅拌的共同作用,合金熔体温度下降到液相线以下并实现温度均匀化,熔体内部晶核大量增殖,抑制枝晶生长,形成半固态浆料。

③ 制备半固态浆料后采用固定缸垂直挤压/压铸方式,使合金熔体在压力下结晶并获得半固态金属铸件。该工艺制浆与成形同步完成,浆料充填过程平稳,压力直线传递损失小,设备吨位减小,铸件内部质量显著提高。

(3) 目标。

开发具有自主知识产权的新型制浆与流变成形一体化铸造技术,并利用新型制浆及流变成形一体化铸造技术制造高性能、薄壁轻合金铸件。半固态铝合金铸件的力学性能达到以下目标:室温抗拉强度≥370 MPa,屈服强度≥340 MPa,伸长率≥10%;铸件最小壁厚为0.2~1 mm。同时,整个一体化成形流程可实现有效、精确的数字化控制,主要体现在半固态浆料微观组织、温度和固相率可在线实时监测,成形工艺过程可自动控制,这些措施提高了半固态金属零部件的质量稳定性,使零件合格率达到90%以上。

4.5.3.3 新型多功能一体化半固态铸造装备开发

(1) 现状。

国内外对于半固态铸造的研究主要集中在半固态制浆及流变成形技术,而对于半固态铸造成形装备研究较少。为了迎合半固态铸造技术的需求,发挥该技术优势,发达国家开始设计并制造半固态铸造专用设备。如瑞士 Buhler 公司于1993年生产出第一台适用于铝合金半固态压铸的 SC 压铸机,与普通压铸机相比,产品质量提高,工艺周期缩短20%。我国铸造设备制造的整体水平不高,特别在稳定性、密封元件耐用性、精度重复性等方面与国外先进设备还有较大差距。近几年,随着汽车工业的高速发展,大型、高端压铸件需求增加,国产压铸装备技术有所提升,实时控制压射系统、自动化配套设备和压铸单元等陆续推出市场,拉近了与国外先进设备的差距。2012 年,福建省瑞奥麦特轻金属有限责任公司制造出国内首台闭环控制半固态挤压铸造机;2015 年,沈阳铸造研究所开发出一种 500 t 级多功能挤压铸造试验原理机,并利用该设备研制了半固态控制臂挤压铸件。

(2) 挑战。

鉴于半固态铸造应用越来越广泛,传统半固态铸造装备的弊端逐渐显现,我国半固态铸造装备的整体制造水平较差,主要体现在:

① 传统挤压或压铸设备功能形式单一,设备通用性较差;

② 半固态铸造装备与半固态制浆设备相互独立,两者衔接程度低。制造的半固态浆料需专门装置转移运输至压室,再进行挤压或压铸成形,导致生产半固态铸件不连续、效率低、成本高;

③ 半固态浆料具备一定固相率且潜热少,凝固速度快,传统挤压或压铸设备增压减压时间较长,难以保证浆料在凝固时获得足够的补缩,难以发挥半固态铸造的优势;

④ 传统半固态浆料成形均采用水平或者倾斜摇摆式非固定缸压射方式,半固态浆料充型不平稳,而且压力损失较大,难以获得致密的半固态金属铸件;

⑤ 整个半固态浆料制备及成形过程缺乏有效、精确的控制,半固态金属铸件质量不稳定。

(3) 目标。

① 针对少数高水平铸造企业,以实现智能铸造为目标提高半固态铸造装备水平,引领中国铸造业半固态铸造装备的发展;

② 针对多数一般水平铸造企业,以提高机械化自动化装备使用率为目标提高其半固态铸造装备水平,提高中国铸造业半固态铸造装备的总体水平;

③ 针对半固态铸造装备生产企业,以提高装备自动化程度为目标提高产品水平,快速提升中国铸造装备制造企业的自主创新能力,助推中国半固态铸造装备自动化智能化早日实现。

4.5.3.4 半固态铸造数值模拟技术

(1) 现状。

半固态铸造技术的数值模拟主要包括以下三方面:半固态流变铸造、触变铸造及二次加热过程的数值模拟。其中,流变铸造的数值模拟以温度场模拟为主线,考虑搅拌力对材料传递及热传递影响的触变铸造数值模拟主要是模拟不同工艺参数对成形的影响,而半固态二次加热过程的数值模拟主要用来优化加热工艺参数进而获得均匀的温度场分布。

目前,半固态铸造数值模拟技术主要存在的问题是:① 缺少半固态金属流变行为的数学物理模型;② 缺少针对半固态金属成形全过程的数值模拟,即包括半固态金属浆料制备过程、坯料重熔加热或浆料均热过程、触变或流变充型及凝固过程的数值模拟;③ 半固态铸造合金材料的实际热物性参数较少,导致模拟准确性较低,且缺乏半固态铸造模拟专业化软件。

(2) 挑战。

与其他金属凝固成形数值模拟不同的是,半固态金属成形的数值模拟还需跟踪半固态金属浆料的变形过程。半固态金属成形过程是高度复杂的非线性过程,难以建立精确数学模型,其工艺过程涉及参数多,任一参数变化都会对成形过程产生影响。国内外虽然在该领域取得了一定成果,但还不能满足实际需要,仍有许多问题需要解决。

当前，半固态铸造数值模拟发展方向主要体现在以下几个方面：① 进一步研究半固态金属成形基本原理，建立能够普遍适用半固态金属成形行为的本构关系，推导出符合半固态铸造过程实际的数学模型，提出半固态铸造模拟技术的创新思路，以提高模拟计算准确度；② 全面考虑半固态金属流动、冷却、热传导、凝固和塑性变形，即将温度场计算、浆料流场计算和金属凝固后塑性变形力场计算进行耦合，获得能较充分反映半固态铸造成形特点的模拟结果；③ 进行半固态合金材料热物性参数的测量试验，收集相关半固态合金材料的热物性参数；④ 开发相应半固态铸造成形模拟商业软件，推广数值模拟技术在实际生产中的应用，为优化成形工艺参数、合理设计模具等提供可靠依据；⑤ 采用试验和微观组织数值模拟相结合的方法研究半固态铸造等轴晶的形成机理。

（3）目标。

模拟半固态铸造成形过程中浆料流场、温度场、应力场、应变场等的分布规律和微观组织演变规律；预测半固态浆料在成形过程中的充型行为、凝固过程、可能产生的缺陷和最佳工艺参数等信息，为半固态金属铸造成形优化、产品性能控制及模具设计提供必要技术支持和理论依据；通过仿真模拟与相应调控，缩短工艺设计和产品试制周期，显著降低能耗与材料消耗，提高产品质量，降低生产成本。

4.5.3.5 半固态铸造缺陷控制技术

（1）现状。

随着半固态铸造成形技术的发展与应用，国内外逐渐形成了成套的半固态铸造缺陷控制技术，主要体现在：① 调整合金化学成分，增大半固态铸造成形的工艺窗口；② 利用合金熔体净化技术，控制合金熔体质量，获得高质量合金熔体；③ 采用适宜的半固态浆料制备技术，获得高质量半固态金属浆料；④ 针对不同零件结构，制备不同固相率的金属浆料，并选择适宜的充型速度和模具温度；⑤ 优化型腔设计，避免困气、汇流及热节现象；⑥ 采用强制补缩、局部加压补缩技术，消除凝固缩松；⑦ 减小液相偏析；⑧ 优化铸件结构，减小残余应力。

（2）挑战。

由于缩孔、缩松、氧化夹杂等缺陷必须通过 X 射线探伤才能有效发现，因此在运用半固态铸造技术大批量制造金属零部件时容易导致生产成本高、生产周期长，严重制约了半固态铸造技术的大规模应用。

有鉴于此，半固态铸造缺陷控制应从以下方面进行深入研究：① 开发新型金属熔体净化技术，提高合金熔体质量，并利用反重力炉取液方式，避免了传统取液方法的金属熔体氧化、夹渣缺陷；② 开发针对半固态成形件的专用热处理工艺，减少半固态铸件的热处理过程缺陷；③ 采用合适的制浆及成形工艺，半固态制浆应在密闭环境下进行，而且制备的半固态金属浆料不需转移或运输；④ 选用合理的压力、充型温度、压射速度、模具温度等工艺参数，实现数字化实时监控；⑤ 开发模具数字化智能控制技术，智能控制模具温度和实时自动调整模具真空度，辅助半固态金属铸件优质生产；⑥ 结合仿真模拟技术预测金属充型和凝固过程中的卷气、缩孔、缩松、气孔、应力变形和热裂等缺陷，从而优化铸造工艺。

（3）目标。

① 实现半固态流变成形组织与性能的均匀化控制，获得无成形缺陷且具有均匀微观组织和较高力学性能的制件；

② 降低半固态铸造缺陷的产生概率，半固态金属铸件的生产合格率达到 90% 以上，并

降低生产成本。

4.5.4 半固态铸造技术发展趋势

当前,半固态铸造技术主要存在以下难点:

(1) 半固态流变铸造用合金种类较少,且性能与期望要求还有差距;

(2) 半固态铸造计算机数值模拟技术缺乏符合半固态金属浆料充填过程实际的数学模型;

(3) 半固态金属的物理特性和流变理论研究较少,缺乏半固态铸造工艺理论依据;

(4) 半固态球状组织的形成机理尚不明确;

(5) 缺乏生产成本低、设备简单、工艺流程短的半固态在线制浆工艺;

(6) 半固态金属浆料制备与成形采用独立分开模式,两者衔接性差,整个工艺流程长、成本高、质量稳定性差,难以发挥半固态铸造技术的优势;

(7) 多功能、一体化、专业的半固态铸造装备在国内几乎处于空白;

(8) 半固态流变压铸或挤压模具领域缺乏专门的数字化智能控制技术及装置;

(9) 国内对半固态铸造缺陷控制机理与技术重视度低,研究较少。

综合国内外半固态铸造技术的发展现状与面临问题,总体来讲,半固态铸造技术的发展趋势是:向低成本、高效率、高质量、大规模稳定制造半固态金属铸件方向发展。

第 5 章 高强钢热冲压技术

5.1 高强钢热冲压技术原理及特点

5.1.1 高强钢热冲压技术原理

钢板热冲压成形工艺基本原理如图 5-1 所示,首先把常温下抗拉强度为 500~600 MPa 的高强度硼合金钢板加热到 900 ℃ 以上并保温一段时间,使之奥氏体均匀化,然后送入带有冷却系统的模具内冲压成形,并保压淬火,使奥氏体转变成马氏体,成形件因而得到强化硬化,强度大幅度提高。经过模具内的冷却淬火,冲压件强度可以达到 1500 MPa 左右,强度提高了 150% 以上,因此该项技术也被称为冲压硬化技术。钢板热冲压技术在国外主要有 5 个术语,即 hot forming,hot stamping,press hardening,die quenching 和 hot pressing。国内有热冲压、热成形、热成型 3 个术语,从学术角度而言,热冲压这个术语更为确切严谨。

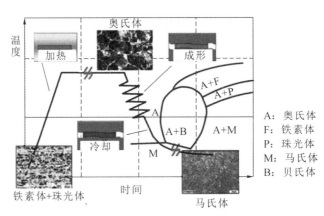

图 5-1 热冲压成形工艺基本原理

和一般热处理不同,热冲压具有以下显著特点:

(1) 通过保压淬火以得到较高尺寸精度的零件(一般车身零件装配面的公差要求在 ±0.5 mm 范围之内)。

(2) 热冲压需要一定的冷却速度以得到转变充分的马氏体组织。图 5-2 所示是硼钢的 CCT(continuous cooling transformation,过冷奥氏体连续冷却转变)曲线,如果冷却速度太慢,则会出现马氏体和贝氏体的混合组织,零件的强度往往不能达标;如果冷却速度太快,则零件的伸长率往往不能达标。

(3) 需要相对均匀的冷却速度,以获得均匀一致的金相组织和应力场分布,确保零件出模以后有较好的形状稳定性和较小的残余应力。

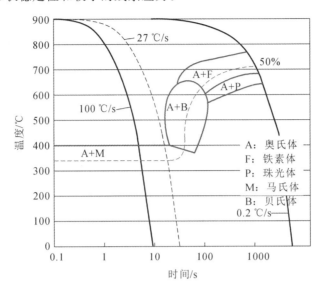

第 5 章彩图

图 5-2　硼钢的 CCT 曲线（有彩图）

5.1.2　高强钢热冲压零件的典型应用

热冲压工艺主要适用于制造车身安全结构件，典型的热冲压车身零件有前、后门左右防撞杆（梁），前、后保险杠，A 柱加强板，B 柱加强板，C 柱加强板，地板通道，车顶加强梁等。图 5-3 所示是车身中典型的热冲压零件。

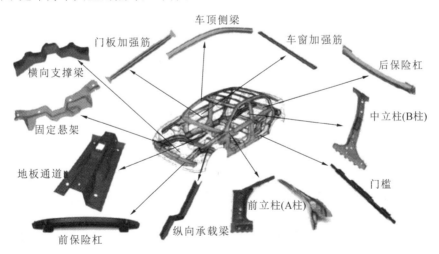

图 5-3　车身中典型热冲压零件的分布情况（有彩图）

热冲压技术还可以应用到农业、矿山机械、航空航天等领域，以提高主要工作部件的硬度和耐磨性，如图 5-4 所示。

热冲压技术还可以应用在防弹车、防爆盾牌、维和野外营房防护钢板的制造上，既可以实现轻量化，又可以满足高强性能要求。

图 5-4 热冲压在农业、矿山机械领域的应用

5.1.3 高强钢热冲压技术的优势与不足

热冲压技术的优势主要表现在：

(1) 显著降低压机数量和吨位。基本上 800 t 的高速压机就能满足 90% 以上典型车身热冲压零件的成形需求，1200 t 的高速压机就能满足所有典型车身热冲压零件的成形需求。

(2) 提高零件的冲压成形性。尽管热冲压的摩擦系数是冷冲压的 3~4 倍，但由于钢板是在高温下冲压成形的，钢板屈服强度较低，成形性大大优于同等强度钢板冷冲压。

(3) 提高零件的尺寸精度。对于热冲压而言，回弹相对小，而且相对好控制，一旦调整好以后，最终零件尺寸精度对原板性能的波动就不敏感了。

(4) 模具开发周期短。热冲压模具的开发调试周期一般为 4~5 个月。

热冲压零件在服役性能上的优势主要表现在：

(1) 提高零件的碰撞性能。

(2) 实现最大程度的减薄。

(3) 提高零件的硬度和耐磨性。

(4) 借助车身结构的优化，可以有效控制乃至降低综合制造成本。

热冲压技术的劣势主要表现在以下几个方面：

(1) 需要采用专用钢板材料。一般而言，冷冲压适用的钢板种类比较多，像 IF 钢、DP 钢、QP 钢(淬火配分钢)、TRIP 钢、CP 钢等，而热冲压技术只适用于硼钢。

(2) 热冲压生产节拍较慢。受制于加热及其保压淬火的需要，常见的生产节拍为每分钟 3~5 个冲程。

(3) 热冲压能耗较大。热冲压需要将钢板从室温加热到 900 ℃ 左右，并支持连续生产，因此需要大功率的加热炉(装机功率通常在数百千瓦)。

(4) 热冲压质量影响因素多。热冲压零件成形质量的影响因素较一般冷冲压多，如加热温度、保温时间、保压压力、保压时间、外部冷却水温度、水压等都会影响热冲压零件的成形质量。为得到高质量的热冲压零件，必须对这些因素进行优化，并通过长期生产积累形成稳定可行的工艺方案。

(5) 需要采用激光切割进行切边冲孔。热冲压零件的抗拉强度一般在 1500 MPa 以上，依靠传统的压机和模具进行切边冲孔的技术难度很大，往往需要激光切割来离散地进行切边冲孔，生产效率低，成本高。

(6) 检测内容多。对于热冲压零件，除了冷冲压零件的检测要求外，还要额外进行诸多内容的检测，包括零件破坏性检测，如金相组织、断面硬度、力学性能、脱碳层厚度等。

5.2 高强钢热冲压关键技术

5.2.1 高强钢热冲压 CAE 数值模拟

高强钢热冲压成形模拟仿真技术已成为热冲压零件产品开发中的重要支撑技术，可以有效地指导产品成形工艺的设计与优化，缩短零件、模具的开发和工艺调试周期。目前，国内外对高强钢热冲压数值模拟研究和应用的重点主要集中于建立准确的高温下材料流动准则及参数，即材料本构模型或称应力应变模型，用以描述材料力学特性。

热塑性本构模型可以描述材料在高温下的流动应力曲线，结合有限元模拟仿真技术，可以对材料的热塑性变形过程进行预测，并优化材料加工工艺参数。因此，建立准确的材料本构模型具有非常重要的意义，直接影响到有限元模拟的准确度。目前，可用来描述材料高温变形的本构模型主要分为两类，即唯象本构模型和基于物理内变量的黏塑性本构模型。

5.2.1.1 高温下材料流动准则及参数（唯象本构模型）

唯象本构模型从宏观层面建立了材料流动应力与变形温度、应变、应变速率之间的关系，用来描述材料高温变形行为的唯象本构模型有 Johnson-Cook(JC)本构模型、Zerilli-Armstrong(ZA)本构模型及其修正模型、Arrhenius（阿伦尼乌斯）本构模型等。这类模型从宏观真实应力-应变曲线入手，结合内部状态参数（如温度、应力、应变等），通过回归拟合而得到材料的本构模型。唯象本构模型简化了微观组织的影响，使用较为简单，状态参量少，易于编程，因此得到了广泛应用。其中 Arrhenius 模型比较适合于高强钢。该模型可以描述金属在高温下变形受热激活控制的过程，包括温度、应变速率、热变形活化能和应力指数对材料本构方程的影响，已经集成到了 AutoForm、PAM-STAMP 和 Dynaform 等热冲压 CAE 分析软件中，并得到了较为广泛的应用。

获取高温下材料流动准则及参数（建立唯象本构模型）的流程如下：首先测试高温下材料的真实应力-应变曲线，然后选择合适的高温本构模型，依托试验测试得到真实应力-应变曲线，结合内部状态参数（如温度、应力、应变），通过回归拟合而得到材料的本构模型。

考虑到热冲压工艺的实际特点，首先利用 Gleeble 热模拟试验机（图 5-5）完成不同温度（600～900 ℃）、不同应变速率（0.01～1 s^{-1}）下的单向热拉伸试验，测试无镀层热冲压钢板的热拉伸力学性能，如图 5-6 所示。为准确测试试样在试验过程中温度的变化情况，在试验开始前须通过点焊机将 K 型热电偶焊在试样中部表面，两根热电偶间距为 1～2 mm。

如图 5-7 所示，在一定的应变速率和变形温度下，热冲压钢板的高温流动应力首先随着应变的增加而迅速上升，直至达到应力最大值，随着应变的进一步增加，流动应力急剧降低，直至拉断。在相同应变速率下，同一应变对应的流动应力随着变形温度的增加而逐渐减小，并且在塑性变形范围内，真实应力-应变曲线的斜率随着变形温度的增加有明显减小的趋势。在变形温度一定的情况下，随着应变速率的增加，同一应变对应的材料流动应力也逐渐增加。

图 5-5　Gleeble-3500 热模拟试验机

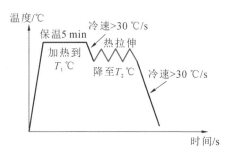

图 5-6　硼钢板试样等温拉伸试验温度曲线

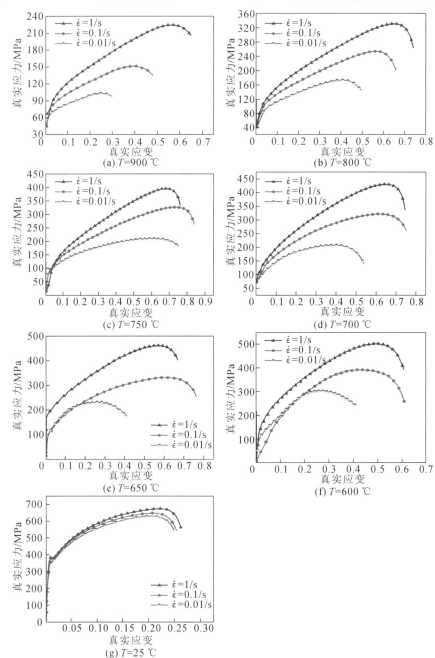

图 5-7　热冲压钢板在不同变形温度、不同应变速率下的真实应力-应变曲线（有彩图）

完成不同温度、不同应变速率下的真实应力-应变曲线后,就可以选择合适的高温本构模型。以 Arrhenius 模型为例,该模型可以用下式来表示:

$$\dot{\varepsilon} = A[\sinh(\alpha\sigma)]^n \exp\left(-\frac{Q}{R_g T}\right) \tag{5-1}$$

式中:$\dot{\varepsilon}$ 为应变速率;R_g 为气体摩尔常数[8.31 J/(mol·K)];T 为绝对温度;Q 为热变形活化能;n 为应力指数;A、α 表示材料常数($A = 2.115 \times 10^{20}$,$\alpha = 0.00757$)。

在不同的应力水平,即 $\alpha\sigma$ 的不同取值范围,Arrhenius 模型有不同的表达式,式(5-1)可以简化为

当 $\alpha\sigma < 0.8$ 时:

$$\dot{\varepsilon} = A_1 \sigma^{n_1} \exp\left(-\frac{Q}{R_g T}\right) \tag{5-2}$$

当 $\alpha\sigma > 1.2$ 时:

$$\dot{\varepsilon} = A_2 \exp(\beta\sigma) \exp\left(-\frac{Q}{R_g T}\right) \tag{5-3}$$

式中:$A_1 = A\alpha^{n_1}$,$A_2 = \dfrac{A}{2^n}$,$\beta = \alpha n_1$。

分别对式(5-1)、式(5-2)和式(5-3)中的 3 个等式取自然对数,可以得到当温度一定时,$\ln\dot{\varepsilon}$ 与 σ,$\ln\dot{\varepsilon}$ 与 $\ln\sigma$,$\ln\dot{\varepsilon}$ 与 $\ln[\sinh(\alpha\sigma)]$ 都呈线性关系。取 σ 为各变形条件下峰值应力 σ_p,通过线性拟合得到各参量之间的关系。计算出等式中各材料常数的取值,从而得到拉伸状态下的本构方程为

$$\dot{\varepsilon} = 2.115 \times 10^{20} [\sinh(7.57 \times 10^{-3}\sigma)]^{16.365} \times \exp\left(-\frac{4.26 \times 10^5}{R_g T}\right) \tag{5-4}$$

材料在高温下发生塑性变形,其应变速率与变形温度之间的关系可以用温度补偿因子 Z 表示。

$$Z = \dot{\varepsilon} \exp\left(\frac{Q}{R_g T}\right) \tag{5-5}$$

Z 参数可以表述为

$$Z = \dot{\varepsilon} \exp\left(\frac{Q}{R_g T}\right) = 2.115 \times 10^{20} [\sinh(7.57 \times 10^{-3}\sigma)]^{16.365} \tag{5-6}$$

根据已经推导出来的热冲压钢板热拉伸本构方程,就可以计算出不同应变对应的应力值。图 5-8 为热冲压钢板真实应力-应变的试验值与计算值的比较结果。由图可知,试验值与计算值比较吻合(最大误差是 7.4%),说明该本构方程可为高强钢板的热冲压模拟过程提供可靠数据。

唯象模型是对试验数据的归纳总结,是采用直接拟合的方法得到的,对固定变形条件下的材料变形行为有较好的表达。但由于缺乏对材料变形本质的考察,唯象模型的外推能力较差,无法准确地表述试验条件外的材料变形行为,尤其对于热加工历史敏感的材料。唯象模型由于缺乏对先前的热处理或塑性变形等历史因素的考虑,可能无法准确预测材料在不同热加工历史下的变形行为,这也在一定程度上限制了它的应用。

5.2.1.2 耦合位错密度的超高强钢高温本构模型

基于物理内变量的黏塑性本构模型,又称为统一黏塑性本构模型,该模型从微观层面的位错密度、晶粒尺寸、动静态回复、动静态再结晶等入手,建立耦合微观结构的本构模型,通过耦合微观变量的演化方程来描述材料的热变形行为,描述精度高,可以反映宏观变量与微

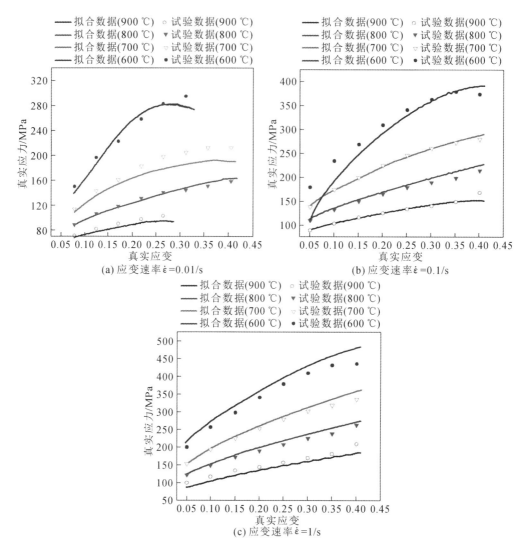

图 5-8　热冲压钢板真实应力-应变的试验值及拟合值(有彩图)

观变量之间的相互作用关系。随着计算机的发展,统一黏塑性方程已经开始应用于跨尺度有限元模拟中。但综合考虑所有微观结构的本构模型的建立方法较为复杂,下面以考虑塑性变形过程中位错密度的演化规律为例,建立超高强钢耦合位错密度的黏塑性本构模型。目前,耦合位错密度的超高强钢高温本构模型已经被广大研究者采用自行开发的小程序嵌入商业软件中进行热成形的数值模拟分析。

(1) 耦合位错密度的黏塑性本构模型。

该本构模型考虑了各向同性硬化和位错对材料本构方程的影响,其中各向同性硬化应力取决于位错密度,而位错密度与塑性变形量及动、静态回复有关。

$$\begin{cases} \dot{\varepsilon}_p = \left(\dfrac{\sigma - R - k}{K}\right)^n \\ \dot{\bar{\rho}} = A(1-\bar{\rho})|\dot{\varepsilon}_p| - C\bar{\rho}^{\gamma_2} \\ \dot{R} = 0.5 B \bar{\rho}^{-0.5} \dot{\bar{\rho}} \\ \dot{\sigma} = E(\dot{\varepsilon}_T - \dot{\varepsilon}_p) \end{cases} \quad (5-7)$$

式中：$\bar{\rho}$ 为正则化位错密度，$\bar{\rho}=1-\dfrac{\rho_i}{\rho}$，在变形前，$\bar{\rho}$ 为 0，位错密度达到饱和状态时，$\bar{\rho}$ 趋向于 1；ρ_i 为材料的初始位错密度；ρ 为变形过程中材料的位错密度；ε_p 为塑性应变；$\dot{\varepsilon}_p$ 为塑性应变速率；$\dot{\varepsilon}_T$ 为总应变速率；R 表示塑性变形中位错密度的积累引起的硬化应力，其值与 $\bar{\rho}^{1/2}$ 成正比；n、A 和 γ_2 均表示与温度无关的常数，取值见表 5-1；k、K、B、C 和 E 均表示与温度相关的需要求解的材料常数。

参考 Arrhenius 方程中的温度-材料常数关系，k、K、B、C 和 E 被定义为如下形式：

$$\begin{cases} k = k_0 \exp\left(\dfrac{Q_k}{R_g T}\right) \\ K = K_0 \exp\left(\dfrac{Q_K}{R_g T}\right) \\ B = B_0 \exp\left(\dfrac{Q_B}{R_g T}\right) \\ C = C_0 \exp\left(\dfrac{-Q_C}{R_g T}\right) \\ E = E_0 \exp\left(\dfrac{Q_E}{R_g T}\right) \end{cases} \quad (5-8)$$

式中：R_g 为气体摩尔常数[取 8.31 J/(mol·K)]；T 为变形温度；Q 为热激活能。

(2) 本构模型材料常数的求解与优化。

耦合位错密度的黏塑性本构模型是一组相互耦合的非线性常微分方程组，一共有 13 个材料常数需要求解：k_0、Q_k、K_0、Q_K、B_0、Q_B、C_0、Q_C、E_0、Q_E、n、A 和 γ_2。根据超高强钢热拉伸试验数据，利用向前欧拉积分法求解模型材料常数，通过遗传算法优化上述材料参数。

参考向前欧拉积分法，利用 Matlab 软件编写耦合位错密度的黏塑性本构模型的求解程序，基于 Matlab 软件遗传算法工具箱，以适应度函数的最小值为优化目标，对本构模型的材料常数进行优化求解。表 5-1 所示即为本构模型材料常数的优化结果。

将表 5-1 中的材料常数代入耦合位错密度的黏塑性本构模型，得到如图 5-9 所示的真实应力-应变预测曲线，其适应度函数的值为 5.0574。

表 5-1　耦合位错密度的黏塑性本构模型的材料常数优化结果

材料常数	优化结果	材料常数	优化结果	材料常数	优化结果
K_0/MPa	5.178636	Q_K/(J/mol)	25874.49	n	4.215939
k_0/MPa	0.000164	Q_k/(J/mol)	37707.22		
B_0/MPa	18.91363	Q_B/(J/mol)	27153.85	A	0.254883
C_0	33451.01	Q_C/(J/mol)	16478.41	γ_2	30454.68
E_0/MPa	4604.651	Q_E/(J/mol)	0.001353		

由图 5-9 可知，当应变速率为 0.01/s 时，可以发现随着变形温度的上升，预测曲线与试验值的吻合度越来越高；当应变速率为 0.1/s 时，不同变形温度下的试验值几乎都落在了预测曲线上；当应变速率为 1/s 时，预测曲线提前进入屈服阶段，但是其加工硬化现象不如试验值强烈，导致应变量为 0.20～0.40 时预测曲线显著低于试验值。总体而言，耦合位错密度的黏塑性本构模型通过引入微观内变量可以较好地反映不同变形温度和应变速率下的超

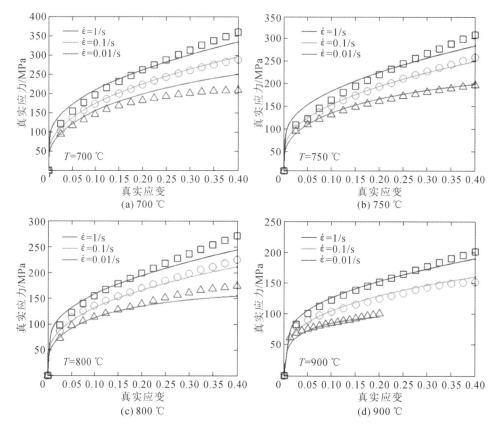

图 5-9 耦合位错密度的黏塑性本构模型预测曲线与试验值（有彩图）

高强钢高温变形行为。

5.2.1.3 B柱热冲压成形工艺CAE分析优化

(1) B柱产品特征。

图5-10为某轿车B柱，轮廓尺寸为1127 mm×392 mm×51 mm，厚度为1.6 mm。该B柱从长度方向看类似于"工"字形；截面形状复杂，有三处凸台，且在凸台及B柱中间部位有孔洞，在加强筋和封闭的盒形位置容易发生起皱或开裂等缺陷。

分析发现，B柱热冲压的拉延工序最容易出现起皱、开裂、马氏体转变不充分等问题，本小节主要针对拉延工序中出现的这些问题进行分析研究。

图 5-10　某轿车B柱　　　　图 5-11　B柱坯料图

(2) B柱热冲压有限元模型。

① 坯料形状设计。

实际生产中，坯料形状对零件成形效果有非常大的影响，所以得到合理的坯料形状非常重要。利用有限元反向模拟法，在AutoForm软件中利用Blank Generator模块生成坯料形状。图 5-11 为利用 AutoForm 软件生成的 B 柱坯料图。

② 热冲压工序及其参数设定。

本模型采用 Incremental(增量法)来进行模拟,选用热冲压定义、重力向下的方式。模具的初始位置如图 5-12 所示。热冲压有限元模拟参数设置见表 5-2。材料的本构模型通过修改软件中材料模型关键参数来实现。具体来说,我们采用了 Arrhenius 唯象本构模型,并结合了 Hill48 屈服模型。此外,材料的热物性参数是基于热冲压钢板试验所获得的热学性能参数值。模拟中所采用的成形极限曲线通过热成形极限试验测定,材料在高温下的热摩擦系数为常温下的 2～3 倍,在模拟中假定热冲压过程中具有良好的润滑,摩擦系数设为 0.45。由于模具中会通循环水冷却,因此模具温度设置为 75 ℃。

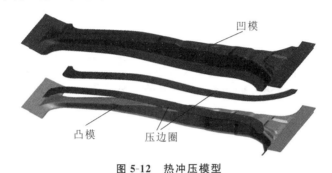

图 5-12 热冲压模型

表 5-2 热冲压有限元模拟参数设置

板料加热温度/℃	板料厚度/mm	模具间隙/mm	模具温度/℃	板料转移时间/s	冲压速度/(mm/s)	保压压力/kN	保压时间/s
930	1.6	1.6	75	7	70	3000	10

(3) B 柱热冲压有限元模拟结果。

图 5-13 为 B 柱成形性结果。可以看出,B 柱整体成形性较好,没有开裂现象,但是四个拐角处、边缘处有轻微的起皱现象,其中起皱最严重的地方位于边缘处;起皱最严重的边缘处正好与 B 柱加强筋处于同一横截面上。由于冲压时加强筋处材料不易流动,因此与其处于同一横截面的边缘处因变形不充分而产生较严重的起皱。图 5-14 为 B 柱减薄率分布云图。从图中可以看出,B 柱的最大减薄率为 16.2%,发生在 B 柱大端的鼓包处;B 柱的最大增厚率为 8.1%,发生在 B 柱中端台阶处。图 5-15 为 B 柱抗拉强度分布云图。可以看出,成形后的 B 柱最小抗拉强度为 1371 MPa,满足热冲压零件强度的要求。

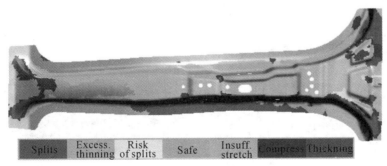

图 5-13 成形性结果(有彩图)

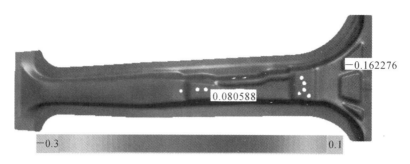

图 5-14 减薄率分布云图(有彩图)

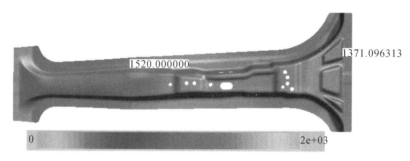

图 5-15 抗拉强度分布云图(有彩图)

(4) B 柱热冲压样件试制。

图 5-16 所示为 B 柱热冲压样模实物照片,包括凹模、凸模、辅助定位系统、模具温度测量系统等。图 5-17 为 B 柱热冲压样件(激光切割后,未经过喷丸处理),评估表面质量发现,B 柱热冲压样件外观平整、良好,无破裂,无明显起皱,满足结构件的质量要求。将 B 柱热冲压样件通过三维扫描仪扫描而得到的点云数据导入逆向软件 Geomagic Studio 中进行 NURBS(非均匀有理 B 样条)曲面拟合重构,并与原始 CAD 模型采用基于特征对齐与最佳拟合对齐相结合的方式实现两者对齐,模型对齐后分别进行三维尺寸偏差分析。图 5-18 为 B 柱热冲压的三维偏差云图,结果显示,产品尺寸偏差范围为 $-0.36\sim0.8$ mm。从 B 柱热冲压样件上的不同位置采用线切割方式切取 5 个样品,图 5-19 所示为零件的取样位置。位置编号 1♯、2♯ 和 3♯ 是 50 mm 标距试样,4♯ 和 5♯ 是比例试样。由于位置 4 和 5 的取样位置长度不足以取 50 mm,因此取标距为 30 mm 的比例试样,其测出的断后伸长率偏高,故舍弃。从上述试验结果(见表 5-3)可得出以下结论:样品抗拉强度范围为 1466~1553 MPa;

图 5-16 B 柱热冲压样模

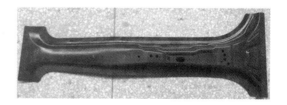

图 5-17 B 柱热冲压样件

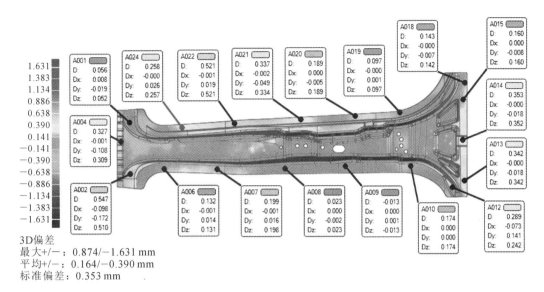

图 5-18　B 柱热冲压的尺寸偏差云图（有彩图）

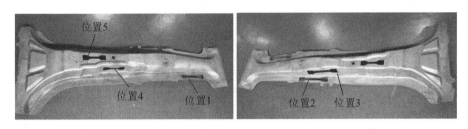

图 5-19　B 柱热冲压样品取样位置

样品非比例延伸强度范围为 950～1113 MPa；样品伸长率范围为 6.12%～6.85%。由于试样直接取自零件，试样虽经压扁，但还是存在一定的变形和翘曲，因此样品伸长率略偏大。B 柱加强筋附近试样（5#样）的抗拉强度相对整体而言较低，与数值模拟结果相近。典型截面的数值模拟厚度与实际零件厚度对比如图 5-20 所示，数值模拟减薄结果优于试验结果。对比发现，两者数据结果吻合较好，说明有限元模型能够作为成形性分析的依据，能有效指导生产。

表 5-3　样品测试结果

样品编号	最大力/N	宽度/mm	厚度/mm	标距/mm	抗拉强度/MPa	屈服强度/MPa	断后伸长率/(%)
1#	29449.061	12.42	1.555	50	1524	1019	6.33
2#	29550.840	12.27	1.580	50	1524	987	6.85
3#	30271.520	12.88	1.536	50	1530	950	6.12
4#	23603.619	9.90	1.535	30	1553	1113	—
5#	22735.279	9.99	1.552	30	1466	1053	—
平均值	—	—	—	—	1519	1024	6.43

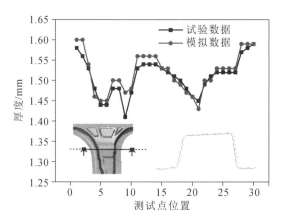

图 5-20 B 柱热冲压典型截面壁厚数值模拟与试验对比

5.2.2 高强钢热冲压零件设计

热冲压零件的设计需要考虑零件服役性、成形性和低成本的要求。以车身零件为例,首先在整车环境中,通过碰撞、强度、刚度、NVH 等性能的分析和优化来确定热冲压零件的厚度和基本外形,然后通过冲压、焊接、涂装、尺寸链这四大同步工程(synchronous engineering,SE)来设计、优化相关细节,从而冻结零件数值模型,建立其 GD&T(几何尺寸和公差)图。

热冲压零件的冲压 SE,是热冲压零件优化设计中非常重要的一环。目前成熟可用的商业分析软件有 AutoForm、PAM-STAMP 和 Dynaform。热冲压 SE 有四大关键要素,即工艺设计、高温应力-应变曲线、摩擦特性、高温成形极限,它们对正确判断零件热冲压成形性有重要影响。

图 5-21 所示是典型 B 柱的热冲压工艺,和传统冷冲压工艺相比,压边圈尺寸明显变小了,而且采用了局部活料芯来控制起皱。正确的热冲压工艺设计,必须考虑实际量产情况。

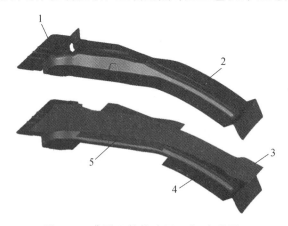

图 5-21 典型 B 柱热冲压工艺(有彩图)

1—活料芯;2—凹模;3—板料;4—凸模;5—压边圈

对钢板热冲压而言,摩擦系数是一个非常重要的输入参数。不同冲压温度、不同镀层材料、不同模具表面状态,热冲压摩擦系数也有差异。一般而言,钢板热冲压的摩擦系数在 0.3~0.6 之间。高温成形极限是判断热冲压开裂失效的重要依据,目前还没有特别成熟可靠的试验方法和数据。热冲压是否开裂,需要借助于减薄率分析,并和已有案例数据库进行对比。

总体而言,热冲压零件设计需要遵守以下通用规范:

(1) 拉延深度要求尽量控制在 70 mm 以内,具体需要根据零件尺寸大小和厚度确定。

(2) 尽量避免反向翻边结构。

(3) 尽量避免垂直翻边孔,确实需要设计时,翻边高度不宜太高,控制在 10 mm 以内。

(4) 局部凸台的高度与圆角半径、侧壁斜度有关,为了保证成形性,凸台高度应尽量控制在 5 mm 以下,并且以上圆角半径大于 3 mm、下圆角半径大于 5 mm、侧壁角度大于 10°为宜。

(5) 钢板厚度与切边角度相关,切边角度尽量控制在 10°以内。

(6) 零件起皱会严重影响热冲压模具寿命,因此,控制零件起皱是设计考虑的重要因素。热冲压与冷冲压不同,不能用过多的吸皱筋以及凸台、凹坑等局部特征来控制起皱。

(7) 零件整体过渡平缓,避免有急剧变化的特征。

5.2.3 高强钢热冲压模具设计

热冲压模具设计具有三大关键要素:

(1) 考虑成形性、热胀冷缩效应和回弹补偿的工艺、型面设计。即根据热冲压 CAE 分析确定其工艺,考虑热冲压热胀冷缩效应给予 0.2%的补偿,再根据零件外形特征给予相应的回弹补偿,以此来确定模具型面。

(2) 镶块的合理分块。热冲压模具需要分块以保证冷却足够而且均匀,并且具有良好的可制造性。镶块分块总体原则如下:

① 所钻的孔应尽量均匀逼近模具型面;

② 单个镶块起吊、安装方便;

③ 模具钢加工量尽可能少;

④ 便于局部调整;

⑤ 对于易磨损镶块,其尺寸应尽可能小。

(3) 冷却回路设计。对于冷却回路,也有三个关键因素,即冷却孔的直径、与模具型面的距离、冷却回路的总体走向。

对于冷却孔的直径,既要考虑均匀足够的冷却效果,又要考虑钻孔的可行性,一般在 6~20 mm 范围内。

对于与模具型面的距离,理论上说,冷却孔越靠近模具型面,冷却效果越好,但模具的强度会变差。可以通过模具强度 CAE 分析和保压淬火 CAE 分析对冷却孔的直径、冷却孔与模具型面的距离这两个关键要素进行相应的优化,取得冷却效果和模具强度的最佳匹配。

对于冷却回路的总体走向,要综合考虑均匀、足够的冷却效果和有效防止冷却水泄漏两方面的需要。图 5-22 所示是行业内常用的冷却回路的总体走向(上下通水式),这种冷却回路设计对防止冷却水泄漏比较有效,但在提供均匀且足够的冷却效果方面表现较差。镶块交界处,模具型面上有 40 mm 左右的区域没有冷却水通过。图 5-23 所示是另一种常见的冷却回路,即直通式冷却回路。这种冷却回路冷却效果好,但镶块之间容易出现泄漏,为了防止泄漏,镶块之间必须进行强有力的紧固。

图 5-24 所示是典型裸板 B 柱热冲压模具三维模型,值得注意的是,为了避免氧化皮累积在模具上,需要采用凸模在下、凹模在上的装配形式。图 5-25 所示是典型 B 柱热冲压模具关键部件,上下模具的两维装配图如图 5-26 所示。

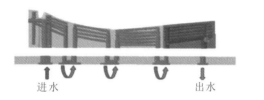
图 5-22 上下通水式冷却回路(有彩图)

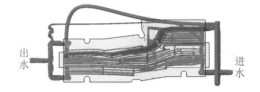
图 5-23 直通式冷却回路(有彩图)

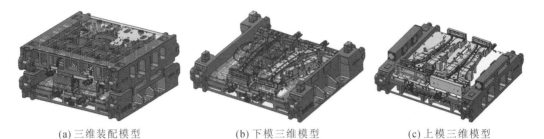

(a) 三维装配模型　　　(b) 下模三维模型　　　(c) 上模三维模型

图 5-24 典型 B 柱热冲压模具三维模型(有彩图)

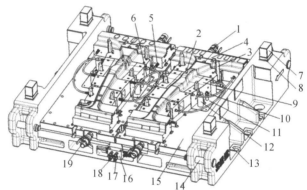

1—进水快速接头；2—定位针；3—定位块；4—凸模镶块；5—外接水管接头；6—外接水管；
7—运输保护垫块；8—合模块；9—压边镶块；10—限位螺钉；11—压边安装座；12—压边间隙调整块；
13—压板槽；14—起吊棒；15—下模镶块安装垫板；16—液压快速接头安装块；17—液压快速接头(公)；
18—液压快速接头(母)；19—出水快速接头

(a) 下模关键部件

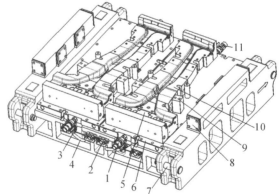

1—进水快速接头；2—氮气表；3—活料芯外接水管接头；4—外接水管；
5—活料芯镶块；6—上模镶块安装垫板；7—起吊棒；8—模座导板；
9—压边间隙调整块；10—凹模镶块；11—出水快速接头

(b) 上模关键部件

图 5-25 典型 B 柱热冲压模具关键部件

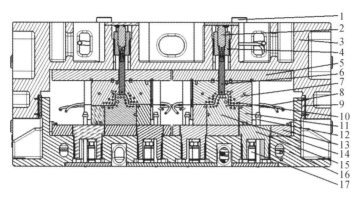

图 5-26 典型 B 柱热冲压模具两维装配图

1—锁模块;2—活料芯氮气缸;3—上模座;4—活料芯安装座;5—上模镶块安装垫板;6—活料芯镶块;
7—凹模镶块;8—外接水管;9—模座导板;10—内部水管;11—压边镶块;12—压边限位螺钉;
13—下模镶块安装垫板;14—凸模镶块;15—压边安装座;16—下模座;17—压边氮气缸

5.2.4 高强钢热冲压零件检测

作为冲压零件,热冲压零件和冷冲压零件有相同的检测要求,如尺寸精度、表面质量、减薄率等,这些可以归结为常规检测。这里以尺寸精度检测为例说明常规检测的方法要求。工程上零件必须满足基准孔、基准面、装配面、非装配面、切边线等的具体尺寸精度的要求。对这些尺寸精度的检测,有检具测量和三坐标测量两种方法。

表面质量方面的要求包括:

(1) 零件表面应无叠料和严重起皱;

(2) 零件表面应无开裂、严重颈缩与拉伤,颈缩部位、拉伤部位减薄率不大于20%;

(3) 零件孔边及边线毛刺高度应不大于 0.3 mm。

对于冷冲压零件,一般可以采用网格测量法来间接测量零件厚度,而对于热冲压零件,由于没有网格不便进行网格测量,因此需要进行破坏性试样测量,测量时截取几个关键截面以测量厚度分布。

由于热冲压工艺存在高温加热和保压淬火强化的特点,同时热冲压零件一般是重要的安全结构件,因此这类零件有特殊的检测要求,主要涉及力学性能、硬度、金相组织、特殊表面质量、镀层微裂纹、延迟开裂性能、服役功能(碰撞、疲劳、三点弯曲)等检测内容。只有这些特殊检测内容都合格,热冲压零件才算是真正合格的。

5.2.4.1 力学性能检测

不同厂家对于热冲压零件的力学性能检测标准也不一样。目前常见的检测标准是屈服强度大于 900 MPa,抗拉强度大于 1300 MPa。而对于伸长率,则规定 A80 mm(80 标距)应不低于 4%,A50 mm(50 标距)应不低于 5%。对于因尺寸较小无法获取标准试样的零件,A5.65 或 A11.3 试样(比例试样)的伸长率应不低于 6%。要检测这些性能,必须制作相应的拉伸试样,在可行情况下,要尽可能多地获取拉伸试样,确保力学性能检测具有客观全面性。

对于不同规格的拉伸试样,测得的伸长率是不一样的。因此,在说伸长率时,必须标明标距。拉伸试样的选择既要考虑企业制定的检测标准,又要考虑到在零件平坦部位实际取样的可行性。有些热冲压零件的平坦部位比较小(如车门防撞梁),取样比较困难,这时就不能强求 50 标距或 80 标距,只能采用比例试样。另外,拉伸试样必须有较高的制作质量,最大限度地确保拉伸断裂发生在标距之内。对于断裂在标距外的拉伸试验,需人工计算伸长率。需要指出的是,对于超高强钢零件,特别是从变形后零件上取的试样,很容易发生断裂在标距外的情况。

5.2.4.2 硬度检测

为了更全面检测热冲压零件淬火强化后的强度特性,往往需要在零件上选取几个截面,然后测量其断面硬度。断面硬度试样的选取应在零件侧壁、底面等不同位置,试样数量不应少于 3 个,每个试样应至少检测 3 次硬度,以平均值作为该试样的断面硬度。断面硬度检测采用维氏硬度试验,用一个相对面夹角为 136°的正四棱锥体金刚石以规定的试验力压入试样表面,经保持规定时间后卸除试验力,根据测出的压痕表面积计算出维氏硬度值,如图 5-27 所示。推荐的试验力如表 5-4 所示,一般汽车厂都采用 HV10/HV30 硬度值,规定 HV10/HV30 的值必须在 400~520 HV 之间。硬度和强度的换算关系,可以参照 SAE J 417。

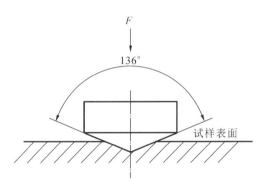

图 5-27 维氏硬度测量示意图

表 5-4 推荐的维氏硬度试验力

维氏硬度试验		小负荷维氏硬度试验		显微维氏硬度试验	
硬度符号	试验力/N	硬度符号	试验力/N	硬度符号	试验力/N
HV5	49.03	HV0.2	1.961	HV0.01	0.09807
HV10	98.07	HV0.3	2.942	HV0.015	0.1471
HV20	196.1	HV0.5	4.903	HV0.02	0.1961
HV30	294.2	HV1	9.807	HV0.025	0.2452
HV50	490.3	HV2	18.61	HV0.05	0.4903
HV100	980.7	HV3	29.42	HV0.1	0.9807

注:1. 维氏硬度试验可使用大于 980.7 N 的试验力;
2. 显微维氏硬度试验的试验力为推荐值。

5.2.4.3 金相组织检测

对于热冲压零件,还需要取样观察其金相组织。主要检测两项内容:一项是马氏体含量(体积分数,余同),一般汽车厂都要求热冲压零件中马氏体含量大于 90%;另一项检测内容是零件表面的脱碳层厚度(主要针对裸板热冲压零件),关于脱碳层厚度的检测可以参照 GB/T 224 的最新规定,一般规定脱碳层厚度小于 0.1 mm。

5.2.4.4 特殊表面质量检测

由于热冲压工艺需要把钢板加热到 900 ℃ 以上再进行冲压,因此对其零件表面有特殊的质量要求。对于不同原料的热冲压件,表面质量要求见表 5-5。

表 5-5 热冲压件的表面质量要求

序号	原料类型	表面质量要求
1	无镀层钢板	零件表面应无氧化皮,通过电泳后,进行划格试验,评判等级要求应小于 3 级,并应符合 GB/T 9286 的最新规定
2	Al-Si 镀层钢板	冲压后零件表面镀层单侧厚度应为 15~50 μm,可参考原材料的镀层厚度,扩散层厚度不应大于 16 μm。零件表面涂层应无严重脱落,材料流动量较大区域允许涂层有轻微脱落

5.2.4.5 延迟开裂检测

热冲压零件在氢和应力的作用下容易发生氢致延迟开裂。与通常的冲压开裂、弯曲开裂不同,延迟开裂可发生在零件成形后及服役过程中,具有滞后性并且难以预测,对装备结构和人员安全危害很大。影响延迟开裂的主要因素来自材料、应力和环境三个方面。对汽车零件而言,采用的钢种不同,组织成分不一样,材料的延迟开裂敏感性必然存在差异。此外,汽车零部件往往形状结构复杂,加工工艺多样,不同的零件结构设计和加工制造工艺导致的残余应力状态不一样,也会影响零件的延迟开裂性能。

热冲压钢的延迟开裂性能评价可以从材料和零件两个层面分别进行。目前国内外对延迟开裂性能评价尚没有统一的试验方法和标准,不同厂家采用的试验方法和技术要求不同,性能判定标准也不一样。理想的试验方法是在实际服役条件下开展零件试验,但由于周期太长,实施难度大而很少采用。在实际中主要采用试验室加速试验进行评价,常用的试验方法简介如下。

(1) 材料的延迟开裂性能评价试验。

对于材料的延迟开裂性能评价,主要有两种方法,即恒应力/恒应变拉伸试验法和慢应变速率拉伸试验法。

① 恒应力/恒应变拉伸试验法。

通过拉伸试验机对试样进行恒应力拉伸,或者借助弯曲试验装置对试样进行恒应变加载,试验过程中采用腐蚀溶液浸泡或电化学方法对试样充氢。根据试样在约定的时间和应力水平下是否发生开裂来判断试样的延迟开裂性能是否满足要求。恒应力/恒应变试验采用平板加工试样,样板可以从热冲压零件的平面部分取样加工,也可采用平板模制备试验钢板,然后加工试样,如图 5-28 所示。这种试验方法简单,不需要复杂的试验设备,易于批量进行,在很多钢厂和车厂得到应用。其缺点是试验为定性结果,难以量化,而且试验结果相对分散,因此,同一条件的试验至少需要 3 个平行试样。

② 慢应变速率拉伸试验法。

采用慢应变速率拉伸试验机以恒定的应变速率拉伸试样,试验可以用预充氢试样或者在拉伸的过程中采用腐蚀溶液浸泡或电化学方法对试样充氢,直至试样被拉断。试样断裂后可以根据断裂时间、断后伸长率、断裂应力等参数在充氢状态和未充氢状态下的相对变化来评价材料的延迟开裂敏感性。

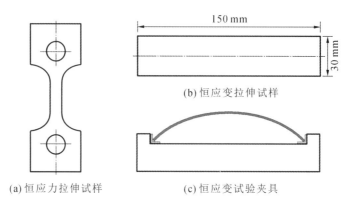

图 5-28 恒应力/恒应变试样示意图

与恒应力/恒应变拉伸试样相似,慢应变速率拉伸试样也可以从热冲压零件的平面部分取样加工,或采用平板模制备试验钢板,然后加工试样。试样形状如图 5-28(a)所示,拉伸速率一般为 $10^{-6} \sim 10^{-5}$ s^{-1}。慢应变速率拉伸试验方法可参考 ISO 7539-7 或 GB/T 15970.7。

慢应变速率拉伸试验的操作过程比较复杂,对试验设备和人员要求较高,但其优点是试验周期一般较短,试验输出结果信息量较大,更适合材料之间性能对比。

(2) 零件的延迟开裂性能评价试验。

① 浸泡试验。

将热冲压钢零件直接浸泡在腐蚀溶液中,根据零件在约定的时间内是否发生开裂判断材料的延迟开裂性能是否满足要求。目前用得比较多的试验溶液是 0.1 mol/L 的盐酸溶液,也可采用稀硫酸溶液或酸性氯化钠溶液等。

② 循环腐蚀加速试验。

将热冲压零件放在循环腐蚀试验箱中进行盐雾喷淋、干燥等条件的循环周期腐蚀,模拟汽车零件在服役环境条件下的腐蚀吸氢过程。根据零件在一定的循环腐蚀周期内是否发生开裂判断零件的延迟开裂性能是否满足要求。

5.2.4.6 三点弯曲检测

对于车门防撞梁类的热冲压零件,需要检测其三点弯曲性能。三点弯曲试验如图 5-29 所示,不同汽车厂的试验方法及其试验条件有所差别,但都是考察载荷-位移曲线是否满足标准要求。

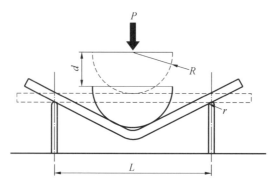

图 5-29 三点弯曲试验示意图

P—外加载荷;L—支撑点的跨距;R—加载压头圆柱半径;r—支撑头半径;d—加载位移

5.2.4.7　碰撞检测

热冲压零件还需要进行零部件小总成级别和整车级别的碰撞检测,不同汽车厂有不同的试验方法和标准,总体上讲,碰撞以后,热冲压零件允许有微裂纹,但不允许发生脆断。

5.2.4.8　疲劳检测

热冲压零件还需要进行零部件小总成级别和整车级别的疲劳检测,不同汽车厂有不同的试验方法和标准。

5.3　先进热冲压工艺

随着汽车行业向轻量化、电动化和智能化(俗称"三化")的转型,能最大限度实现减薄高强的热冲压技术迎来前所未有的发展机遇,但也面临高延展性先进超高强钢的不断开发、超高强钢冷冲压技术的不断进步以及其他先进成形技术的开发与应用的挑战。开发绿色先进热冲压技术并将其产业化应用,是热冲压领域的发展方向。绿色意味着低成本、快节拍、单件低能耗等特征,而先进则意味着更高服役性能。本节将介绍补丁板热冲压、激光拼焊热冲压、变厚度热冲压和变强度热冲压等先进热冲压技术。

5.3.1　高强钢补丁板热冲压

作为先进热冲压技术之一,补丁板热冲压技术已在国内外热冲压零件上广泛应用,与传统热冲压工艺相比,其生产工艺的主要特征是增加了补丁与母板间的点焊焊接工序,如图 5-30 所示。

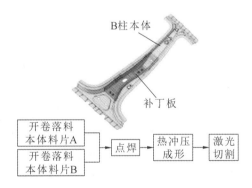

图 5-30　补丁板热冲压生产工艺过程

补丁板热冲压具备的主要技术优势有:
① 较高的弯曲度和扭转载荷;
② 提高了局部的碰撞性能;
③ 减少了模具工装开发数量;
④ 简化了总成焊接工艺,降低了整体开发成本。

补丁板热冲压技术的热冲压过程十分复杂,其技术要点涵盖了补丁板设计、焊点设计与焊接工艺、生产工艺方式与参数三个方面。

(1) 补丁板设计。

补丁板热冲压零件的设计与优化是补丁板热冲压技术的应用基础,补丁板的大小、位置以及补丁板与母板的厚度搭配对碰撞性能具有一定的影响,需要在提高服役性能和实现最大程度减重的要求下开展补丁板零件的设计,要点是:

① 在满足性能要求的零件简化模型基础上,搭建补丁板分析模型;
② 对补丁板焊点影响进行研究,确定影响规律;
③ 对补丁板位置进行优化,确定补丁板位置;
④ 对补丁板厚度进行分析,得到补丁板轻量化设计方案;
⑤ 结合白车身或整车分析,验证所设计方案是否满足刚度和碰撞性能要求,同时分析补丁板相对于普通热冲压板和高强钢板的优势;
⑥ 最终确定补丁板设计方案。

补丁板的大小和位置以及厚度通常由碰撞性能设计要求来决定,为了确保补丁板热冲压零件的成形性,补丁板的边界需要特殊设计,如补丁板不宜设置在主体零件的圆角上,不宜将补丁板边界与主体零件边界完全齐平。图 5-31 给出了 B 柱热冲压补丁板设计方案,即在原先冷冲压设计基础上进行热冲压工艺应用替代并优化。

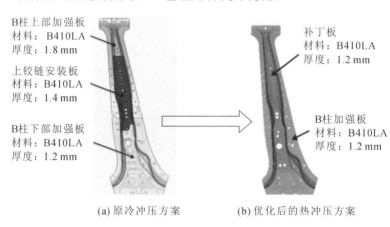

(a) 原冷冲压方案　　　(b) 优化后的热冲压方案

图 5-31　B 柱热冲压补丁板设计方案(有彩图)

(2) 焊点设计与焊接工艺。

补丁板与母板间通过点焊焊接的工艺实现连接,且为了避免在热冲压过程中两块板连接失效或焊点失效等缺陷,需要结合零件特征以及成形性合理布置焊点数量与位置,焊点数量不宜太多,需按一定间距布置,且焊点不宜布置在圆角或成形应力过于集中的位置。同时,点焊焊接工序需要根据热冲压工艺及成形工艺进行优化调整,防止出现虚焊、脱焊或焊点成形开裂的问题。

(3) 生产工艺方式与参数。

对于不同的加热炉形式,需要根据补丁板边界与母板的大小,选择适合补丁板坯料的加热运动方式。对于多层箱式加热炉,补丁板坯料的放置方向在工艺上没有要求。对于辊底式加热炉,需根据补丁板边界大小来确定补丁板坯料在加热炉中运动时的放置方向,比如,对于细长型且补丁板边界较大的零件,可以考虑以补丁板向上的方式运动;对于补丁板边界较小的零件,可考虑补丁板向上或补丁板向下的运动方式。

对于补丁板与母板间厚度差异大的零件而言,坯料的加热时间和加热温度需充分考虑补丁板与母板的总厚度,且需在模具保压淬火冷却过程中提前设计好冷却速率,确保补丁板区域的性能可以达到设计要求。

5.3.2 高强钢激光拼焊热冲压

在汽车行业追求轻量化和更高安全性能的大背景下,激光拼焊热冲压技术应运而生。与传统的等厚等强度热冲压零件相比,激光拼焊热冲压技术带来了更多的选择方案。其一是同材质差厚拼焊热冲压,可以对零件的性能富余区域进行厚度减薄设计,实现极致的轻量化效果;其二是不同材质的激光拼焊,可以实现同一个零件上不同部位的力学性能差异。为了满足更高层次的碰撞安全性要求,同时适应严格的碰撞法规要求,国内外大型钢材供应商(阿赛洛、宝钢、新日铁等)纷纷开发了适用于激光拼焊技术的低强度热冲压钢板。图 5-32 所示是典型的激光拼焊热冲压 B 柱设计。

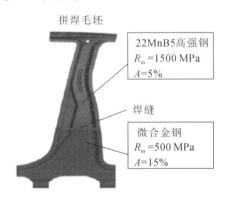

图 5-32 激光拼焊热冲压 B 柱(有彩图)

(1) 激光拼焊热冲压技术的特征。

激光拼焊热冲压技术源于冷冲压行业的激光拼焊,其工艺原理是对不同厚度的无镀层硼钢采用激光拼焊后进行热冲压。激光拼焊的热冲压有天然的技术优势,因为冲压前对钢板进行了加热,材料组织经过奥氏体化,冲压后的焊缝材质与母材几乎完全一样,所以冷冲压激光拼焊技术所存在的热影响区、焊缝脆性等缺陷问题,在热冲压环节被完美解决。

铝硅镀层激光拼焊热冲压的技术难度比较大,因为原材料表面存在铝硅涂层,如果采用传统方法,将板料裁剪后直接拼焊,则原材料表面的镀层元素铝会融化进入焊缝区域,导致焊缝强度显著下降。为了解决铝硅镀层激光拼焊的问题,国内外钢厂都开展了深入的研究,当前主流方案是先去除焊缝附近的铝硅镀层再拼焊,这样就避免铝元素进入焊缝的问题。当然,由于焊缝区域没有铝硅镀层的保护,其防腐性能会相对弱一些。

(2) 激光拼焊热冲压技术的难点。

对于激光拼焊热冲压技术而言,前期产品设计非常关键,难点在于零件焊缝的设计和拼焊料片的厚度差异控制,而且材料的分区及厚度设计还要根据车型的性能和轻量化指标来确定。一般而言,焊缝是整个产品较薄弱的区域,冲压过程中焊缝还会出现偏移现象,所以产品的焊缝不宜设置在冲压变形剧烈、成形应变大的区域,还要避开定位孔、匹配面等关键装配关系,此外还要综合考虑拼焊料片的焊接定位方案,以及拆分料片的材料利用率。

在激光拼焊热冲压产品的实际开发过程中,前期的成形性分析非常关键,可以通过 CAE 分析判断焊缝的开裂风险,及时优化产品设计,计算获得的焊缝偏移量也是模具设计的必要参量。模具设计和工艺设计需要尽可能考虑料片的准确定位,并且控制料片在冲压过程中的窜动问题,差厚焊缝区域的过渡处理要考虑焊缝偏移量。料片拼焊的质量控制非常关键,料片拼焊质量不佳会直接导致焊缝产生开裂缺陷,或者导致零件使用性能下降。

（3）激光拼焊门环热冲压。

激光拼焊门环热冲压是激光拼焊热冲压技术最典型的应用，技术难度也最大。将传统的 A 柱、H 柱、B 柱、门槛四个零件合并成一个整体进行冲压（如图 5-33 所示），减少了冲压模具数量，减少了原设计的点焊搭接边，同时激光拼焊比点焊具有更高的连接强度和刚度。在实现整体轻量化的同时，该技术可以最大限度地增加乘员舱的刚度、强度和碰撞安全性。

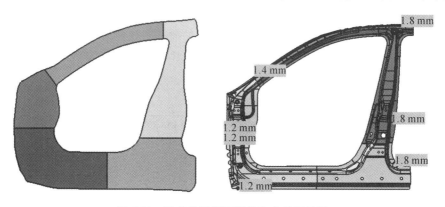

图 5-33　激光拼焊门环料片和产品设计图

激光拼焊门环热冲压的工艺路径是将不同厚度、不同强度级别的钢板落料裁剪，通过激光拼焊连接起来，然后进行整体热冲压。由于存在多张料片对拼，因此该技术对料片的裁剪精度、激光拼焊的定位精度要求极高，整体门环的尺寸一般都达到 1500 mm×1600 mm，料片整体重量约 20 kg，需要配备专用的加热炉和上下料机械手。

随着汽车行业对安全性要求的日趋严格和对节能轻量化的极致追求，热冲压整体门环将会在越来越多的车型上广泛应用。

5.3.3　高强钢变厚度热冲压

变厚板轧制（variable-thickness rolled blanks，VRB）技术，实质上类似于传统轧制加工方法中的纵轧工艺。但其最大不同之处是在轧制过程中，轧辊的间距可以实时地调整变化，从而使轧制出的薄板在初始轧制方向上具有预先定制的变截面形状，如图 5-34 所示。

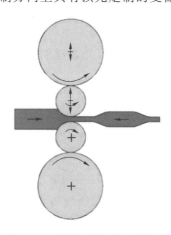

图 5-34　VRB 技术的工艺原理

VRB 技术是传统横向轧制和纵向周期性连续变化轧制的有机结合，其最大的特点是在轧制过程中，轧辊辊缝能够根据钢板的预定形状进行连续且周期性的调整。轧辊压下量的实时调整,必须借助高性能计算机对轧辊的横向和纵向进行实时控制,以快速协调辊缝的连续变化和横向送进变化。

目前,在欧美新车型上,变厚板已经投入到汽车工业的实际应用中。以目前占比最大的汽车零件 B 柱加强板为例(见图 5-35),B 柱(小总成)是影响汽车侧碰性能的关键零件,理想的 B 柱既要防止侧碰时乘员区(乘员头部和胸部)发生过大的侵入位移,又要让某些区域(例如和门槛加强板相连接区域)在侧碰时候发生压溃变形以吸收能量(不能让这部分区域强度过强,或厚度过厚)。由于 VRB 板本身的优点,VRB 工艺是实现变强度 B 柱加强板零件的新工艺中,轻量化效果最好的一种工艺方式。

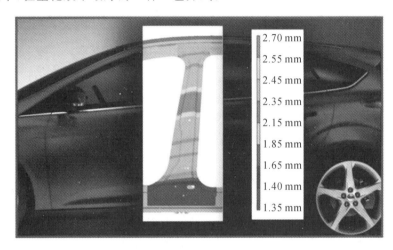

图 5-35 Ford 新福克斯车型 B 柱采用变厚度设计(有彩图)

VRB 技术的充分利用将在满足结构强度、刚度以及寿命要求的情况下,从根本上改变结构设计的理念,为结构轻量化提供最佳的解决方案。由于利用柔性轧制技术可以轧制出"量身定做"的变厚度钢板,在设计时可根据每个零部件的力学性能要求,依据结构总体性能最优原则,例如应力场分布、碰撞性能、NVH 特性等,得到理想的轻量化方案。

图 5-36 是沃尔沃已经连续多年在 ECB 欧洲车身会议上所展示的结合变厚板和拼焊板的技术方案,也是其车身结构的重要亮点之一。沃尔沃已经展示了含有该技术方案的 XC90(2014)、V90(2016)、XC60(2017)等车型,这些车型利用该技术有效提升了其侧面碰撞安全性,并实现减重降本。图 5-37 所示为另一个在汽车工业上的应用实例,斯柯达在其科迪亚克车型上将变厚板应用于地板横梁上,实现了减重 1.1 kg。

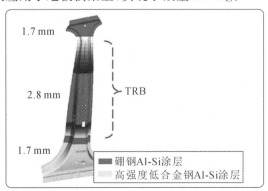

图 5-36 沃尔沃 XC90 车型变厚板 B 柱(有彩图)

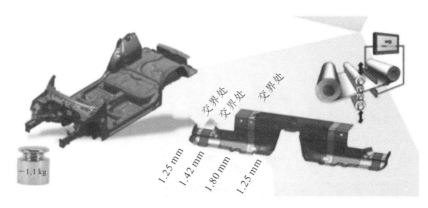

图 5-37 变厚板在地板横梁上的应用（有彩图）

对于变厚板来说，原来基于等厚度板材所建立的模具设计及制造方法已经不再完全适用，需要针对变厚板的具体变化特征来重新梳理相关的冲压模具设计及制造技术。变截面薄板的冲压成形模具设计难度很高，但汽车制造业已经在车身覆盖件模具设计方面积累了大量的知识和经验，找到了解决问题的方法，可以使技术人员从共性之中挖掘本质，找到新的出路。

VRB 热冲压模具开发的设计输入是用户提供的产品数值模型、依据工艺结构设计确定的 VRB 热冲压模具型面、根据热冲压工艺分析确定的热冲压模具结构形式和热冲压压机参数。设计输入确定之后，对 VRB 热冲压模具的工艺型面、模具结构形式、坯料线和重力坯料线进行分析，充分考虑这些因素对模具结构参数化设计的影响。特别值得注意的是，变厚板冲压模具需要重视变厚板在成形过程中的板料稳定性，可以通过增加坯料定位块、定位销以及活料芯压料等形式对板料成形状态进行综合优化，防止板料在成形过程中窜动，保证零件成形后厚度与设计相符。

5.3.4 高强钢变强度板热冲压

变强度热冲压目前在欧美系车型中有比较广泛的应用，特别是在 B 柱和纵梁类零件上，可以很好地兼顾安全结构件抵抗侵入位移和增加压溃吸能的服役要求。图 5-38 是某欧系车型所采用的变强度热冲压 B 柱。B 柱上部和车顶连接的部分，要求屈服强度不小于 1000 MPa，抗拉强度不小于 1500 MPa，80 标距试样的伸长率不小于 5%。B 柱下部和门槛加强板连接的部分，规定屈服强度在 380～550 MPa，抗拉强度在 530～730 MPa，80 标距试样的伸长率不小于 15%。这样的变强度 B 柱设计综合考虑了侧碰时增加压溃吸能、减小侵入位移和轻量化的要求。

变强度热冲压目前主要有四种技术路线：

（1）钢板分区加热技术。

采用能实现分区加热的加热炉对钢板实施分区加热，零件低强度区域所对应的钢板只加热到 200 ℃ 左右，而高强度区域所对应的钢板加热到 930 ℃ 左右，钢板出炉以后立即进行冲压和保压淬火。对于这条技术工艺路线，模具基本上还是传统的热冲压模具，只是在零件低强度区域所对应的模具部分，内部冷却管路可以布置得稀疏一些。这条技术路线的优势是模具开发相对简单快捷，但加热炉比较复杂，需将加热炉沿着横向分割成多个可以独立控制的加热空间。

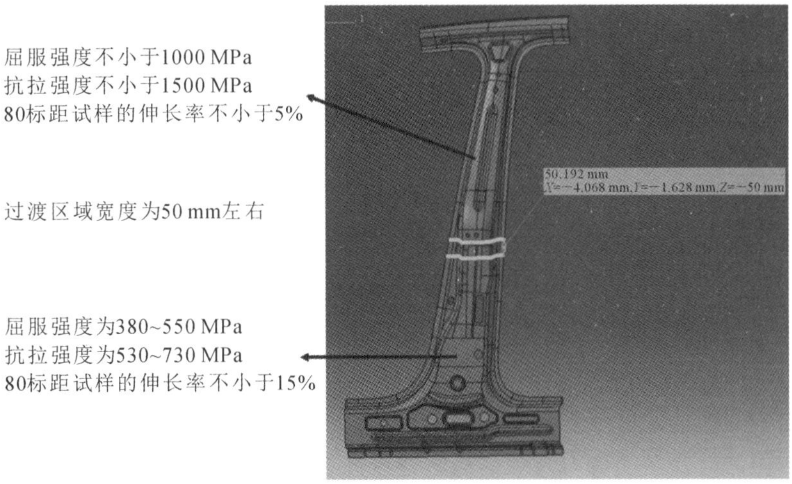

屈服强度不小于1000 MPa
抗拉强度不小于1500 MPa
80标距试样的伸长率不小于5%

过渡区域宽度为50 mm左右

屈服强度为380~550 MPa
抗拉强度为530~730 MPa
80标距试样的伸长率不小于15%

图 5-38 变强度热冲压 B 柱（有彩图）

（2）模具分区加热/冷却技术。

这条技术路线的思路是，对于零件低强度区域所对应的模具部分，在内部布置加热管路来进行加热，防止保压阶段产生淬火强化；零件高强度区域所对应的模具部分还是采用正常的热冲压模具，内部布置冷却管路来进行冷却，实现保压阶段的淬火强化。钢板统一加热到 930 ℃左右，钢板出炉以后进行冲压和保压淬火。对于这条技术路线，加热炉比较简单，可以沿用传统加热装备，无须为了变强度热冲压而专门配置特殊加热炉，但热冲压模具比较复杂，开发周期较长，费用也较高。

这条技术路线的难点在于模具加热温控系统的设计、加热区域温度和加热功率等关键工艺参数的控制、模具的隔热控制、模具活动部件间隙的控制以及软区部分型面尺寸的控制。这种变强度模具内同时存在加热系统和冷却系统，加热区的高温会导致模具镶块本身热膨胀变形，进而带来定位、活动部件间隙的变化。

（3）二次热处理技术。

零件整体热冲压以后，采用激光或者感应加热等快速加热技术对零件局部进行加热后空冷，实现局部区域软化的变强度效果。

（4）热打印技术。

钢板统一加热到 930 ℃左右，钢板出炉后利用"热打印"设备（也即预冷装置）将低强度区域所对应的钢板快速冷却到 200 ℃左右，然后直接进行热冲压，如图 5-39 所示。这种技术路线可以沿用传统热冲压模具，原生产线装备基本可以沿用，只是增加一个预冷装置并进行自动化集成即可。

图 5-39 热打印技术示意图

5.4 高强钢轻量化构件热冲压案例分析

5.4.1 高强钢 HR800CP 控制臂产品分析与工艺方案

5.4.1.1 产品结构分析

控制臂是轿车关键底盘件之一,是汽车悬架系统上非常重要的承力构件,几何形状复杂,其主要作用是连接后轮、支承汽车车身、控制后轮转向和缓冲汽车行驶中的振动,其力学性能和尺寸精度直接影响汽车平稳性和安全可靠性。目前,控制臂主要由高强钢成形。由于控制臂几何形状复杂,材料强度高,塑性差,回弹大,因此控制臂冲压成形难度大。

近年来,国内外众多学者对高强钢板材冲压成形性能进行了研究。赵坤民等认为,精确测量复杂冲压件拉制回弹的关键技术在于正确设定压边间隙和压边力,并选择正确的本构模型。吴磊等深入研究了高强钢板材的屈服程度、应变硬化指数、摩擦系数以及板料厚度变化对零部件变形回弹的影响,并提出了一系列优化的材料性能参数选取原则,以提高冲压成形后零部件的精度。申晨彤等对零件成形工艺进行分析,利用 Dynaform 软件研究了压边力、摩擦系数、模具间隙和冲压速度对最大减薄率的影响规律,通过确定最佳工艺参数可以有效减小板料的最大减薄率。

利用 CAE 分析技术从产品结构、高强钢材料性能、成形工艺关键参数与模具结构设计等方面对汽车构件进行成形仿真分析,对关键冲压工艺参数和工艺方案进行优化,可以有效提高板材的成形质量,减少零件前期研发的时间。

汽车下控制臂的材料采用 HR800CP 高强钢,材料厚度为 3.2 mm,屈服强度为 680~830 MPa,抗拉强度≥780 MPa,伸长率≥10%。零件三维几何形状如图 5-40 所示,整体结构两头小中间大,左右对称,前后两端开有豁口,侧壁有开孔,且局部分布有不规则凸起,边部存在折弯特征,同时两侧有一定高度翻边,中心孔有向下翻边,零件截面较为复杂,直接成形困难,因此采用了带法兰边拉延工艺,这就对材料的塑性也有一定要求。控制臂关键尺寸为:A—A/B—B/C—C 开豁口两侧端面安装孔处,尺寸公差要求在±0.6 mm 之内,平行度≤0.5 mm,两侧开孔同轴度≤0.6 mm,另要求前后端部两侧开孔处周边平面度≤0.5 mm。

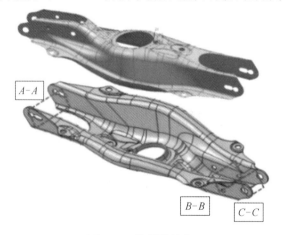

图 5-40 控制臂结构

作为车辆关键底盘件,控制臂制件要求表面光滑平顺,材料减薄率≤20%,不允许有皱纹、压痕、拉伤、过渡圆角应力集中、边缘接口凹陷等缺陷。这个零件的冲压操作工序主要有:落料—浅拉延—翻边冲孔—翻边整形冲孔。

5.4.1.2 工艺方案设计

为了提高生产效率,尽可能缩减工序数量,降低生产成本,控制臂的冲压过程中不设置修边工艺,轮廓形状靠落料环节保证。由于控制臂颈部形状较复杂,而高强钢塑性差,为避免控制臂颈部出现开裂,应对颈部进行分次拉深,所设计的冲压成形工艺方案如下(见图5-41):

OP10:开卷落料,前后端开工艺基准孔。
OP20:拉深,以工艺孔作为定位基准,拉深控制臂主体形状(对颈部区域分两次拉深)。
OP30:拉深颈部两侧形状(用圆圈画出),并以定位孔为基准,修整法兰区四个平面,消除回弹,保证侧壁形状和开口尺寸精度。
OP40:冲中心孔,并整修前后端豁口。
OP50:以中心孔为基准,两侧同时翻边(对应图中红色部分),并整形。
OP60:冲法兰区周缘四孔(对应图中红色部分)。
OP70:以底座孔进行定位,侧冲侧壁孔,翻中心孔,且在孔口处做圆角。

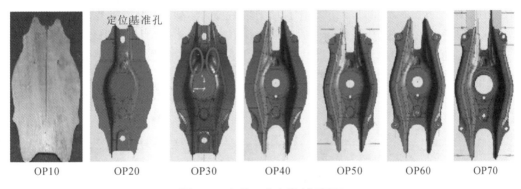

图 5-41 初始工艺方案(有彩图)

5.4.2 高强钢 HR800CP 控制臂变形规律与成形缺陷

采用 Autoform 软件进行冲压模拟仿真,根据产品结构进行修边线计算,初步确定毛坯尺寸约为 490 mm×307 mm(见图5-42),材料选取 HDT 780C 高强钢,采用的网格模拟单元为弹塑性壳单元。模具间隙为 t(即板料厚度),摩擦系数设为 0.14。

控制臂关键工序为 OP20 的拉深部分,其拉深和翻边仿真成形过程如图 5-43 所示。

在冲压成形中,卸载后产品的回弹量和最大减薄率是评价产品成形质量的指标,而材料本身的性能以及冲压工艺参数(压边力、摩擦系数、冲压速度等)决定了零件最终成形质量,在实际生产过程中应变速率对材料性能的变化影响不大,模具间隙的调整范围有限,故本章主要考虑压边力和摩擦系数对控制臂冲压成形性能的影响。

图 5-42 初始板料形状

根据初始设置条件,冲模间距为板材厚度 t,冲压转速为 100 mm·s^{-1},压边力为 600

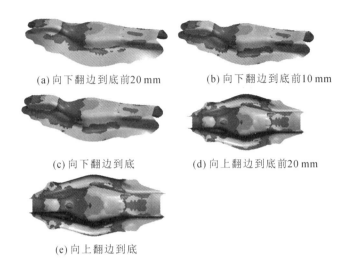

图 5-43 CAE 成形过程分析（有彩图）

kN,当摩擦系数从 0.1 增加到 0.16 时,如图 5-44 所示,制件的最大减薄率从 11.6% 增加到 13.1%,最大正回弹从 3.18 mm 降低到 2.08 mm,最大负回弹从 2.89 mm 降低至 1.96 mm。随着摩擦系数的增加,拉延过程中拉应力也会增大,从而使得发生塑性变形的区域扩大,最大减薄率也会增加,从而使卸载后制件回弹值减小。然而,当摩擦系数从 0.14 增加到 0.16 时,回弹值虽然有所减小,但是降幅明显减小。因此,在考虑实际应用价值和防止裂缝等因素的基础上,最优的摩擦系数确定为 0.14。

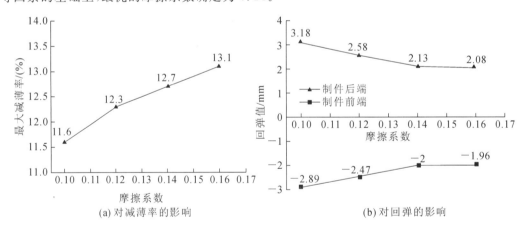

图 5-44 摩擦系数对板料减薄率和回弹的影响

当摩擦系数调整至 0.14 时,如图 5-45 所示,随着压边力从 600 kN 增加到 1500 kN,板料的减薄率从 11.8% 提升至 19.8%,正回弹从 2.40 mm 降低至 1.96 mm,负回弹从 2.35 mm 降低至 1.88 mm。当压边力较大时,板料边缘会受到压紧,从而产生拉应力,使得制件的冲压尺寸精度得到提升,但是,零件的最大减薄率随着压边力的增大而增加,因而容易导致制件在成形过程中出现破裂的情况。因此压边力设置为 900 kN,此时最大减薄率较低,回弹值也较小。

设置摩擦系数为 0.14、压边力为 900 kN 时,控制臂的成形性、减薄率、回弹量冲压仿真结果如图 5-46 所示。

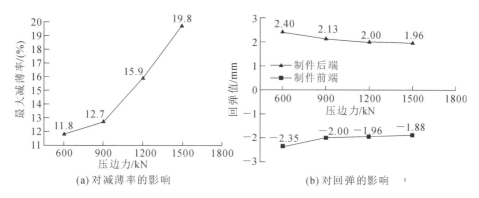

图 5-45 压边力对板料减薄率和回弹的影响

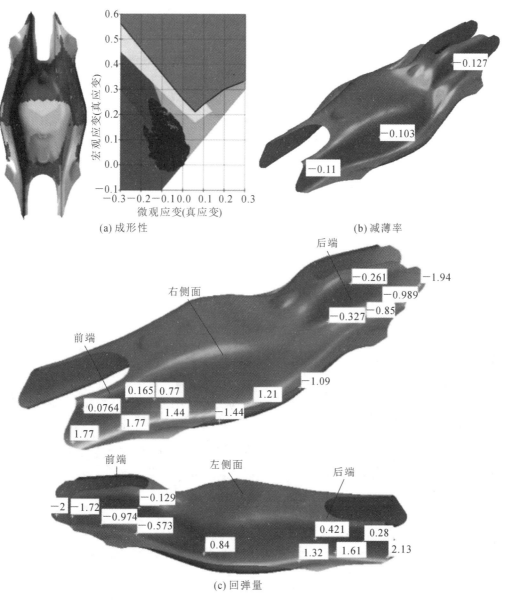

图 5-46 CAE 仿真结果（有彩图）

由仿真结果可知,控制臂成形效果良好,板料未发生开裂、颈缩现象。板料成形性处于安全区域内,板料最大减薄率为12.7%(≤20%),满足要求。从回弹量分布云图[图5-46(c)]可见,控制臂左侧面最大正回弹为2.13 mm,最大负回弹为2 mm。控制臂右侧面最大正回弹为1.77 mm,最大负回弹为1.94 mm。制件两端开豁口处侧面的回弹量较大,且左右对称性较差,影响两侧安装孔的同轴度,故需要对工艺方案进行优化。

5.4.3 高强钢HR800CP控制臂成形工艺优化与试制

5.4.3.1 工艺方案优化

仿真模拟结果表明制件前后端开豁口处两侧面尺寸精度较差,而定位的准确性直接影响了制件冲压过程中拉延的对称性。对于初始方案,定位方式以前后端的定位孔为基准,在冲压过程中板料水平方向不稳定,易导致拉延左右不对称,同时考虑到板料为高强钢,板料流动过程中,定位销易磨损,故改定位孔定位为开槽定位。修改后,拉延过程中板料的水平度更高,两侧面拉延对称性更好。在整个工艺流程中,先进行前后端开豁口,后进行两侧翻边,在翻边过程中,两侧端面会受到翻边工艺的影响,两端面相对位置难以控制,成形后豁口两侧面尺寸精度较差,故改整体工艺流程为先翻边后开豁口,在翻边过程中把控好控制臂两侧面尺寸精度。开豁口时由于刀具向下进给,对两侧面尺寸精度影响较小,后续的整形工序使得豁口两侧面的尺寸精度更高。考虑到初始方案的OP20颈部拉深工序中未发生起皱开裂现象,为减少拉深次数,缩短工艺时间,将OP20改为一次拉深成形。优化后的工艺方案(图5-47)如下。

OP10:落料,前后端开工艺槽(图中箭头标记)。

OP20:拉深,以前后槽作为定位基准,冲出零件整体形状。

OP30:整形,修整法兰区域和侧壁,保证零件尺寸精度,两侧面同时向上翻边。

OP40:冲中心旁侧小孔(对应图中红色孔),整修两端豁口。

OP50:以小孔和前后端豁口为定位基准,整修图中红色区域,保证豁口两侧面的平面度、平行度、对称度。

OP60:冲顶上中心孔和法兰区域孔。

OP70:冲侧壁孔,翻中心孔并在中心孔处做圆角。

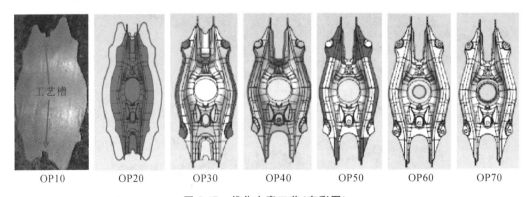

图5-47 优化方案工艺(有彩图)

基于优化后的方案进行仿真分析,其回弹结果如图5-48所示,制件整体回弹云图分布规律和优化前相同,制件左侧面最大正回弹为1.76 mm,最大负回弹为0.66 mm;控制臂右侧面最大正回弹为1.83 mm,最大负回弹为0.67 mm。工艺方案优化后,制件左右拉延对称性更好。仿真结果表明,工艺方案优化后制件的尺寸精度更高。

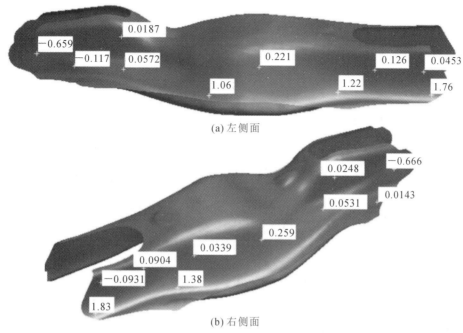

图 5-48 工艺优化后仿真回弹结果（有彩图）

5.4.3.2 控制臂试制

基于优化方案，对控制臂进行试制，其中各工序对应模具如图 5-49 所示，模具设计采用一模两件的方式。

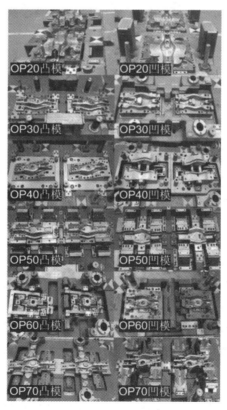

图 5-49 优化方案对应各工序模具结构（有彩图）

冲压试制结果如图 5-50 所示,可见试制件表面质量良好,未发生开裂破损,成形效果良好,满足试制要求。利用三维扫描仪对试制件的尺寸精度进行分析,主要检测侧壁表面中间平面区域的表面尺寸精度误差和前后端开豁口两侧壁区域的表面尺寸精度误差(以冲孔附近位置为主)。扫描结果如图 5-51 所示,数据正负表示方向。

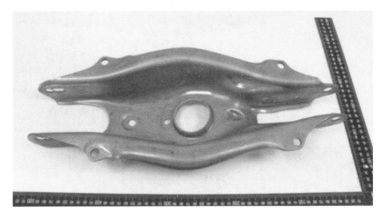

图 5-50 试制零件图

(a) 制件左侧冲孔附近

(b) 制件右侧冲孔附近

图 5-51 试制件三维扫描数据(有彩图)

扫描云图数据显示:$A—A$ 左侧端面冲孔附近选取 14 个数据,最大正回弹为 0.14 mm,最大负回弹为 0.42 mm,$A—A$ 右侧端面冲孔附近选取 15 个数据,最大正回弹为 0.54 mm,最小正回弹为 0.02 mm,均小于 0.6 mm,说明 $A—A$ 两侧端面尺寸精度满足要求。

$B—B$ 左侧端面冲孔附近选取 6 个数据,最大正回弹为 0.45 mm,最小正回弹为 0.19 mm,$B—B$ 右侧端面冲孔附近选取 5 个数据,最大负回弹为 0.28 mm,最小负回弹为 0.02 mm,说明 $B—B$ 两侧端面尺寸精度满足要求。

$C—C$ 左侧端面冲孔附近选取 6 个数据,最大正回弹为 0.53 mm,最小正回弹为 0.19 mm,$C—C$ 右侧端面冲孔附近选取 5 个数据,最大负回弹为 0.41 mm,最小负回弹为 0.09

mm,说明 C—C 两侧端面尺寸精度满足要求。

制件拉延对称度主要影响两侧孔的同轴度,用通止规检测两侧孔的同轴度,如图 5-52 所示,可见通止规完全穿过两侧孔位,制件拉延对称性较好,同轴度满足要求。

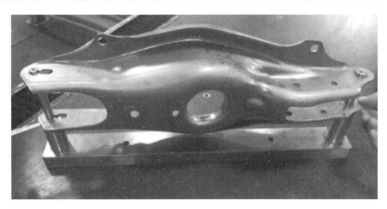

图 5-52 同轴度检测

对比有限元模拟结果与控制臂试制件扫描云图结果可见,工艺优化后,前后端冲孔周缘区域的回弹量基本控制在 ±0.6 mm 以内,实际制件回弹结果与 CAE 仿真结果的规律一致,说明零件整体的尺寸精度能够满足制造要求。

第 6 章　高强铝合金热冲压技术

6.1　高强铝合金热冲压技术原理及特点

6.1.1　高强铝合金热冲压的成形原理

目前,应用较为广泛的铝合金板材热成形工艺是热成形-淬火一体化工艺(HFQ 工艺),其成形原理如图 6-1 所示。这种工艺是在铝合金热处理工艺条件下,使用冷模具冲压高温铝合金板材的成形工艺。此工艺通常分为四个阶段:

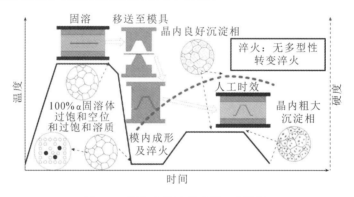

图 6-1　铝合金热冲压成形工艺流程

(1) 固溶热处理。

此阶段将高强度铝合金坯料加热至固溶热处理温度,并在该温度下保温一段时间,直到所有组分都被固溶为单一相。固溶热处理能完全溶解之前工艺中存在的析出强化相,并通过扩散方式将合金元素均匀地分布在铝基体中。对于 Al-Mg-Si 合金,强化相主要由 Mg_2Si 构成。这类强化相的析出增加了材料的强度,却降低了材料的塑性。

(2) 板料转移。

在固溶热处理之后,热板料立即通过送料臂转移至安装在压机中的冷模具中。坯料的转移通常在短时间内完成,供料器可以提供适当的热保护,从而使坯料的热损失最小化。

(3) 成形与快速淬火。

此阶段将坯料冲压成模具形状,并将成形的部件在一定的压力下保压一段时间,随后将其淬火至足够低的温度。淬火时冷却速率必须足够高,防止二次相颗粒从基体中析出,并获得过饱和固溶体显微组织,这也是保证零件强度所必需的。例如,铝合金 ENAW-6005A 只有在 375 ℃/min 的冷却速率下才能达到完全的过饱和固溶体显微组织。通过增加模具保压力和选择先进模具材料可以增强从成形部件到模具的热传递,也可以使用包含冷却通道的模具。特别是在大批量零件生产中,必须防止模具过度升温导致的冷却速率下降问题。

(4) 成形件的热处理。

可热处理铝合金部件的成形后热处理是热冲压淬火成形工艺的一个重要阶段,即将成形部件加热到人工时效温度,并将其保持在该温度下一定时间,以析出强化相。铝合金的人工时效温度范围为 120~250 ℃,保温时间为 3~48 h。

6.1.2 高强铝合金热冲压的成形特点

铝合金板材热成形(或热冲压)是一种将成形和热处理相结合的复合成形工艺,采用该工艺进行工业生产具有如下技术特点:

(1) 高形状复杂性。

热成形在高温条件下完成,成形速率较高(250~500 mm/s),采用较高的成形速度有利于保持板料的温度及高温下的黏塑性特征(应变速率强化和应变强化),促进材料的均匀化流动,提高板材的成形性,因此易于成形出形状复杂的零件。

(2) 高强度。

铝合金热成形将成形与热处理两道工序合二为一,成形后零件的强度接近可热处理铝合金的完全人工时效(T6)状态。与传统高温成形工艺(温成形、传统热成形和超塑性成形)相比,热冲压铝合金经人工时效后可以获得完全人工时效态微观组织,且不破坏材料强度。

(3) 高效率。

铝合金热成形需要采用较高成形速度,成形过程所需时间较短。由于铝合金的热成形温度较低,一般不高于 540 ℃,所需冷模具保压冷却时间也较短,因此,整个成形和冷模具保压时间不超过 15 s。

(4) 高精度。

铝合金热成形在高温下完成,板料内部残余应力较小,可以实现近零回弹,因此成形零件的精度较高。

6.1.3 高强铝合金热冲压技术的现状

根据板料初始状态的不同,以及固溶淬火、热成形、时效等工序的配合节拍,可以将铝合金的热成形工艺路线分为四种不同的形式,如图 6-2 所示。其中图 6-2(c)所示的工艺路线即为前文所介绍的热成形-淬火一体化工艺。

尽管热冲压成形工艺得到了比较广泛的关注和应用,但由于该工艺下材料的固溶热处理和时效热处理的时间较长,一方面增加了能耗,另一方面也难以适应冲压成形的快生产节拍,延长了生产制造周期。因此,相关的研究人员针对铝合金热冲压成形工艺开发了快速固溶和短时时效等方法。

6.1.3.1 快速固溶

在铝合金热冲压成形过程中,铝板的传统加热方式主要为辐射加热,而铝板对热辐射的吸收率较低,加热效率低下,导致固溶热处理时间较长。因此,提高加热升温速率是缩短固溶时间进而提高热冲压效率的重要途径之一,常见的快速加热方法有导电加热、盐浴加热、感应加热、接触加热、涂覆加热以及辅助加热等。

图 6-3 所示为接触加热式快速固溶(简称接触固溶)的原理示意图,使用两块高温板夹

持板料,与铝合金板直接接触,通过热传导使铝板快速升温,以达到固溶热处理的目的。这种方式在缩短固溶时间的同时,也提升了温度均匀性。

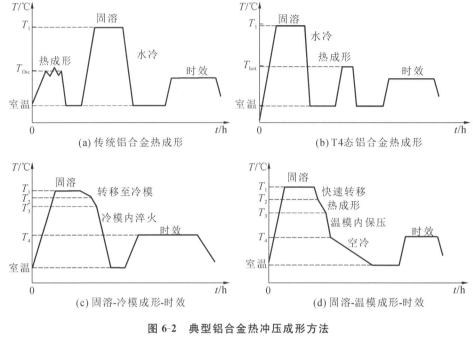

图 6-2 典型铝合金热冲压成形方法

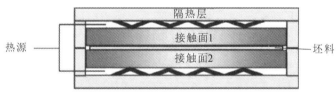

图 6-3 接触固溶原理示意图

图 6-4(a)(b)分别为使用盐浴炉和空气炉对一种 Al-Mg-Si-Cu 合金进行 555 ℃ 固溶热处理的温度变化曲线,可见使用盐浴炉时可以在 20 s 内将板料加热至固溶温度,整个固溶热处理可以在 2 min 内完成。图 6-4(c)(d)分别对比了在铝合金上涂覆 BN(氮化硼)和石墨前后铝板的加热温度变化曲线,可见与未喷涂板材相比,经涂覆板材的升温速率明显更快。

6.1.3.2 快速时效

除缩短固溶时间之外,缩短人工时效时间也是提高热冲压生产效率的重要途径。铝合金通常采用预时效+烘烤二级时效(或与烤漆处理相配合)的方式来代替热冲压后的单级人工时效过程,从而实现快速时效,如图 6-5 所示。

针对 AA6×××铝合金,采用单步热冲压成形工艺;对于 AA7×××或 AA2×××(超)高强度铝合金,当零件形状特别复杂时,需要采用两步热成形来同时保证成形精度和成形后强度。根据工艺路线可将铝合金热冲压成形分为单步热成形和两步热成形两种。该技术的典型应用主要集中在高强度复杂形状结构件。

(1)单步热成形。

该工艺适用于成形性随成形温度线性升高的铝合金,即材料最佳成形温度为固溶热处理温度(含以上)。目前已获得验证的铝合金包括 AA6082、AA6111 等 6×××系列高强度

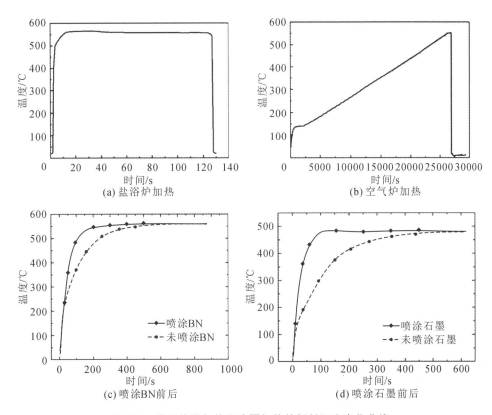

图 6-4 使用盐浴加热和涂覆加热的板料温度变化曲线

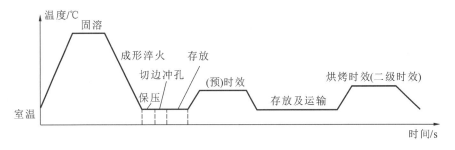

图 6-5 铝合金高效热冲压工艺过程示意图

铝合金和 AA5182、AA5754 等 5×××系列中强度铝合金。以 AA6082 铝合金为例,在借助有限元仿真技术优化工艺参数(温度、时间、摩擦系数和压边力)的基础上,我们已成功成形出汽车舱壁和车门内板等零件,如图 6-6 所示。此铝合金车门内板是目前由热冲压成形工艺成形的最大和最复杂的单一结构件。据测算,与传统钢制零件相比,该零件实现减重 55%,减少了整车零件数量,提高了零件的结构完整性,达到轻量化制造的目的。

(2) 两步热成形。

该工艺适用于成形性不随成形温度线性升高的铝合金,即材料的最佳成形温度在固溶热处理温度以下。目前已获得验证的铝合金包括 AA7075、AA7020、AA2024、AA2060 等 7×××和 2×××系列超高强度铝合金。部分高强度铝合金在固溶温度下成形能力会严重下降,这是因为低熔点析出相在较低温度下积聚到晶界并发生软化或溶解导致的。这时可通过两步成形法来提高铝合金成形件的成形性、精度和力学性能。第一步,先将材料加热到最佳成形温度,该温度低于固溶温度,然后在冷模中对其成形,实现复杂几何形状的成形;第二步,将第一步成形的产品重新加热到固溶温度,然后快速转移到成形模具区,在冷模中进行保压和淬火。通过该工艺得到的 AA2060 铝锂合金机翼加强筋(图 6-7)和 AA7075 汽车后底板,其零件尺寸精度和强度均符合工业要求。

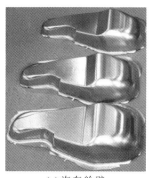

(a) 汽车舱壁　　　　　　　　(b) 车门内板

图 6-6　热冲压成形的铝合金 AA6082 零件

图 6-7　通过两步热成形工艺生产的 AA2060 铝锂合金机翼加强筋

6.2　高强铝合金热冲压关键技术

6.2.1　铝合金热处理

热冲压工艺中的固溶热处理有利于改善和调节材料性能,对热冲压工艺中的后续流程具有重要影响。固溶热处理的主要参数有固溶温度和固溶时间。在同一固溶时间下,随着固溶温度的提高,材料的抗拉强度得到大幅度提高。在同一固溶温度下,材料的抗拉强度随固溶时间的增加而增加,但增加程度并不明显。由此可知,材料的抗拉强度受固溶温度的影响更显著。这是因为随着固溶温度的提高和固溶时间的延长,可溶性第二相粒子更多地溶解到基体中。温度升高,材料内部分子活动能力增强,扩散作用显著,材料的固溶作用更加充分,不同元素分布更加均匀,因此淬火后第二相粒子的过饱和程度更高。同时,时效后析出相数量更多,分布更加均匀,因此强化效果更加明显。随着固溶温度的提高和固溶时间的延长,材料的塑性下降。当固溶时间较短时,材料的塑性随着固溶温度的升高有明显下降趋势。当固溶时间较长时,随着固溶温度的升高,材料的塑性先升高后降低。当固溶温度较高时,材料的塑性受固溶时间的影响很小。当固溶温度较低时,随着固溶时间的增加,材料的塑性出现明显的下降。总体来说,随着固溶时间的延长和固溶温度的升高,材料的塑性由高变低。这是因为,随着固溶程度的增加,材料的晶粒长大,更容易发生晶界滑移和晶粒转动的小晶粒的含量减少,使得拉伸过程中晶界变形效应影响减弱,而大晶粒不利于晶粒转动和晶界滑移,所以材料的塑性下降。

随着淬火冷却速率的增加,材料的抗拉强度增加,塑性下降。时效后,材料的强度提高,塑性下降。这是因为淬火冷却速率越大,淬火冷却后材料的过饱和度越高,时效效应越明显。同时,在淬火过程中,会有粗大相在晶界处析出,淬火冷却速率越低,粗大相析出越显著。这些淬火过程中的粗大析出相对材料的力学性能有害。时效后,粗大析出相长大,对力学性能的危害进一步增大。淬火冷却速率越高,材料的屈强比越大。这是因为淬火冷却速率越高,材料的屈服强度越大。同一淬火条件下,人工时效可以提高材料的屈强比。空气淬火时,屈强比较低,材料的塑性较好。水淬时,人工时效对屈强比的影响最显著。淬火冷却速率低时,材料在淬火时会有粗大的析出相产生,这是因为淬火冷却速率慢,淬火时间较长,所以析出相有更多的时间长大。随着淬火冷却速率的提高,粗大析出相的析出和长大时间有限,所以基体中的粗大相数量较少,拉伸断裂后,断口中尺寸很大的韧窝(由粗大析出相形成)数量就会减少。

时效后,断口形貌中的韧窝数量明显变少,深度明显变浅。这是因为时效后材料的强度增加和塑性下降,导致韧性变差,所以,韧窝还未来得及被拉伸和拉大,试件便被拉断。

6.2.2 初始板料几何形状设计优化

初始板料几何形状是铝合金板热冲压的关键工艺参数之一。压边圈对热铝料有一定的冷却作用,因此对板材金属流动的影响较大,即,初始板料的几何形状在很大程度上是决定铝合金板热冲压成形成败的关键因素。铝合金板热冲压前,需要对成形过程进行有限元数值模拟以预测热铝板的成形极限,进而优化初始板料的几何形状,实现零件的热冲压生产。实现高温铝合金板成形极限预测需要突破三个技术难点,三者紧密结合,缺一不可。

(1) 建立各向异性屈服准则。

从高温铝合金板的流动应力上看,沿不同轧制方向的各向异性往往不明显。但高温铝合金板在不同轧制方向上的 r 值(塑性应变比)差异较大,数值通常在 0.5~0.8 之间波动。经过验证,Hosford 屈服准则在高温条件下可以更精确地预测铝合金板的屈服行为,进而更准确地计算在各向异性条件下的应力和应变。

(2) 变温条件下流动应力的预测。

热冲压时,铝合金板在非等温(冷模具淬火)条件下发生较大塑性变形,成形过程中还往往伴随着应变速率的变化。因此,铝合金板热冲压过程的数值模拟需要采用具有温度、应变和应变速率敏感性的黏塑性本构方程,实现变温条件下的流动应力预测。

(3) 成形极限的预测。

实现铝合金板热冲压过程中成形极限的预测需要同时考虑温度、应变速率和加载路径的变化。经验证,M-K 模型可以较精确地预测热铝合金板的成形极限。

6.2.3 成形关键工艺参数优化

对于高强度铝合金,例如 6××× 和 7××× 系列,完成固溶热处理后需要通过淬火获得过饱和态微观组织,以便开展后续的人工时效,二次相从过饱和态组织中析出,实现强化。不同铝合金对淬火冷却速率有不同的要求,因此淬火工艺需要满足临界淬火冷却速率的要求。临界淬火冷却速率往往随溶质元素含量的升高而升高,常用的高强度铝合金的临界淬火冷却速率通常是 20~100 ℃/s。铝板热冲压工艺采用冷模具成形及保压措施实现铝板的冷模具内淬火。因此,冷模具对热铝板的淬透性是铝合金热冲压技术的关键工艺参数。通过有限元数值模拟,对模具材料、结构、冷模具保压压力和保压时间等成形关键工艺参数进行优化也变得尤为重要。

6.2.4 成形后热处理工艺参数优化

高强度铝合金通过冷模具内淬火获得过饱和态微观组织,通过控制后续人工时效的温度和时间,获得稳定的弥散分布的二次相析出组织,进而获得高强度铝合金零件。实现热成形铝合金板的强度预测需要突破两个技术难点:

(1) 热冲压铝合金板中残余位错密度的预测。高温塑性变形能引入大量位错,铝合金零件中残余的位错将有助于二次相的形核长大,提高铝合金对人工时效的反应速率。在采用黏塑性本构方程预测铝合金流动应力的同时,还需要精确地预测残余位错密度,并将其引入后续人工时效过程中,进而预测零件的强度演化。

(2) 二次相演化规律的预测。使用微观组织预测模型,同时结合位错密度对二次强化相形核长大的促进机制,精确预测二次强化相的半径和体积分数随温度和时间的演化规律,进而实现对成形后零件强度的预测。

6.3 热冲压主要工艺参数对材料成形性能的影响

在热冲压过程中,有许多因素对零件的成形性影响很大,比如模具尺寸、材料属性参数、温度、冲压速度、压边力和摩擦系数,等等。本节以 6082 铝合金杯形件为例,通过试验和仿真结合的方法来研究并探讨热冲压过程中主要工艺参数对铝合金杯形件热冲压成形性的影响。

6.3.1 压边力对杯形件热冲压成形性的影响

当冲压深度为 20 mm 时,不同压边力情况下的厚度分布曲线图如图 6-8 所示。其中板料初始成形温度为 500 ℃,各接触关系的摩擦系数相同,摩擦系数均为 0.15,冲压速度为 70 mm/s。由图可知,杯形件底部的厚度分布相对均匀,凸模圆角处厚度较小。在侧壁区,从凸模圆角处到突缘处,厚度逐渐增加,突缘处的厚度最大。由图 6-8 可以看出,厚度随着压边力的增加而降低,厚度局部减薄严重,甚至发生了严重的破裂。在试验和仿真过程中,当压边力增大时,破裂均发生在凸模圆角处,且破裂严重。铝合金杯形件在突缘处发生一定的增厚,这是因为拉深过程中的周向压应力使得边缘厚度增加,同时抑制了起皱的发生。

当压边力为 1000 N 时,不同冲压深度下杯形件的厚度分布如图 6-9(a)所示。当冲压深度为 10 mm 时,杯形件在凸模圆角处发生了一定的减薄,在其他区域厚度分布相对均匀。当冲压深度为 20 mm 时,凸模圆角处严重减薄,同时杯底处厚度减小,突缘处厚度增加,侧壁区的厚度分布变得更加不均匀。当冲压深度为 30 mm 时,杯底部和凸模圆角处的厚度变化较 20 mm 时不明显,侧壁区的厚度不均匀性增加,突缘区的厚度增加明显。此时杯形件还未发生破裂。当压边力为 3200 N 时,不同冲压深度下杯形件的厚度分布如图 6-9(b)所示。当冲压深度为 10 mm 和 20 mm 时,厚度分布趋势与图 6-9(a)中的厚度分布趋势一致。

当冲压深度为 30 mm 时,厚度的不均匀性明显增加。因为压边力较大,突缘区的材料流动性差,不易流入凹模中,所以随着冲压深度的增加,凸模圆角处的材料不断减薄直至破裂。

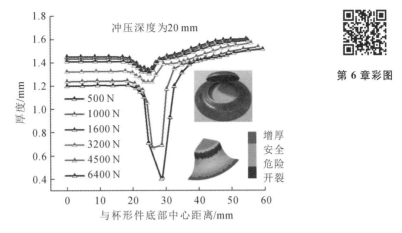

图 6-8 不同压边力条件下厚度分布图(有彩图)

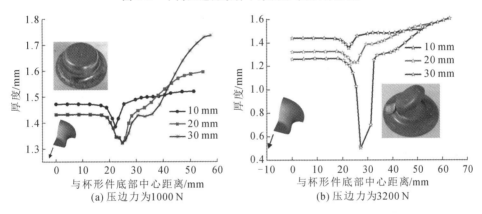

图 6-9 同一压边力下,不同冲压深度时杯形件的厚度分布(有彩图)

图 6-10 所示为压边力对最小厚度的影响。最小厚度随着压边力的增加而减小,随着冲压深度的增加而减小。当冲压深度为 10 mm 时,最小厚度与压边力几乎呈直线关系,但下降并不明显。当冲压深度为 20 mm 时,在低压边力条件下,最小厚度下降并不明显,当压边力大于 3.2 kN 时,最小厚度发生了明显的下降。当冲压深度为 30 mm,压边力小于 2.4 kN 时,最小厚度受压边力的影响相对较小,当压边力大于 2.4 kN 时,最小厚度下降的趋势迅速增加。这时成形件发生过度减薄,甚至发生严重的破裂。当压边力大于 4 kN 后,最小厚度变化不大,意味着杯形件已破裂。随着压边力增加,板料流动性降低,导致厚度减薄严重,所以最小厚度会随着压边力的增加而降低。在大压边力条件下,冲压深度对最小厚度的影响较明显。

图 6-11 所示为压边力对厚度偏差的影响。当冲压深度较小时,压边力对厚度偏差的影响不明显。当冲压深度增加后,压边力对厚度偏差的影响逐渐增大。当冲压深度为 10 mm 时,随着压边力的增大,厚度偏差不断增大,但是变化幅度不大。当冲压深度为 20 mm 时,随着压边力的增大,厚度偏差不断增大;当压边力大于 3.2 kN 时,厚度偏差迅速增大。当冲压深度为 30 mm 时,厚度偏差开始变化不大后迅速增大;当压边力大于 2.4 kN 时,厚度偏差迅速增大。原因是在冲压深度为 30 mm 时,突缘处的材料发生增厚,同时最薄处减薄严重,所以厚度偏差迅速增大。当压边力继续增大后,突缘处的材料被压薄,使得厚度偏差

增大幅度得到一定的缓解。但是,当压边力较大时,材料的厚度减薄情况变得更加严重,相对于将突缘压薄获得的优势,减薄造成的厚度不均匀性更明显。

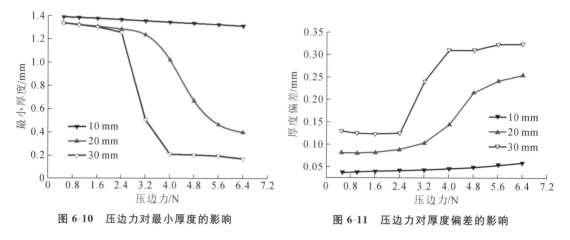

图 6-10　压边力对最小厚度的影响　　　　图 6-11　压边力对厚度偏差的影响

6.3.2　冲压速度对杯形件热冲压成形性的影响

图 6-12 所示是在冲压速度为 200 mm/s 条件下将杯形件冲压至不同深度时的厚度分布图。模型中板料初始成形温度为 500 ℃,压边力为 1 kN,各接触关系的摩擦系数均为 0.15。厚度分布趋势与图 6-9 相似,最小厚度均发生在凸模圆角处,突缘处均出现了增厚现象。而且,当冲压深度为 10 mm 时,厚度分布比较均匀,这是因为冲压初始阶段变形量较小。当冲压深度增至 20 mm 时,厚度差距增大,杯形件底部变薄,突缘处变厚,同时最小厚度发生处向突缘处转移。当冲压深度为 30 mm 时,杯形件底部的厚度变化不明显,突缘处的厚度增加显著,最小厚度仍然在凸模圆角处,没有变化。由此说明,在冲压成形后期,厚度变化主要发生在侧壁区和突缘区,零件的厚度分布差距增大。

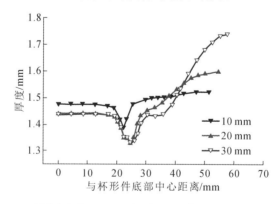

图 6-12　冲压速度为 200 mm/s 时,不同冲压深度时的厚度分布

随着冲压深度的增大,厚度最小值变小。当冲压深度从 10 mm 增加到 20 mm 时,最小厚度减小显著。当冲压深度从 20 mm 增加到 30 mm 时,最小厚度变化不明显。

图 6-13 所示为在冲压深度 30 mm 条件下冲压速度对厚度偏差的影响。由图 6-13 可知,随着冲压速度的增加,厚度偏差先降低后升高。当冲压速度为 40 mm/s 时,厚度偏差为 0.12847 mm;当冲压速度为 100 mm/s 时,厚度偏差为 0.12329 mm;当冲压速度为 200 mm/s 时,厚度偏差为 0.12719 mm。这是因为冲压速度的提高,影响了材料的变形温度和

温度分布,材料的强化效应和塑性发生变化,所以冲压速度对厚度偏差造成了明显的影响。当冲压速度较低时,厚度偏差较大,主要原因是冲压速度低、成形后零件的温度分布不均匀。由于板料为热板料,模具为冷模具,当冷模具接触热板料时会发生热传递,板料的热量会传递到冷模具上,从而造成板料温度的下降,冲压速度慢时,热交换的时间长,导致板料的温度不均匀程度增加,因此不同区域材料的性能差距增大,导致变形程度差异的增大,所以,零件的厚度均匀性变差。提高冲压速度,可以缩短热板料与冷模具之间的热交换时间,降低板料温度不均匀性造成的影响。但是当冲压速度过高时,板料上先接触凸模的部分先发生变形,变形量向四周扩散时间有限,容易导致局部变形过大,也会使变形量不均匀性增加。

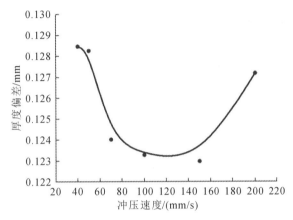

图 6-13 冲压深度为 30 mm 时,冲压速度对厚度偏差的影响

图 6-14 表征了成形件在成形深度为 10 mm、20 mm 和 30 mm 条件下,冲压速度与最低温度的关系。由图 6-14 可知,当冲压深度相同时,随着冲压速度的提高,材料的最低温度不断升高。当冲压深度较小时,冲压速度对最低温度的影响相对较小。当冲压深度增加时,最低温度受冲压速度的影响越来越显著。当冲压速度为 40 mm/s,冲压深度为 30 mm 时,最低温度约为 430 ℃;当冲压速度为 200 mm/s,冲压深度为 30 mm 时,最低温度约为 486 ℃。温度升高约 56 ℃,升高幅度约 13.02%。冲压速度的提高,导致冲压过程缩短,材料的热量耗散时间也随之缩短。因此,冲压结束后,零件保持了较高的温度。另外,零件冲压速度的提高使得零件局部变形的变形速率提高,材料在塑性变形时产生的热量使得材料的温度上升,因此成形件的最低温度随着冲压速度的提高而升高。

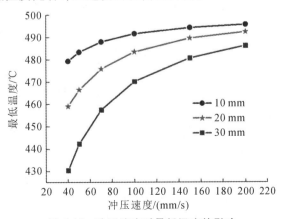

图 6-14 冲压速度对最低温度的影响

图 6-15 所示是板料直径为 90 mm 的试验件。压力机设定的冲压深度为 25 mm，出于对设备的保护，通过压力机的限位开关进行限位，而不在模具上放置定位块。冲压速度从左到右依次为 35 mm/s、70 mm/s、100 mm/s 和 130 mm/s，零件的高度依次为 26.6 mm、27.8 mm、28.7 mm 和 29.5 mm。由图 6-15 可以看出，试验件均展示了完整的杯形，说明板材的成形性良好。随着冲压速度的增加，由于惯性的作用，零件的深度呈增加趋势。

图 6-15　不同冲压速度下的冲压零件

6.3.3　摩擦系数对杯形件热冲压成形性的影响

在铝合金热冲压过程中，润滑条件对板料冲压成形性有显著影响，但冲压过程中的摩擦现象具有高度复杂性。在热冲压试验中，通常采用耐高温润滑剂，比如 Dag 2404、Dag F-425、CRC 03094 和 Deltaforge 144 等，其摩擦系数在 0.05~0.30 之间。润滑剂的润滑效果与稀释剂种类和稀释程度有直接关系，生产中应根据实际条件选择不同的润滑剂、稀释剂和稀释程度，从而达到预期效果。润滑剂的使用可以降低材料流过凸模圆角时的阻力，从而可以使材料顺利进入凹模内，同时减少板料在滑动过程中对模具的磨损，对模具起到一定的保护作用。由于通过试验方式很难精确控制摩擦系数，这使得对摩擦系数影响的系统研究面临挑战。目前，针对铝合金热冲压摩擦系数的研究文献相对匮乏。鉴于此，本节将利用数值模拟方法来探讨摩擦状况对热冲压成形过程的最小厚度、厚度均匀性和失效形式的影响。

凸模与板料之间的摩擦系数 u_p 分别取为 0、0.025、0.05、0.10、0.15、0.20 和 0.30。试验中，主要通过控制润滑剂的类型、稀释程度和喷涂量来改变实际冲压时的润滑条件。冲压后，提取杯形件侧壁的厚度值，然后利用绘图软件绘制厚度分布图。图 6-16 所示为凸模与板料之间的摩擦系数 u_p 对杯形件厚度分布的影响。由图 6-16 可知，当摩擦系数 u_p 较小时，杯形件厚度最小值在杯形件底部中心。随着摩擦系数 u_p 的增加，厚度最小值向杯形件的圆角处移动。这是因为凸模与板料之间摩擦系数 u_p 的增加，使得材料在流过凸模圆角时摩擦阻力增大，所以，厚度最小值由杯形件底部中心向远离中心处移动。同时由图 6-16 可知，随着摩擦系数 u_p 的减小，零件侧壁的长度增加。当凸模与板料之间的摩擦系数 u_p 较小时，在冲压过程中，板料中心处的材料更容易移动和减薄，使得压料板与凹模之间的材料受到的拉力减小，在板料法兰处，流入凹模的材料减少，因此冲压件的侧壁长度增加。

图 6-17 为杯形件最小厚度和摩擦系数 u_p 之间的关系，式(6-1)为相应的拟合方程。由图 6-17 可知，最小厚度随着摩擦系数 u_p 的增加而增加。同时在摩擦系数 u_p 较小时，最小厚度受摩擦系数 u_p 的影响较大，当摩擦系数 u_p 超过 0.15 时，随着摩擦系数 u_p 的增加，最小厚度的增加趋势变缓。

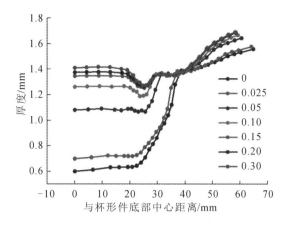

图 6-16 凸模与板料之间的摩擦系数 u_p 对杯形件厚度分布的影响（有彩图）

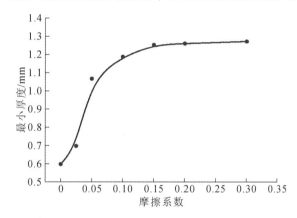

图 6-17 凸模与板料之间的摩擦系数 u_p 对杯形件最小厚度的影响

$$y = -0.73695 \times \exp(-x/0.05637) + 1.29443 \tag{6-1}$$

图 6-18 所示为摩擦系数 u_p 和杯形件厚度偏差的关系。由图 6-18 可知，随着凸模和板料之间摩擦系数 u_p 的增加，厚度偏差减小。厚度偏差越小说明零件的厚度均匀性越好，成形质量越高。当摩擦系数 u_p 超过 0.15 时，厚度偏差值变化不大，说明 $u_p>0.15$ 时成形质量较稳定。当摩擦系数 u_p 为 0 时，厚度偏差为 0.37 mm，当摩擦系数 u_p 为 0.30 时，厚度偏差降为 0.12 mm。

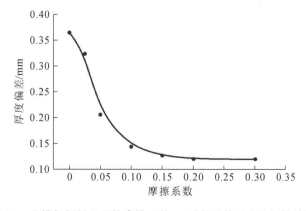

图 6-18 凸模与板料之间的摩擦系数 u_p 对杯形件厚度均匀性的影响

将仿真模型中板料和凸模之间的摩擦系数 u_p 设为 0，此时的失效单元的应变路径图如图 6-19 所示。图 6-19 的左下方为进行热冲压成形试验后的样件，破裂发生于杯形件底部中心。由图 6-19 可知，该失效形式主要为等双拉失效，即主应变等于次应变。

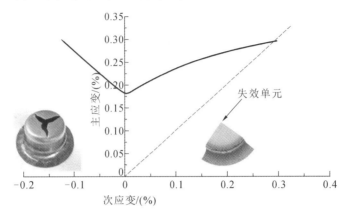

图 6-19　凸模与板料之间的摩擦系数 u_p 为 0 时的失效单元应变路径

假设板料与凸模、凹模和压料板各处的摩擦系数均相同，研究不同摩擦系数 u_0 对板料成形性能的影响，摩擦系数 u_0 分别取为 0、0.05、0.10、0.15、0.20、0.25 和 0.30。图 6-20 所示为各处摩擦系数相同时，摩擦系数 u_0 与杯形件厚度分布的关系，可以看出，此时的厚度分布与图 6-16 所示的情况有很大的不同。整体上，杯形件的厚度随着摩擦系数 u_0 的增加呈减小趋势，在杯形件的底部区，厚度受摩擦系数 u_0 的影响程度较弱，厚度虽有所减小，但并不明显。在凸模圆角区，随着摩擦系数 u_0 的增加，最小厚度发生的部位呈现远离杯形件底部的趋势。当摩擦系数 u_0 大于 0.20 时，最小厚度减小得很明显，远远小于 1.2 mm。同时，随着摩擦系数 u_0 的增加，杯形件的侧壁长度增加。这是因为，摩擦系数 u_0 的增加使得板料更难被拉入凹模内，突缘区的材料受到的摩擦阻力增大，不易流动，因此零件的侧壁长度增加。

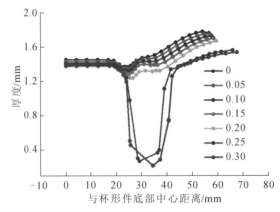

图 6-20　各处摩擦系数相同时，摩擦系数 u_0 对杯形件厚度分布的影响（有彩图）

图 6-21 表征了摩擦系数 u_0 和杯形件最小厚度的关系。随着摩擦系数 u_0 的增加，最小厚度呈减小趋势。当摩擦系数 u_0 小于 0.20 时，减小趋势不显著。当摩擦系数 u_0 大于 0.20 时，最小厚度明显减小。当摩擦系数 u_0 为 0.30 时，最小厚度为 0.22 mm。图 6-22 表征了摩擦系数 u_0 和杯形件厚度偏差的关系，随着摩擦系数 u_0 的增加，厚度偏差先减小后增加。当摩擦系数 u_0 为 0.15 时，厚度偏差最小，为 0.12 mm。当摩擦系数 u_0 小于 0.15 时，厚度

偏差减小趋势较平缓。当摩擦系数 u_0 大于 0.15 后，厚度偏差有所增加。当摩擦系数 u_0 大于 0.20 时，厚度偏差增加趋势显著，在摩擦系数 u_0 为 0.30 时厚度偏差达到最大值 0.31 mm。

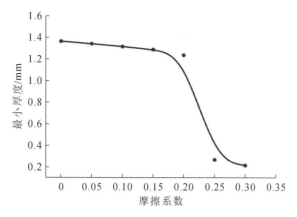

图 6-21　各处摩擦系数相同时，摩擦系数 u_0 对杯形件最小厚度的影响

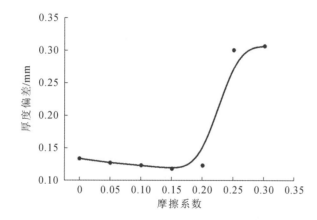

图 6-22　各处摩擦系数相同时，摩擦系数 u_0 对杯形件厚度均匀性的影响

将仿真模型中各接触关系的摩擦系数 u_0 设为 0.30，进而提取失效单元的应变路径（见图 6-23）。图左下方为进行热冲压成形试验后的样件。破裂位于杯形件圆角附近。由应变路径可知，失效单元的次应变较小，主应变较大，失效形式接近于平面应变失效，即次应变为 0。

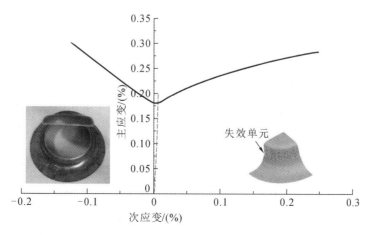

图 6-23　各处摩擦系数 u_0 为 0.30 时，失效单元的应变路径

由以上两种情况可知,当摩擦系数为 0.15 时,两种情况下的厚度分布情况和厚度均匀性都很好,最小厚度也在可接受范围内。摩擦系数大于 0.15 或者小于 0.15,都会出现不被接受的情况,比如最小厚度过小,或者厚度偏差过大。因此进行铝合金热冲压时,摩擦系数尽量选择为 0.15。

6.4 高强铝合金热冲压成形的屈服强度

随着轻量化的发展,汽车零部件的最终力学性能需要越来越精准地控制,以满足消费者对汽车安全的需求。铝合金的热冲压过程是变形和热处理的有机结合。不同热变形条件下,铝合金的变形行为不同,变形引入的位错会显著改变第二相析出过程,即不同的变形行为影响合金在后续时效热处理过程中的相变过程,因此热冲压成形件最终的力学性能取决于在制造工艺的不同阶段中发生的一系列微观组织转变行为。尽管通过试验可以确定给定变形量、时效参数与强度之间的关系,但是如果参数发生改变,则需要进行多次试验和测量,不利于提高效率,还会增加成本。力学性能调控的有效方法是建立其屈服强度与工艺参数之间的数学模型。

进行铝合金热冲压成形时,除了考虑其成形性之外,还应考虑铝合金成形后的力学性能。对于时效析出强化铝合金而言,强度由其成形后的内部组织结构决定。本节主要以 7075 铝合金为研究对象进行屈服强度的分析。7075 铝合金属于可热处理强化的 Al-Zn-Mg-Cu 系合金,其屈服强度主要由以下四个强化机制贡献:析出强化、形变强化、固溶强化和晶界强化。不同强化机制对屈服强度的作用可近似表示为

$$\sigma_y = \Delta\sigma_{gb} + \Delta\tau_0 + \Delta\tau_{ss} + (\Delta\tau_D^2 + \Delta\tau_{ppt}^2)^{1/2} \tag{6-2}$$

式中:$\Delta\sigma_{gb}$ 为晶界强化效应,即由晶界引起的强度增量;$\Delta\tau_0$ 为铝基体本征强度;$\Delta\tau_{ss}$ 为固溶强化效应,即固溶原子引入的强度;$\Delta\tau_D$ 为形变强化效应,即位错引入的强度;$\Delta\tau_{ppt}$ 为析出强化效应,即析出相引入的强度。

6.4.1 7075 铝合金热冲压的晶界强化

根据 Spriano 和 Simar 的研究结果,材料的晶界强化效应 $\Delta\sigma_{gb}$ 与材料晶粒尺寸 d 满足 Hall-Petch 定律,即

$$\Delta\sigma_{gb} = K_{gb} d^{-1/2} \tag{6-3}$$

式中:K_{gb} 为晶界强化常数,铝合金的 K_{gb} 约为 0.04 MPa/m$^{1/2}$。

6.4.2 7075 铝合金热冲压的固溶强化

铝合金的固溶强化源于溶质原子(如 Zn、Mg、Cu)与铝基体的相互作用。这些溶质原子通过间隙或置换进入铝基体晶格,由于其原子半径与铝原子半径的差异引起了铝基体晶格的畸变,产生晶格畸变应力场,从而增大了位错运动的阻力,使得合金被强化。当铝合金材料在淬火状态下时,固溶强化对强度的贡献最大,并随着析出相的析出(溶质原子从基体中减少)而减弱。在传统热冲压成形工艺中,人工时效过程会导致强化相的析出。然而,在追求短流程高效率的热冲压成形中,原始 T6 态板材在加热过程中会有部分析出相被溶解,随着基体内溶质原子的消耗(增加),固溶强度是逐渐削弱(增强)的。基体中剩余的溶质量与

$[1-(f/f_{\max})]$有关,固溶强化效应可表示为

$$\Delta \tau_{ss} = C_1 \left(1 - \frac{f}{f_{\max}}\right)^{2/3} \quad (6-4)$$

式中:f 为析出相体积分数;$f_{\max}$ 为峰时效态合金的析出相体积分数;C_1 为常数。

当 f 为 0 时,即经充分固溶热处理并快速淬火后基体还没有析出相且没有变形,此时 $\Delta\tau_D$ 和 $\Delta\tau_{ppt}$ 均为 0,固溶强化常数 C_1 为淬火态合金的屈服强度 σ_y 减去铝基体本征强度 $\Delta\tau_0$ 和晶界强化效应 $\Delta\sigma_{gb}$ 的差。

6.4.3　7075 铝合金热冲压的形变强化

形变强化是合金经历塑性变形后呈现的一种强化效应。在塑性变形过程,材料内部位错密度不断提高,从而增强了材料的强度。位错密度的提高使得位错与位错之间的交互作用增强,这样,合金在发生塑性变形时的位错滑移所需要克服的阻力就更大,导致材料塑性变形困难,从而实现强化作用。在热冲压过程中,变形引入的位错除了自身的强化贡献外,位错还可以为铝合金材料的人工时效析出相的析出提供形变储能,加速析出过程。热变形增加的位错密度对合金强度的贡献,称为形变强化效应 $\Delta\tau_D$,其大小与位错密度的平方根 $\sqrt{\rho}$ 成正比,具体表达式为

$$\Delta \tau_D = \beta G b \sqrt{\rho} \quad (6-5)$$

式中:β 为常数,与位错性质及泊松比相关;G 为铝的剪切模量;b 为伯氏矢量的模值。

鉴于将位错密度作为内部状态变量的复杂性,可以采用经验方法来描述位错硬化对流动应力的贡献。对于热冲压成形工艺,假设在变形过程中没有析出相析出,其加工硬化行为可以用 Arrhenius 方程很好地描述,热冲压变形时的屈服应力可以表示为

$$\Delta \tau_D = \frac{1}{\alpha} \ln\left\{\left(\frac{Z}{A}\right)^{1/n} + \left[\left(\frac{Z}{A}\right)^{2/n} + 1\right]^{1/2}\right\} \quad (6-6)$$

6.4.4　7075 铝合金热冲压的析出强化

对于时效强化合金,其强度的贡献主要来源于强化析出相对变形过程中位错移动的阻碍作用,因此零件最终力学性能与强化析出相的数量密度和尺寸分布直接相关。假设 7075 铝合金在时效过程中只有 η' 析出相起强化作用,η' 与铝基体保持共格,因此主要考虑其引起的共格应变强化。η' 相的体积分数 f_v 和尺寸 r 被用于定量计算共格应变强化效果。共格应变强化的表达式为

$$\Delta \sigma_{ppt} = 2.6 M (\varepsilon G)^{3/2} \left(\frac{2 f_v r}{Gb}\right)^{1/2} \quad (6-7)$$

$$\varepsilon = 0.667 \delta \quad (6-8)$$

式中:α 为常数;ε 为共格应变;δ 为析出相与铝基体之间的错配度,取为 0.02;M 是泰勒因子,对于铝合金面心立方材料取值为 3.06;G 是铝的剪切模量。

6.5 先进热冲压工艺

6.5.1 预强化高效热冲压技术原理

虽然 HFQ 技术有效解决了传统铝合金成形技术存在的问题,但还存在以下问题:

(1) 生产效率低。HFQ 技术工序较多,其中固溶处理普遍需要 20~40 min,为达到峰值强度(T6 态)还需要进行 8~24 h 长时间时效,因此生产周期较长,生产效率低,难以适应工厂快节奏的生产节拍。

(2) 均匀变形能力差。由于 HFQ 技术中坯料在近固溶温度下成形,虽然成形性提升明显,但也导致应变硬化指数低,故均匀变形能力减弱。

(3) 力学性能受降温影响。坯料在转移过程中会发生温度下降,成形过程中坯料温度也不断下降,导致沉淀相可能提前析出,同时利用模具淬火的控制难度较大,这些因素都会影响成形后零件的力学性能。

为解决上述存在的问题,课题组提出一种全新工艺——预强化高效热冲压成形工艺(pre-aged hardening forming,PHF),具体工艺流程如图 6-24 所示。工艺主要分为预强化处理与冲压成形两大步。首先将板材进行固溶热处理,水淬之后迅速转移至炉内进行预时效,得到预强化板材;然后将预强化板材置于炉内升温至 200 ℃ 左右并保温 5~10 min,最后将板材转移至模具内完成成形。此技术预强化处理可由板料供应商完成,工厂只需用定制的预强化板材完成后续的冲压操作即可,整个工艺流程时间控制在 12 min 左右。较低的冲压成形温度节约了能源和制造成本;生产后的零件无须后续时效热处理便可达到较高的强度,显著提高了生产效率,因此预强化高效热冲压技术更适合工厂快节奏的生产节拍,具有很高的研究价值和工程应用潜力。

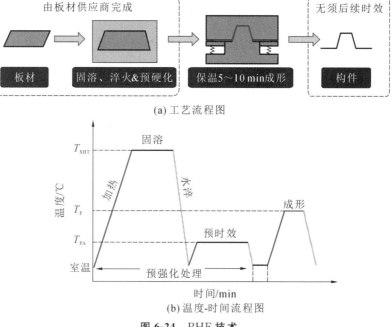

图 6-24 PHF 技术

6.5.2 预强化高效热冲压关键技术

6.5.2.1 预强化参数对铝合金流变行为的影响

(1) 预强化处理参数选取依据。

预强化处理参数由 W 态 7075 铝合金 DSC(差示扫描量热法)曲线确定。图 6-25 所示为 7075 铝合金固溶淬火后立即进行 DSC 试验所得到的 W 态 DSC 曲线,可以看出 DSC 曲线主要有四个代表有相析出的放热峰 1、3、4 和 5,以及两个代表有相溶解的吸热峰 2 和 6。

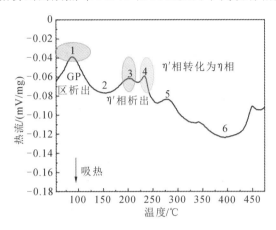

图 6-25　W 态 7075 铝合金 DSC 曲线

对于 7×××系铝合金,过饱和固溶体(supersaturated solid solution,SSS)人工时效时首先析出的为与基体共格的 GP 区,对应于图中大约在 85 ℃的峰 1,GP 区是 7×××系铝合金的强化相之一,为细针状有序的富溶质团簇;随着温度升高到约 150 ℃时,GP 区溶解,对应吸热峰 2;当温度继续升高到约 200 ℃(峰 3)时,与基体半共格的 η′相析出,7×××系铝合金的强度主要由细小、均匀分布的 η′相保证;当温度达到 230 ℃(峰 4)时,η′相转化为不与基体共格的 η 相,η 相的形状与 η′相类似,均为椭球状,但比 η′相更粗大,在 7×××系铝合金中对强度无贡献;η 相最终在 400 ℃附近溶解,对应吸热峰 6。为了在后续热冲压成形中形成并保留尽可能多的强化相,选取 85 ℃(GP 区析出峰)为预时效温度。为研究预时效温度的影响,选取 GP 区开始析出的温度以及析出终止的温度作为对比,温度由峰前后的基线切线与峰的拐点处切线的交点确定,分别为 70 ℃与 100 ℃。预时效的时间选取为 3 h、12 h 以及 24 h。

(2) 预时效温度对铝合金流变行为的影响。

以预时效 12 h,成形温度 200 ℃(分别保温 1 min 和 5 min)为代表,研究不同预时效温度(70 ℃、85 ℃、100 ℃)对材料流变行为的影响。试验结果如图 6-26 所示,可以看出各曲线均只有一个峰值应力,并且随着应变增加,材料首先经历位错累积导致的加工硬化,应力迅速上升(弹性变形阶段)。然而,当材料进入塑性变形阶段,动态回复现象开始发挥作用,滑移面上运动的异号位错会相互抵消,进而导致位错密度降低。动态回复与加工硬化现象形成竞争关系,使得应力增长速度放缓。最终,材料达到峰值应力,此时试样会发生明显的塑性变形。之后,材料内部的动态回复作用开始超过加工硬化效应。位错的相互作用减弱,加之空位的扩散作用,促进了位错的交叉滑移和爬升,这些机制共同导致材料的变形抗力低,流变应力随之下降。之后材料进入动态软化阶段,直至发生断裂。在这一宏观过程中,试样表面会出现颈缩现象,这是材料局部区域变形集中的直观表现。同时,材料内部微孔洞的粗化也是导致断裂的关键因素,它通过促进微裂纹的形成和扩展进一步降低了材料的断裂韧性。

随着预时效温度的升高,材料的流变应力升高,这可能是由于随着预时效温度的升高,材料中析出相的尺寸和数量随之增加,并在后续变形中发生不同程度的溶解和转化,较低的预时效温度将形成更细、更不稳定的 GP 区组织,它们在后续变形过程中更易溶解,难以转化为强化相。

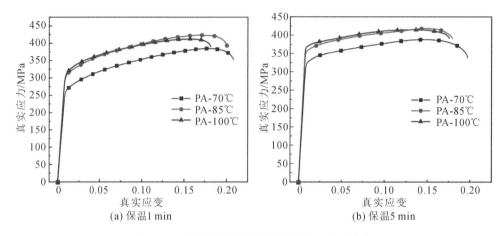

图 6-26　不同预时效温度下真实应力-应变曲线

(3) 预时效时间对铝合金流变行为的影响。

以成形温度 200 ℃(分别保温 1 min 和 5 min)为代表,讨论材料在不同预时效(pre-ageing,PA)时间(3 h、12 h、24 h)下的流变行为,试验结果如图 6-27 所示。可以看出,对于 PA-70 ℃预时效条件而言,随着预时效时间从 3 h 延长至 24 h,材料的流动应力逐渐增加,这可能是因为随着预时效时间的延长,坯料在预强化处理阶段析出的强化相也随之增多,所以表现出更高的流动应力和较低的伸长率。对于 PA-85 ℃与 PA-100 ℃预时效条件而言,预时效时间对材料流变行为的影响规律与 PA-70 ℃有所不同,两种条件下的样品均在预时效 12 h 时展现出较高的流动应力,甚至存在超过相同条件下时效 24 h 的流动应力,表现出较好的综合力学性能,这可能是预时效温度与预时效时间综合影响材料中析出相的种类、密度、大小、分布等,进而使得材料表现出不同的流变行为。

6.5.2.2　成形参数对铝合金流变行为的影响

(1) 成形参数的选择依据。

选取 PA-85 ℃-12 h 样品为代表进行 DSC 试验,结果如图 6-28 所示。选取 200 ℃(η' 相析出温度)作为成形温度以保证成形后构件无须后续时效便可获得足够的强度;如果温度升高到 250 ℃,则材料强度会因 η' 相发生转化而降低,所以选取保温温度 180 ℃与 220 ℃作为对比。为确定保温时间,将预强化拉伸试样置于恒温鼓风干燥箱中进行 180 ℃、200 ℃以及 220 ℃温度下不同保温时间处理,保温时间为 1~30 min。冷却稳定后通过室温拉伸试验确定保温时间对材料力学性能的影响,测试结果如图 6-29 所示。对于伸长率而言,所有曲线呈现的规律均相同,即随着保温时间的延长而降低。而所有试样的保温时间在 10 min 以上时,伸长率有所下降,而强度几乎相同,故确定最佳保温时间在 10 min 以内。值得注意的是,随着保温温度的升高,材料力学性能随保温时间的差异减小,说明温度的升高有利于

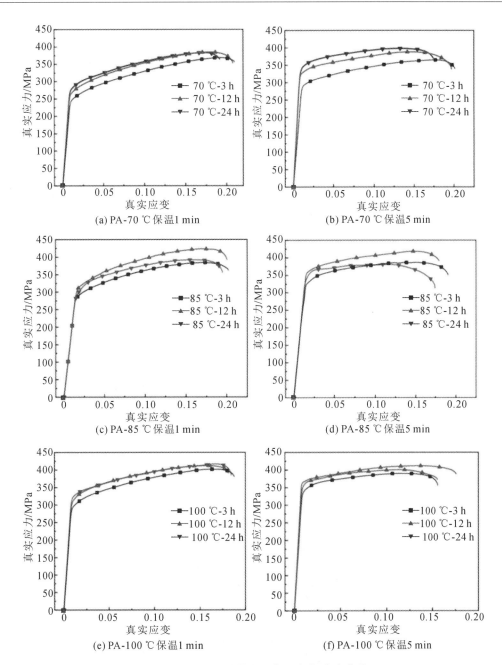

图 6-27 不同预时效时间真实应力-应变曲线

提高材料力学性能的均匀性。保温温度为 220 ℃时,所有试样的强度均有所下降,但各试样的强度差异最小。

(2) 成形温度对铝合金流变行为的影响。

以预时效时间 12 h 以及成形保温 5 min 为代表,讨论成形温度(180 ℃、200 ℃、220 ℃)对材料流变行为的影响。试验结果如图 6-30 所示。可以看出,成形温度对不同初始状态坯料的影响规律相同:随着温度的升高,材料的流动应力降低,即出现热软化现象。这是因为在成形过程中材料内部同时存在加工硬化效应和动态回复效应,材料前期的加工硬化得益于析出相的动态析出,但随着温度的升高,一方面动态回复效应增强导致材料软化,另一方

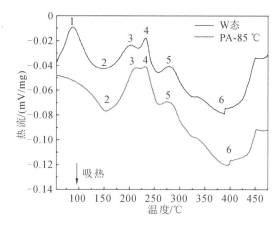

图 6-28 85 ℃预强化态及 W 态铝合金的 DSC 曲线

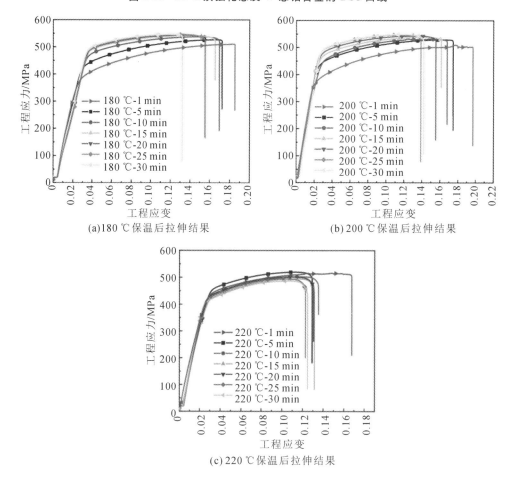

图 6-29 工程应力-应变曲线（有彩图）

面累积位错的迁移、湮灭以及强化相的溶解也减弱了加工硬化效应。当成形温度为 180 ℃ 时，由图 6-28 中 DSC 曲线可知，成形温度低于 η' 相析出峰温度，故在此温度下相变不充分，析出相密度小，对位错阻碍小进而使得位错更易迁移。随着成形温度升高到 200 ℃，GP 区向 η' 相的转变更充分。与 220 ℃ 成形温度相比，较低的温度也有利于位错的保持，达到强化材料的效果。值得注意的是，预强化态材料热拉伸的断后伸长率受温度影响的变化规律不明显。

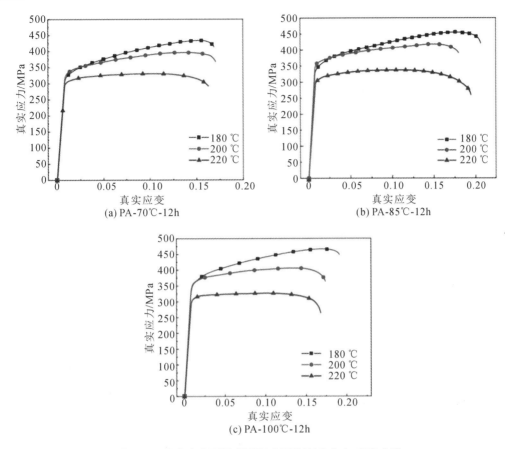

图 6-30 铝合金在不同成形温度下的真实应力-应变曲线

良好的加工硬化效应意味着更均匀的变形和更高的伸长率,材料的加工硬化率可以由材料真实应力-应变曲线求得到,即加工硬化率 $n=\mathrm{d}\sigma/\mathrm{d}\varepsilon$。以 PA-85 ℃-12 h 处理条件为代表讨论不同成形温度下铝合金的加工硬化率,结果如图 6-31 所示。在变形初期,随着应变的增加,所有成形温度下的加工硬化率都显著下降,之后下降的速率均放缓直至到达零点。这是由于材料中应变能随着应变的提高而累积,因此加工硬化率随材料温度升高而降低。

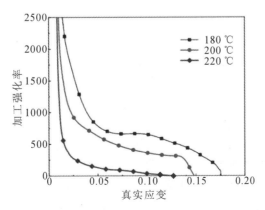

图 6-31 铝合金在不同成形温度下的加工硬化率曲线

(3) 成形保温时间对铝合金流变行为的影响。

以预时效时间 12 h 以及成形温度 200 ℃为代表,讨论不同成形保温时间(1 min、5 min)下材料的流变行为。结果如图 6-32 所示,可以看出相对于材料在保温 5 min 时的拉伸曲线,保温 1 min 时曲线的变形抗力小,在塑性变形阶段流动应力变化更大。这是因为,保温时间短导致材料析出的强化相少,GP 区转化不充分,从而表现出较低的屈服强度;随着保温时间的延长,温度效应开始显现,析出相密度增加,GP 区能充分转化为 η' 相,并且保温 5 min 不足以使生成的 η' 相进一步长大粗化,此时,材料具有较高的屈服应力。同样以 PA-85 ℃-12 h 处理条件为代表,讨论不同保温时间对铝合金加工硬化率的影响。由图 6-33 可知,保温时间的延长使得材料加工硬化率下降趋势加快,导致材料变形不均匀而表现出较低的断后伸长率。

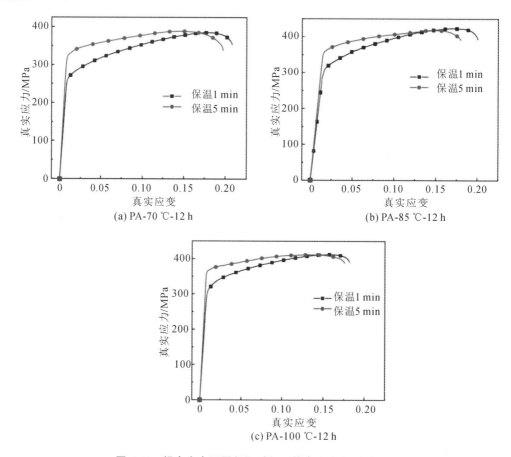

图 6-32 铝合金在不同保温时间下的真实应力-应变曲线

6.5.2.3 预强化态参数及成形参数对材料成形性的影响

(1) 预强化态参数对成形性的影响。

采用杯突试验研究预强化参数对铝合金成形性的影响。通过不同预强化热处理(预时效温度、时间)得到不同初始状态的坯料,其杯突试验的结果如图 6-34 所示,图中点画线为 O 态试样在室温下进行杯突试验的结果。随着预时效温度的升高,材料的杯突值逐渐降低,这可能是因为预时效温度较低时,其预时效过程中生成的 GP 区较少且不稳定,故其在成形保温过程中生成的 η' 相密度低,进而对位错的阻碍较小,表现出较好的成形性能;此外,预时效温度的升高也会溶解一些已析出的析出相,使得后续成形过程中,材料可供溶解的 GP

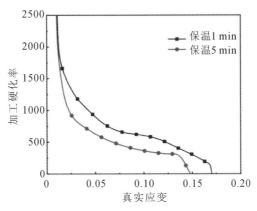

图 6-33 铝合金在不同保温时间下的加工硬化率曲线

区较少,塑性随之降低。故低温度预时效处理的样品,其成形性更好,杯突值也就更高。值得注意的是,在成形保温 5 min、预时效处理 3 h 时,70 ℃ 和 85 ℃ 条件下的杯突值相差并不大,分别为 24.32 mm 和 24.48 mm。这说明热处理条件 PA-85 ℃-3 h,相比于 PA-70 ℃-3 h,不仅塑性无明显的降低,其力学性能还更好。

对于预时效时间而言,就不同的预时效温度来说,其变化规律相同:随着预时效时间的延长,其杯突值随之降低,说明坯料的成形性能逐渐降低。这可能是因为,随着预时效时间的延长,生成的 GP 区热稳定性不仅更高,密度也更高,故在后续成形过程中,这些稳定的 GP 区作为核心而生成更多强化相,对位错钉扎作用明显,位错阻力加大,导致其变形难度加大,因此成形性能变差。

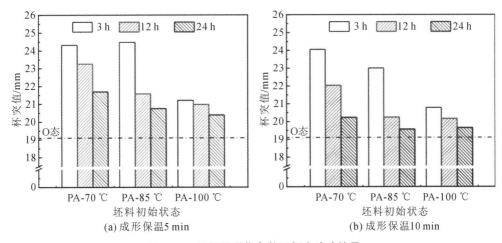

图 6-34 不同预强化参数下杯突试验结果

除了进行室温 O 态杯突试验,为明确预强化态材料的成形性能,对 O 态 7075 铝合金进行 200 ℃ 下保温 5 min 的高温杯突试验,测得其杯突值为 20.17 mm。保温时间为 5 min 的预强化态材料的高温杯突试验结果范围在 20.39~24.48 mm(见图 6-35),比相同成形条件的 O 态材料的杯突值高约 1%~21%,比室温 O 态材料的杯突值高约 7%~28%。当成形保温时间为 10 min 时,其杯突试验结果范围在 19.65~24.06 mm,比室温 O 态材料的杯突值高约 3%~26%。可以看出对坯料进行预强化处理后,坯料仍然保持了较好的成形性能。

(2) 成形参数对成形性的影响。

这里主要考察保温时间对成形性的影响(成形保温温度定为 200 ℃),杯突试验结果如

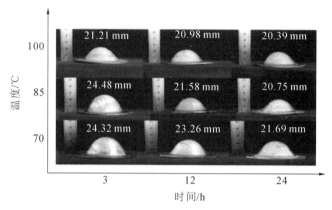

图 6-35 200 ℃保温 5 min 杯突试验实物图

图 6-36 所示。可以看出,不同预强化条件(PA-70 ℃、PA-85 ℃、PA-100 ℃)下,成形保温时间对成形性的影响规律相同:随着保温时间的延长,材料的成形性降低。这可能是因为,一方面随着保温时间的增加,材料析出的强化相增多,阻碍位错运动的能力增强,使得材料流动困难;另一方面保温时间的延长使得一些先析出的强化相、第二相等变粗大,因而导致材料变形不均匀,材料的塑性降低,因此整体来说超过 10 min 的保温时间不利于材料的成形。所以如果希望获得较优的成形性,可以通过减少保温时间、降低预时效温度来达到相应的成形质量要求。

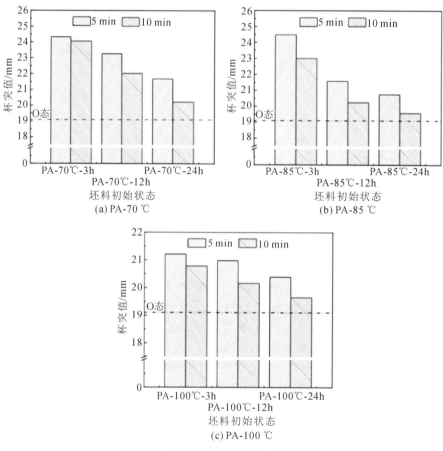

图 6-36 成形保温时间对成形性的影响

6.5.3 预强化高效热冲压成形工艺微观组织演变规律

6.5.3.1 预强化高效热冲压成形工艺断裂行为

对于 7075 铝合金来说,其拉伸时断裂机制主要与微孔洞有关,宏观来看,拉伸试样的断裂口与水平方向呈大约 45°角,并且边缘有明显的剪切唇。为研究 PHF 工艺下铝合金的断裂行为,对 PA-85 ℃-12 h 热处理条件下的样品进行断口形貌表征,如图 6-37 所示。

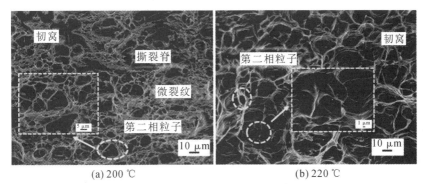

图 6-37 不同成形温度下热冲压试样的断口形貌

可以看出两种成形温度下断口的形貌均出现韧窝,并且随着温度的升高,韧窝变大且分布变均匀,故随着成形温度的升高,材料的塑性随之提高,韧性断裂特征也更明显;成形温度为 200 ℃时可以观察到由许多小韧窝组成的撕裂脊[图 6-37(a)],当成形温度为 220 ℃时撕裂脊特征不明显。两种试样的韧窝中均包含微小的第二相粒子,由于这些微小颗粒的塑性差,故在变形时易产生应力集中并发展成微裂纹或微孔洞。一般认为,微孔洞的产生、长大、聚集导致材料发生韧性断裂,并且微裂纹也会逐渐扩大至整个韧窝最终导致材料断裂。

6.5.3.2 预强化高效热冲压成形工艺的电子背散射衍射(EBSD)分析

本小节采用 EBSD 技术对比研究了 PA-85 ℃-12 h 条件下的预时效坯料以及 200 ℃保温 5 min 的成形材料沿轧制方向(RD)的微观组织形貌图。图 6-38 为其取向成像图(即反极图,简写为 IPF),可以看出两种样品的晶粒均以(101)取向与(111)取向居多,并且随着样品成形后,样品晶粒由板状的轧制晶粒变为长条状的晶粒,晶粒取向由未变形的无序状态变得相对一致,表明样品沿轧制方向发生了塑性变形。图 6-39 为两种样品的晶粒尺寸统计图,可以看出,变形前后坯料的晶粒尺寸均集中在 10~100 μm,并且变形前材料的平均晶粒尺寸为 24.97 μm,变形后材料的平均晶粒尺寸为 19.11 μm,变形后材料的晶粒尺寸稍小。材料变形中的晶界强化效应与晶粒尺寸相关,由于材料变形前后晶粒尺寸差异不大,由此可以认为 PHF 工艺中晶界强化贡献值较低。

图 6-38 杯突试验前后样品 RD 向的反极图(有彩图)

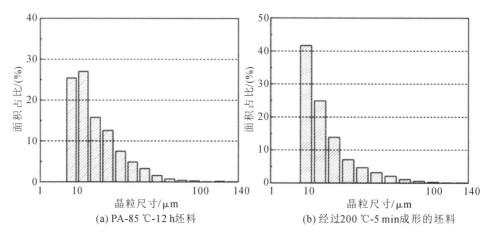

图 6-39 杯突试验前后样品的晶粒尺寸统计图

为区分图中不同的晶界角,分别用黑色加粗线条和白色细线条绘制大角度晶界和小角度晶界,并统计其存在的相对比例,统计结果如图 6-40 所示,可以看出在未发生变形的 85 ℃预强化态坯料中,大角度晶界占大多数,占比达 90.87%,而小角度晶界仅占 9.13%;对其进行杯突变形后,材料中小角度晶界比例上升至 80.80%。小角度晶界的形成与位错密度有关,小角度晶界比例越高,说明材料的塑性变形越明显,位错密度越高。

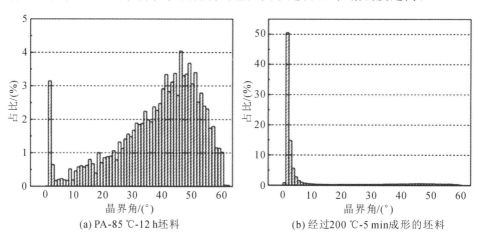

图 6-40 杯突试验前后样品的晶界取向差分布图

上述杯突试验 EBSD 结果讨论了沿轧制方向的晶粒特征,图 6-41 和图 6-42 显示了不同初始状态的坯料经热变形 2% 后室温拉伸试验样品的 EBSD 观测结果,观测方向为垂直于轧制方向(TD)。可以看出三种样品的晶粒均以(111)取向与(001)取向居多,并且晶粒尺寸相差不大,总体来看 PA-85℃处理的样品晶粒尺寸较小,故可以认为预强化处理对后续实验过程中晶粒尺寸变化的影响较小。同样用黑白两种颜色、粗细不同的线条表示图中大角度晶界和小角度晶界,以便于观察晶界取向差分布,可以看出三种样品中小角度晶界的占比居多,分别为 79.48%、79.56% 以及 78.27%。

6.5.3.3 预强化高效热冲压成形工艺 DSC 分析

以时效时间 12 h 为代表对不同预时效温度的材料进行 DSC 试验分析,结果如图 6-43 所示,可以看出由于进行了预强化处理,峰 1(GP 区析出峰)消失,而最先出现峰 1′(GP 区溶解峰),随着预时效温度从 70 ℃升高到 100 ℃,峰 1′逐渐向右移动,说明 GP 区热稳定性在

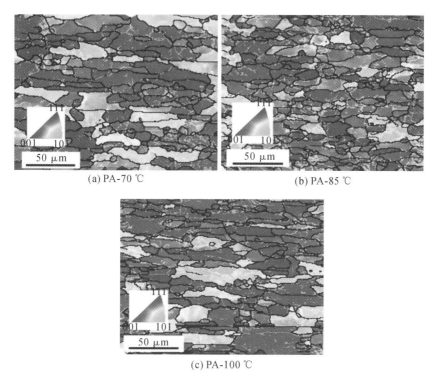

图 6-41 拉伸试样的 EBSD 观测图(有彩图)

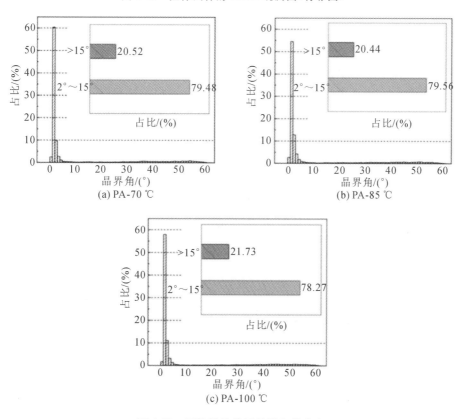

图 6-42 三种样品的晶界取向差分布

逐渐提高,可在后续成形保温过程中作为 η' 相的形核核心,有利于析出更多 η' 相;峰 2(η' 相析出峰)以及峰 3(η' 相转化峰)的出现位置变化不大,可见预时效温度对 η' 相的析出和转化影响不大。值得注意的是,预时效温度为 100 ℃ 时峰 1′ 更宽,这可能是因为在此情况下坯料中不仅存在 GP 区,还可能存在其他的析出相,如 η' 相。

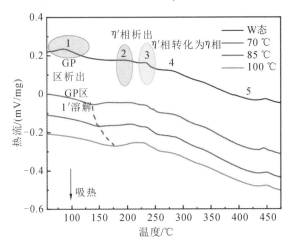

图 6-43 不同预时效温度 DSC 试验结果(有彩图)

6.5.3.4 预强化高效热冲压成形工艺的组织演变机理

由于 PHF 工艺中晶粒尺寸变化不大,故变形后构件的强度主要由析出强化以及位错强化保证。由上述分析可知,预强化处理后的板材中预先存在的 GP 区具有较高的热稳定性,可以作为后续成形过程中 η' 相的形核核心,并且不同预强化参数导致坯料中析出相的类型、尺寸以及分布均不相同。铝合金的变形行为由铝的高层错能引起的位错决定,在热变形过程中,预先存在的析出相阻碍了位错的运动,可以增加位错密度,而变形引入的位错一方面促进了较细小 GP 区的溶解,可剪切的 GP 区溶解增加了材料的塑性;另一方面位错又可以作为形核点促进析出相的形成。在 200 ℃ 保温过程中,较大的 GP 区可以进一步转化为强化相 η' 相,可见在 PHF 工艺过程中,主要的相变行为是 GP 区向 η' 相转变,而由于在较短的保温时间内 η' 相无法进一步长大、转化,较低的温度(200 ℃)也可以保持较多的位错,导致晶界附近析出相有所增多。这也是无析出相区变窄的原因。可以推测,在 PHF 工艺过程中 GP 区与 η' 相双相强化及位错变形强化的相互作用,保证了成形后构件无须时效便具有较高的力学性能。PHF 工艺过程中铝合金微观组织演变示意图如图 6-44 所示。

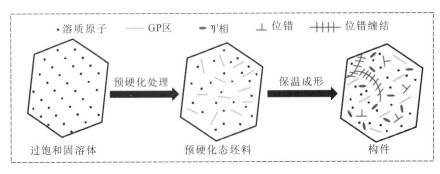

图 6-44 PHF 工艺过程中铝合金微观组织演变示意图

6.6 高强铝合金轻量化构件热冲压案例分析

6.6.1 帽形梁热冲压有限元分析及试制

6.6.1.1 帽形梁热冲压有限元分析

本小节以帽形梁为研究对象,其几何形状如图 6-45(a)所示,零件尺寸为长 205 mm、宽 180 mm、高 70 mm、厚 1.5 mm。零件整体呈工字形,形状复杂,尤其法兰区与侧壁角度接近 90°,因此成形难度较大。Dynaform 软件是一款专门用于板料成形模拟分析的商业化软件,由前处理器、求解器、后处理器三部分组成。有限元模型的建立主要在前处理器中完成,参数设置好后由求解器对模型进行求解,在后处理器界面中获取所需要的结果云图(如应变分布、减薄率分布等)。在 Dynaform 5.9.2 中有专门进行热冲压成形的模块,故在此环境中完成对帽形梁的建模仿真,所构建的有限元模型如图 6-45(b)所示。

帽形梁建模仿真主要包括定义为刚体的模具(包括凸模、凹模和压边圈)以及定义为壳单元的板料。利用 Dynaform 软件自带的带有材料热物性参数的模型 106 * MAT_ELASTIC_vISCOPLASTIC_THERMAL 定义材料并设置相关热物性参数(如热导率等),将所得不同温度应力-应变曲线导入软件中;坯料与模具的网格划分也在软件中完成。具体热冲压模拟条件如表 6-1 所示。

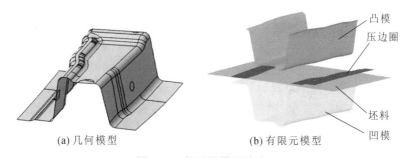

图 6-45 帽形梁模型的建立

表 6-1 帽形梁热冲压模拟条件

摩擦系数	压边力/kN	模具间隙/mm	板料初始温度/℃	模具温度/℃	板料厚度/mm
0.2	20	1.65	200	25	1.5

图 6-46 所示为帽形梁有限元模拟结果,可以看出整体成形模拟结果良好,侧壁处变形程度较大、应变高,相应的减薄率也高,整体减薄率最大值为 15.093%。法兰处与拐角处为上下模具间的自由表面区,该区域受径向拉应力与切向压应力共同作用易产生起皱缺陷。构件总体减薄率低于 20%,满足产品的性能指标。

6.6.1.2 帽形梁热冲压试制及力学性能测试

由于材料在成形保温温度 200 ℃、保温时间 5 min 的条件下有较好的成形性能与力学性能,故试制的成形参数选择为 200 ℃下保温 5 min。分别对不同预处理条件下的坯料进行帽形梁试制实验,如成形性能较好的预处理条件 PA-70 ℃-3 h、综合性能较好的预处理条件 PA-85 ℃-12 h 以及力学性能较好的预处理条件 PA-100 ℃-24 h,并对成形后的帽形梁进

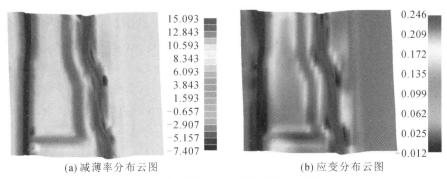

(a) 减薄率分布云图　　　　　(b) 应变分布云图

图 6-46　帽形梁有限元模拟结果(有彩图)

行力学性能测试,所有帽形梁构件在性能测试前都没有进行后续时效热处理。由上述模拟结果可知侧壁应变较大,故分别在帽形梁左右两侧壁各切取一个拉伸试样,并在顶部区域以及底部法兰区各切取一个拉伸试样以分析不同部位帽形梁的力学性能。取样位置及试样形状尺寸如图 6-47 所示,拉伸试样长度方向与轧制方向保持一致。

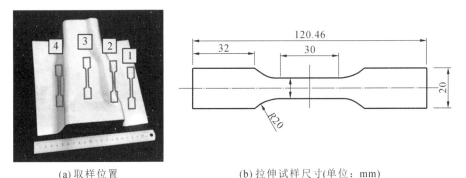

(a) 取样位置　　　　　　(b) 拉伸试样尺寸(单位:mm)

图 6-47　帽形梁试制实验

经 PA-70 ℃-3 h 预处理的坯料帽形梁经 PHF 成形后结果如图 6-48 所示。得益于 PA-70 ℃-3 h 预处理后较高的成形性能,帽形梁成形结果良好,无破裂等缺陷,回弹小,如图 6-48(a) 所示。而从图 6-48(b)可以看出,材料经成形后继续拉伸亦有较好的伸长率,但其代价是较低的力学性能。帽形梁的抗拉强度在 512～533 MPa 之间,为 T6 态坯料抗拉强度的 91%～95%;屈服强度在 395～452 MPa 之间,为 T6 态坯料屈服强度的 81%～93%,详见表 6-2。取样位置 2 与取样位置 4 处于侧壁,因此变形量大,故强度也比取样位置 1 与取样位置 3 高。

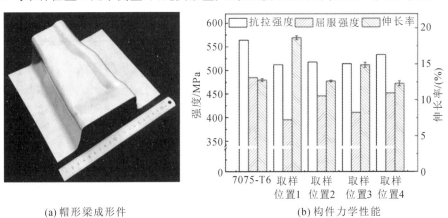

(a) 帽形梁成形件　　　　　　(b) 构件力学性能

图 6-48　PA-70 ℃-3 h 帽形梁试制实验

表 6-2 PA-70 ℃-3 h 预处理条件下帽形梁热冲压试验力学性能

取样位置	抗拉强度/MPa	屈服强度/MPa	伸长率/(%)
1	512	395	18.67
2	518	446	12.64
3	514	411	14.89
4	533	452	12.31

经 PA-85 ℃-12 h 预处理的坯料帽形梁经 PHF 成形后结果如图 6-49 所示。在此工艺参数下成形的帽形梁同样具有良好的表面质量,基本无回弹,如图 6-49(a)所示。图 6-49(b)所示为该帽形梁的力学性能结果,表 6-3 为各试样力学性能的具体数值。可以看出,该试验条件下坯料的力学性能与 T6 态坯料基本相当,帽形梁的抗拉强度在 547～570 MPa 之间,为 T6 态坯料抗拉强度的 97%～101%;屈服强度在 426～497 MPa 之间,为 T6 态坯料屈服强度的 88%～102%。值得注意的是取样位置 2 的强度已超过 T6 态坯料,可见经 PA-85 ℃-12 h 处理的板材兼具良好的成形性能与力学性能。

(a) 帽形梁成形件

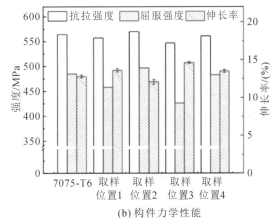

(b) 构件力学性能

图 6-49 PA-85 ℃-12 h 帽形梁试制实验

表 6-3 PA-85 ℃-12 h 预处理条件下帽形梁热冲压试验力学性能

取样位置	抗拉强度/MPa	屈服强度/MPa	伸长率/(%)
1	557	458	13.60
2	570	497	12.08
3	547	426	14.61
4	561	483	13.50

为进一步研究停放时间对构件力学性能的影响,在材料固溶淬火后分别进行 12 h 以及 24 h 停放,随后进行 PA-85 ℃-12 h 预处理。两种工艺参数对帽形梁力学性能的影响结果如图 6-50 所示。停放 12 h 后成形的帽形梁的抗拉强度在 545～581 MPa 之间,屈服强度在 445～502 MPa 之间;而停放 24 h 后成形的帽形梁的抗拉强度在 550～560 MPa 之间,屈服强度在 441～481 MPa 之间。相比于直接进行预硬化处理成形的帽形梁,停放 12 h 后帽形梁力学性能并无下降,甚至在取样位置 4 测得更高的抗拉和屈服强度;而停放 24 h 后帽形

梁力学性能有所降低,但材料各部分的力学性能差距缩小,各部位力学性能更均匀。

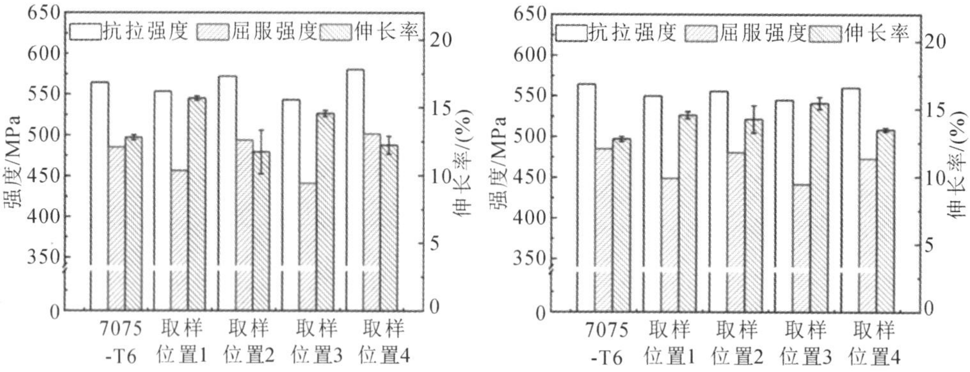

(a) 停放12 h

(b) 停放24 h

图 6-50 淬火后停放时间对帽形梁力学性能的影响

为了研究板材轧制方向对力学性能的影响,对 PA-85 ℃-12 h 预硬化处理的坯料进行冲压试制,控制拉伸试样的长度方向垂直于轧制方向,结果如图6-51所示。可以看出,其强度较沿轧制方向拉伸试样有所下降。最大抗拉强度下降了约 14 MPa,最大屈服强度下降了约 10 MPa,故拉伸时应尽量使拉伸方向与材料轧制方向保持一致。

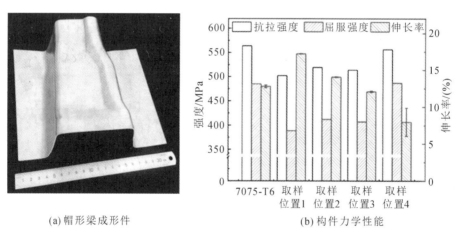

(a) 帽形梁成形件

(b) 构件力学性能

图 6-51 垂直于轧制方向的帽形梁试制实验

经 PA-100 ℃-24 h 预处理的坯料帽形梁经 PHF 成形后结果如图6-52所示。在此工艺参数下成形的帽形梁依旧能够成功成形并且无裂痕,如图6-52(a)所示。图6-52(b)所示为该帽形梁的力学性能结果,表6-4 为各试样力学性能的具体数值。可以看出,变形较小的区域(取样位置1和4)处的试样力学性能已经接近T6态坯料,而在取样位置2和4处,屈服强度与抗拉强度均超过T6态坯料,并且屈服强度与抗拉强度的差距缩小至 60 MPa 以内,虽然抗拉强度较T6态坯料上升较小,但最高屈服强度比T6态坯料高近 30 MPa,说明该工艺条件下帽形梁具有优异的力学性能。此外试样断后伸长率较低,说明在此参数下适宜成形简单形状的高强度构件。

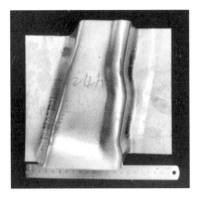
(a) 帽形梁成形件

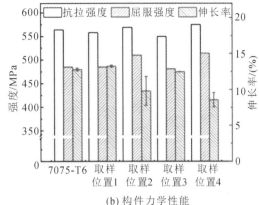
(b) 构件力学性能

图 6-52 PA-100 ℃-24 h 帽形梁试制实验

表 6-4 PA-100 ℃-24 h 预处理条件下帽形梁热冲压试验力学性能

取样位置	抗拉强度/MPa	屈服强度/MPa	伸长率/(%)
1	558	485	13.24
2	569	510	9.81
3	550	481	12.47
4	575	514	8.57

6.6.2 汽车 B 柱热冲压有限元分析及试制

6.6.2.1 汽车 B 柱热冲压有限元分析

本小节以大型复杂构件汽车 B 柱为研究对象,其几何形状如图 6-53 所示。整个 B 柱长约 1200 mm,宽约 400 mm,最高处达 50 mm。该 B 柱呈工字形,截面形状复杂,有多处凸台与孔洞,其顶部区域与侧壁近乎垂直,故在加强筋以及凸台、法兰处易产生开裂、起皱等缺陷。

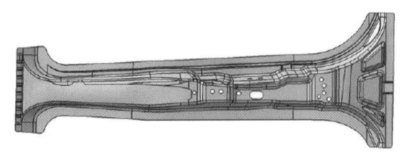

图 6-53 汽车 B 柱几何模型

根据如图 6-54(a)所示的模具实物图在 Dynaform 环境中建立汽车 B 柱有限元模型,如图 6-54(b)所示。建立的模型主要对应于模具的三个部分:凸模、凹模、压边圈。坯料轮廓利用软件中反向模拟法生成,随后生成壳单元坯料。坯料、凸模、凹模、压力圈这四部分均在软件中划分网格,模拟结果如图 6-55 所示。

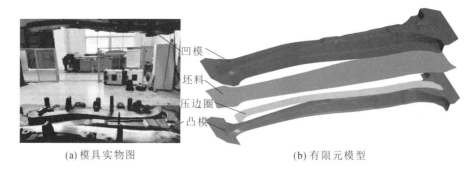

(a) 模具实物图   (b) 有限元模型

图 6-54 汽车 B 柱有限元模型建立

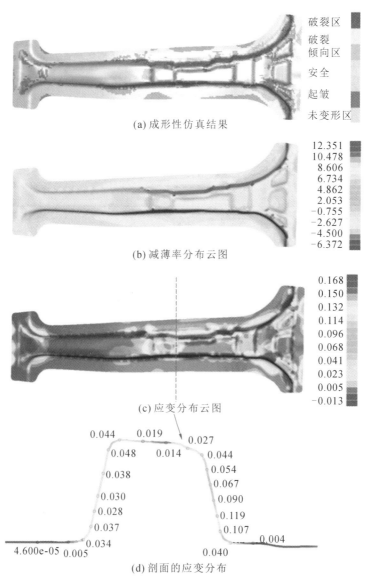

(a) 成形性仿真结果

(b) 减薄率分布云图

(c) 应变分布云图

(d) 剖面的应变分布

图 6-55 汽车 B 柱热冲压有限元模拟结果(有彩图)

图 6-55(a)为成形性仿真结果,可以看出 B 柱整体成形情况较好,无破裂缺陷,但是法兰处与凸台的拐角处存在起皱现象。这是由于这些部位处于模具之间的自由表面区,当所受压应力超过临界应力,材料的拉入量会升高,并且在圆角等处材料流入模具的速率较其余部位慢,易产生材料的堆积,出现失稳起皱。图 6-55(b)为减薄率分布云图,可以看出 B 柱减薄率较大的区域发生在拉延筋附近的凸台处,这是由于此处的加工硬化现象明显,导致材料变形抗力较大,变形不均匀,进而导致材料的厚度减薄,最大减薄率为 12.351%,足以满足构件的技术指标要求。图 6-55(c)为应变分布云图,可以看出构件中间部分和右边(B 柱尾部)部分的应变较高,尤其是两边的侧壁以及与其相连的垂直圆角处。对虚线部分做剖面应变分布分析,同样可以看出,B 柱顶部区域以及法兰区域几乎没有应变,而侧壁处应变最高达到 0.119,最低为 0.028。

6.6.2.2 汽车 B 柱热冲压试制及力学性能测试

采用 6.5 节中所介绍的 PHF 工艺进行 7075 铝合金汽车 B 柱的热冲压零件试制。将预强化态板材置于数控箱式加热炉中进行 200 ℃保温 5 min,随后立即转移至模具中进行冲压成形,B 柱的 PHF 成形实物图如图 6-56 所示。可以看出 B 柱整体成形质量良好,无破裂等缺陷出现,整个过程用时 12 min 左右,对不经时效热处理的构件直接取样进行力学性能测试,结果如图 6-57 所示。可以看出在变形量较小的取样位置 1 处(法兰区),由于位错强化少,故此区域抗拉强度为 552 MPa,屈服强度为 456 MPa,分别低于 T6 态坯料 12 MPa、29 MPa;而对于变形量较大的取样位置 2 处(侧壁区域),由于相变与位错强化的相互作用,抗拉强度为 562 MPa,屈服强度为 478 MPa,分别达到了 T6 态坯料的 99.6%和 98.6%,说明该试制件具有较好的力学性能。故经 PHF 工艺冲压成形构件不仅保证了其成形质量,而且不经后续时效即可获得良好的力学性能,满足产品的性能指标要求。

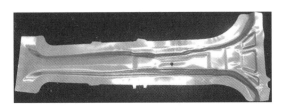

图 6-56 汽车 B 柱的 PHF 成形实物图

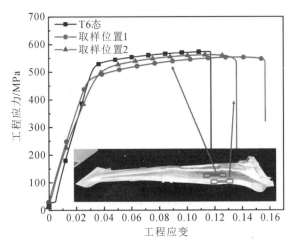

图 6-57 汽车 B 柱力学性能测试

6.6.3 铝合金火箭型框有限元分析与试制

6.6.3.1 铝合金火箭型框有限元分析

本小节的研究对象为 L 形非对称截面 7A09 铝合金火箭型框零件，其截面形状及外形如图 6-58 所示。其半径为 1673 mm，截面为非对称 L 形，其中内直角圆弧处半径为 6 mm，立边高度为 75 mm，腹板高度为 60 mm，腹板宽度为 6 mm，整体形状对变形精度要求很高，且在拉弯变形过程中极易出现回弹、截面畸变等缺陷。

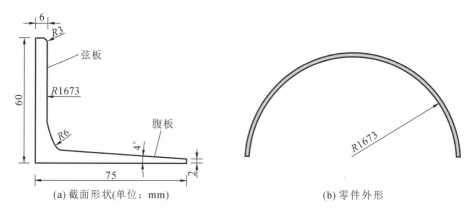

图 6-58 L 形非对称截面 7A09 铝合金火箭型框零件示意图

采用 Abaqus 软件进行有限元分析，根据求解类型的不同选择适宜的单元类型，以达到提高运算效率和运算精度的目的。一般常见的单元类型有实体单元、壳单元等，对于零件厚度远小于零件尺寸的薄壁类结构件而言，通常运用壳单元进行分析计算。壳单元所需的运行时间较短，而实体单元在运行过程中会占据大量的内存，计算过程较为复杂，但其结果更为精确。对于 L 形非对称截面 7A09 铝合金火箭型框而言，其截面厚度最大为 6 mm，远远小于其整体结构尺寸，因此选用 S4R(四边形线性缩减积分)壳单元进行分析计算。

对于有限元分析而言，模型中各结构件的网格划分对模拟结果的准确性具有重大影响。通常来讲，模型的网格单元越小，计算时间越长，但最终模拟结果越精确，同时在运算过程中模型报错的概率较低。在型材拉弯成形过程中，型材作为主要研究对象，其网格应越精细越好，而对于模具和夹钳等离散刚体而言，其网格数量并不会对模拟结果造成太大影响。在划分网格过程中，由于型材截面尺寸远远小于整体结构尺寸，因此长度方向布局 200 个网格，截面方向上设置的单元尺寸为 8 mm×8 mm。由于圆角处在拉弯过程中受力较大，极易出现畸变，必须对网格进行细化，因此在截面内部圆角过渡处单独划分 4 个网格，以提高运算结果的精确度。所有网格单元类型均为 C3D8R(八节点线性六面体减缩积分单元)。划分网格后的有限元模型如图 6-59 所示。

图 6-59 L 形非对称截面 7A09 铝合金火箭型框模型的网格划分示意图(有彩图)

以 PA-92 ℃-4 h 作为预强化处理参数对原始 M 态(冷加工后退火状态)铝合金进行预强化处理,并以该状态坯料制作冷拉弯成形试验的试样。本小节以该预强化处理参数的坯料作为试验组,将预强化时间分别延长到 8 h、12 h,展开对照试验,探究预强化工艺参数对拉弯成形后零件回弹量的影响。从图 6-60 中可看出,随着预强化时间的增加,型框的等效塑性应变量逐渐增加,其中 PA-92 ℃-4 h 条件下型框最大变形量为 6.7% 左右,PA-92 ℃-12 h 条件下型框最大变形量约为 9.7%,且型材的对称截面以及端面应变量较大,中间变形区域应变量较小。此外,在三种预强化条件下,型材的对称截面以及端面极易出现应力集中现象,但随着预强化时间的增加,型材中间变形区域应力分布趋于均匀化,因其屈服强度增加,材料伸长率下降,所以应力逐渐增加,应变分布则更为均匀。

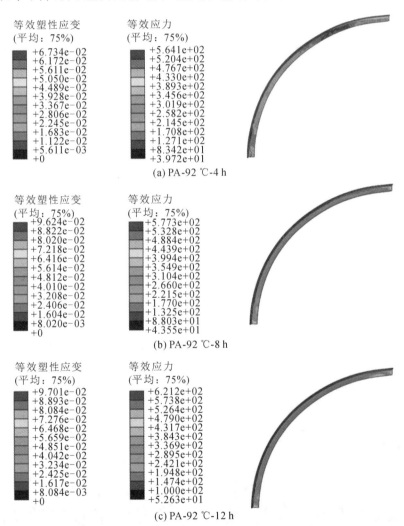

图 6-60 不同预强化时间下 7A09 铝合金火箭型框等效塑性应变及等效应力分布云图(有彩图)

6.6.3.2 铝合金火箭型框试制及力学性能测试

根据前期对 7A09 铝合金火箭型框拉弯成形工艺的有限元分析结果,最终确定的适宜工艺参数为:预拉量 1.1%、补拉量 2%、摩擦系数 0.1。本小节以此为基础对零件进行试验验证。

首先对原始 M 态坯料进行固溶淬火和预强化处理,预强化工艺参数为 PA-92 ℃-4 h,

得到预强化态坯料。如图 6-61 所示,用顶弯式拉弯成形试验机对坯料进行拉弯成形试验验证,并输入以上设定工艺参数,完成预拉-拉弯-补拉-回弹试验流程。

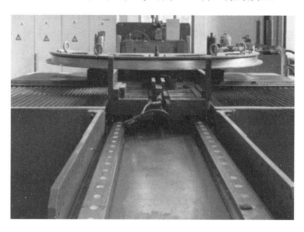

图 6-61　顶弯式拉弯成形试验机

在拉弯过程中,采用拉弯机夹钳对型材两端进行夹紧固定,设定运动位移轨迹以实现型材拉弯贴模过程,同时控制模具沿顶弯方向向前移动。型材在拉力和压力的作用下进行拉弯成形,对成形零件进行补拉后,释放两端夹钳和模具,使型材自由回弹,型材所受应力得到释放,通过测量回弹量来评定型材的形状精度,同时对型材立边和腹板部分进行测量,观察型材截面的缺陷和畸变。图 6-62(a)所示为拉弯成形后 7A09 铝合金火箭型框零件,零件整体形状保持较好,具有较高的尺寸精度,图 6-62(b)对型材端部截面形状进行了展示,端部未见明显缺陷,形状保持较好,由于型材两端被夹钳夹持,因此留有端部夹持余量。除此之外,型材零件的腹板部分也应保持较高的成形精度,与弦板部分应保持高度垂直,否则将出现截面畸变或塌陷等缺陷。图 6-62(c)中用直角钢尺对腹板部分的垂直度进行了测量,由图可见,腹板部分垂直度良好,与钢尺之间仅存在较小缝隙,贴合度较高,未见明显塌陷。综上所述,PHF 拉弯成形工艺能够有效运用于 7A09 铝合金火箭型框零件的拉弯成形,成形后零件的回弹量较小,截面形状良好,未见明显缺陷,能够保持较高的形状和尺寸精度,无须后续人工校形处理。

(a)拉弯成形后型框零件　　(b)零件夹持处端面截面形状　(c)零件腹板垂直度测量

图 6-62　7A09 铝合金火箭型框拉弯成形试验及验证

以上对 PHF 工艺下 7A09 铝合金火箭型框零件的成形精度进行了验证,但零件的力学性能也同等重要,因此我们还对拉弯成形后型框零件进行了力学性能测试。结合有限元分析结果,在型材弦板小变形量和大变形量位置处割取拉伸试样,借助电子万能试验机在室温下对试样进行拉伸试验,得到试样的工程应力-应变曲线,其抗拉强度、屈服强度以及伸长率如表 6-5 所示。结合《航空航天用铝合金挤压型材规范》(GJB 2507A—2015)相关要求,将规范中型材力学性能要求列入表中进行对比分析。由表可知,型材的各项力学性能远远高于标准要求,伸长率在 9% 以上,抗拉强度基本在 600 MPa 以上,屈服强度基本位于 500 MPa 以上。该结果再次验证了采用 PHF 拉弯成形工艺来成形 7A09 铝合金火箭型框的可行性。该工艺既满足了零件成形后力学性能要求,又保证了成形后截面形状和尺寸精度,避免了传统拉弯成形过程中因淬火而导致的截面翘曲和缺陷等问题,缩短了生产工序,提高了生产效率,能够有效运用于实际零件的生产过程。

表 6-5 成形后零件不同变形量位置处力学性能测试结果

试样编号	抗拉强度/MPa	屈服强度/MPa	伸长率/(%)
1	602±3	511±4	15.1±0.5
2	610±5	528±7	9.2±0.6
3	596±4	496±6	13.6±0.4
力学性能要求	≥500	≥440	≥6.0

第7章 高强铝合金热锻成形技术

7.1 高强铝合金热锻成形技术原理及特点

  铝合金热锻成形技术是将构件进行固溶保温-锻造-淬火-时效处理的一种成形工艺,该成形工艺将锻造成形与热处理结合,同时实现材料成形和组织性能控制,并省去传统工艺所需的锻后固溶保温炉设备和一次加热工序。
  相比于板材,汽车铝合金底盘构件往往具有更厚的截面和纵向深度,使用模内淬火工艺无法保证构件的淬透性,可能导致溶入铝基体的强化元素以粗大第二相的形式析出,导致材料力学性能下降。但是,如果优先将铝合金坯料固溶保温,并通过合理的冷却介质和工艺方法将锻造成形后的铝合金构件快速冷却至室温形成过饱和固溶体(supersaturated solid solution,SSSS),构件就无须再次进行固溶热处理,仅需人工时效处理即可获得良好的析出强化效果。对于汽车铝合金底盘构件而言,这种固溶-锻造-淬火-人工时效处理工艺的优势在于两个方面。第一,在传统工艺中铝合金构件受锻后固溶热处理影响产生表层粗晶,组织均匀性差。使用固溶-锻造-淬火-人工时效处理工艺,优先将坯料在固溶温度下保温形成固溶体并在锻造-淬火后形成时效所需的SSSS,避免了构件在锻后固溶热处理时发生二次再结晶或者异常晶粒生长(abnormal grain growth,AGG)诱发的构件表层粗晶。第二,相比于传统工艺,使用固溶-锻造-淬火-人工时效处理工艺可省去一次加热工序和一套加热装备,实现可热处理强化铝合金的短流程锻造成形。

7.2 铝合金热锻成形关键技术

  铝合金短流程成形过程中,坯料需要在一定温度下保温后进行塑性变形。成形过程中,坯料往往受传热介质、塑性功、摩擦热等因素的影响发生温度变化;同时,材料变形过程中的应变速率也会因变形量和模具型腔作用而发生变化。铝合金坯料在固溶保温后的变形行为决定了锻造复杂异形构件的难易程度。

7.2.1 高温应力应变关系

  依据单向压缩试验结果,绘制固溶后6082铝合金挤压棒在不同变形温度和应变速率条件下热压缩时的真实应力-应变曲线图,如图7-1所示。在所有变形条件下,流变应力在变形的初始阶段快速上升,表现出位错累积的加工硬化特征。随变形量的增加,流变应力达到峰值后进入稳态,表明此时材料内发生加工硬化与动态软化交互作用的高温动态软化现象。在这个过程中,材料内部位错密度不断增加,同时材料内部在动态软化作用下位错发生迁移、重排和湮灭,真实应力下降,流变应力曲线的斜率降低。在相同的变形温度下,应变速率越大,流变应力的峰值和稳态应力值越大,表现出显著的应变强化效应,说明材料在高应变速率下变形时,动态软化程度低,位错消耗量少;材料在低应变速率下变形时,动态软化程度高,位错消耗量多。在相同的应变速率下,变形温度越高,流变应力的峰值和稳态应力值越低,表明提升变形温度可以提升材料变形时的动态软化程度。当变形温度为固溶温度时,材料动态软化程度最高,对应的峰值应力最低,如图7-2(d)所示。

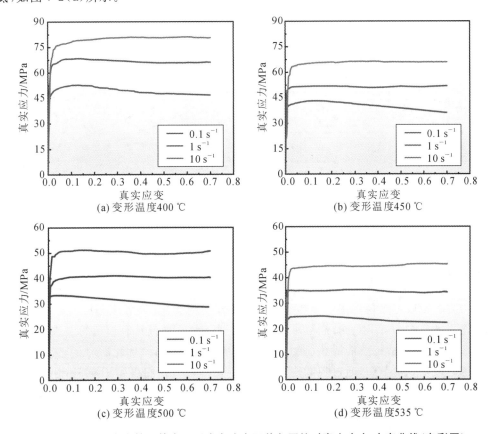

图 7-1 6082 铝合金挤压棒在不同应变速率下单向压缩时真实应力-应变曲线(有彩图)

由图7-2可知,在相同的压缩应变速率条件下,变形温度越高流变应力越小,表现出显著的高温软化效应。随变形温度的升高,位错迁移能力与空位活动能力提高,位错更易于发生交滑移和攀移,使流变应力下降。在 $0.1\ s^{-1}$ 应变速率条件下,材料动态软化程度随变形量的增加而增加,特别是在较低的变形温度条件下,如图7-2(a)所示。在应变速率为 $1\ s^{-1}$ 和 $10\ s^{-1}$ 条件下,流变应力进入稳态后基本保持稳定。这是由于在高应变速率条件下,位错增殖速率大于由动态回复(dynamic recovery, DRV)或动态再结晶(dynamic recrystallization, DRX)导致的位错湮灭或抵消的速率,因此流变应力增加。如图7-2(d)所示,根据变形条件下真实应力-应变曲线关系提取的稳态峰值应力与变形温度和应变速率具有相关性。

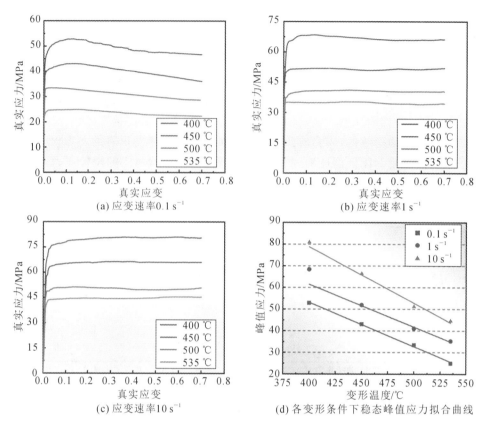

图 7-2 6082 铝合金挤压棒在不同变形温度下单向压缩时真实应力-应变关系曲线（有彩图）

7.2.2 高温本构关系

本构方程可以定量描述铝合金热变形过程中流变应力、变形温度和应变速率间的复杂关系。建立准确的 6082 铝合金高温本构方程,有助于利用数值计算模拟的方法预测铝合金锻造成形规律、判断成形所需锻压机的吨位、辅助优化模具设计、优化成形工艺、提高锻件成形质量等。在 7.2.1 节中,通过控制变形温度和应变速率,我们得到了 6082 铝合金单向压缩时真实应力-应变关系曲线,以此可以建立全变形条件下材料的本构方程。Arrhenius 方程被广泛应用于预测铝合金材料热变形过程中流变应力的变化,其双曲正弦方程可以有效描述不同变形参数条件下铝合金的真实应力-应变关系,尤其适用于描述稳态应力、温度与应变速率的关系,其数学表达式为

$$\dot{\varepsilon} = f(\sigma)\exp\left(\frac{-Q}{R_g T}\right) \tag{7-1}$$

式中:$f(\sigma)$可分别使用幂函数、指数函数和双曲正弦函数表达,用于表达低应力($\alpha\sigma<0.8$)、高应力($\alpha\sigma>1.2$)和全应力(所有 σ)水平状态下流变应力和应变速率的关系:

$$\dot{\varepsilon} = A_1 \sigma^{n_1} \exp\left(\frac{-Q}{R_g T}\right), \quad \alpha\sigma < 0.8 \tag{7-2}$$

$$\dot{\varepsilon} = A_2 \exp(\beta\sigma)\exp\left(\frac{-Q}{R_g T}\right), \quad \alpha\sigma > 1.2 \tag{7-3}$$

$$\dot{\varepsilon} = A[\sinh(\alpha\sigma)]^n \exp\left(\frac{-Q}{R_g T}\right), \quad 所有 \sigma \tag{7-4}$$

式中：$\dot{\varepsilon}$ 为应变速率(s^{-1})；σ 为流变应力(MPa)；Q 为激活能($J \cdot mol^{-1}$)；R_g 为气体摩尔常数，取为 $8.314\ J \cdot K^{-1} \cdot mol^{-1}$；$T$ 为变形温度(K)；A_1、A_2、A、α、n_1、n 和 $\beta(\beta=\alpha n_1)$ 为与材料相关的常数。对式(7-2)、式(7-3)和式(7-4)两边同时取自然对数，得

$$\ln\dot{\varepsilon} = \ln A_1 + n_1 \ln\sigma - \frac{Q}{R_g T} \tag{7-5}$$

$$\ln\dot{\varepsilon} = \ln A_2 + \beta\sigma - \frac{Q}{R_g T} \tag{7-6}$$

$$\ln\dot{\varepsilon} = \ln A + n\ln[\sinh(\alpha\sigma)] - \frac{Q}{R_g T} \tag{7-7}$$

当变形温度一定时，对式(7-7)中 $\dot{\varepsilon}$ 求偏导可得

$$n = \left\{\frac{\partial \ln\dot{\varepsilon}}{\partial \ln[\sinh(\alpha\sigma)]}\right\}_T \tag{7-8}$$

当应变速率不变时，对式(7-7)中 T^{-1} 求偏导可得

$$\frac{Q}{R_g n} = \left\{\frac{\partial \ln[\sinh(\alpha\sigma)]}{\partial(T^{-1})}\right\}_{\dot{\varepsilon}} \tag{7-9}$$

将式(7-8)代入式(7-9)可得

$$Q = R\left\{\frac{\partial \ln\dot{\varepsilon}}{\partial \ln[\sinh(\alpha\sigma)]}\right\}_T \cdot \left\{\frac{\partial \ln[\sinh(\alpha\sigma)]}{\partial(T^{-1})}\right\}_{\dot{\varepsilon}} \tag{7-10}$$

由此可知，当变形温度一定时，$\ln\dot{\varepsilon}$ 与 $\ln\sigma$、$\ln\dot{\varepsilon}$ 与 σ、$\ln\dot{\varepsilon}$ 与 $\ln[\sinh(\alpha\sigma)]$ 均呈线性关系；当应变速率一定时，$\ln[\sinh(\alpha\sigma)]$ 与 T^{-1} 呈线性关系。依据试验数据应力峰值做出它们的变化关系并进行拟合，结果如图 7-3 所示。依据上述方法求得 n_1 的均值为 9.9585，β 的均值为 0.21215，$\alpha=0.021303$，n 的均值为 7.4462，$Q=222.84\ kJ \cdot mol^{-1}$。

为进一步求解常数 A，引入 Z 参数：

$$Z = \dot{\varepsilon}\exp(Q/R_g T) \tag{7-11}$$

代入应变速率 $\dot{\varepsilon}$、变形温度 T 和激活能 Q 值可求得 Z 值。联立式(7-4)与式(7-11)得

$$Z = A[\sinh(\alpha\sigma)]^n \tag{7-12}$$

对式(7-12)两边取自然对数得

$$\ln Z = \ln A + n\ln[\sinh(\alpha\sigma)] \tag{7-13}$$

将前述计算结果代入式(7-13)并进行线性回归拟合，结果如图 7-4 所示。由此求得 $\ln A=34.925$，$A=1.4714\times 10^{15}$。

将计算得到的材料常数代入式(7-4)中，得到 6082 铝合金 Arrhenius 本构方程为

$$\dot{\varepsilon} = 1.4714\times 10^{15}[\sinh(0.021303\sigma)]^{7.4462}\exp\left(\frac{-222840}{8.314T}\right) \tag{7-14}$$

对式(7-14)求 $\dot{\varepsilon}(\sigma)$ 的反函数，得

$$\sigma = \frac{1}{\alpha}\ln\left\{\left(\frac{Z}{A}\right)^{\frac{1}{n}} + \left[\left(\frac{Z}{A}\right)^{\frac{2}{n}} + 1\right]^{\frac{1}{2}}\right\} \tag{7-15}$$

代入材料常数得

$$\sigma = 46.942\ln\left\{\left(\frac{Z}{1.4714\times 10^{15}}\right)^{0.13430} + \left[\left(\frac{Z}{1.4714\times 10^{15}}\right)^{0.26859} + 1\right]^{0.5}\right\} \tag{7-16}$$

其中：

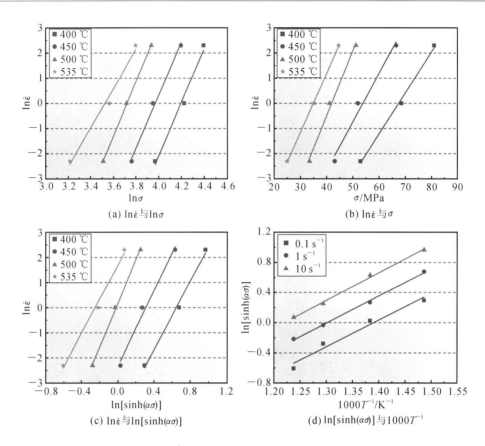

图 7-3 不同变形温度下 $\ln \dot{\varepsilon}$、$\ln \sigma$、σ、$\ln[\sinh(\alpha\sigma)]$、$1000T^{-1}$ 之间关系曲线(有彩图)

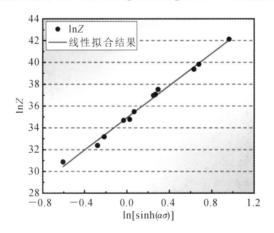

图 7-4 不同变形温度与应变速率下 $\ln Z$ 与 $\ln[\sinh(\alpha\sigma)]$ 关系曲线

$$Z = \dot{\varepsilon}\exp\left(\frac{222840}{8.314T}\right) \tag{7-17}$$

为定量判定拟合结果与试验结果的相关性和可靠性,引入平均修正自由度判定系数,即调整后的 R^2(adjusted R^2, Adj. R),去除变量数量对相关性分析的影响;同时引入平均相对误差(average absolute relative error, AARE)和均方根误差(average root mean square error, RMSE),逐项比较计算预测值与试验值的相对误差,评估预测模型或方程的准确性。Adj. R 越接近 1,AARE 和 RMSE 值越小,所建模型的预测性越良好。Adj. R、AAER 和

RMSE 的计算公式如下：

$$\text{Adj. R} = \left\{1 - \left[\frac{(1-R^2)(n_n-1)}{n_n-k-1}\right]\right\} \tag{7-18}$$

$$\text{AARE} = \frac{1}{N}\sum_{i=1}^{i=N}\left|\frac{y_E^i - y_P^i}{y_E^i}\right| \times 100\% \tag{7-19}$$

$$\text{RMSE} = \sqrt{\frac{1}{N}\sum_{i=1}^{N}(y_E^i - y_P^i)^2} \tag{7-20}$$

式中：n_n 表示数据集中的数据点数量；k 表示自变量的个数；N 为样本个数；y_E 为试验结果；y_P 为拟合结果；R 代表相关系数，表示试验数据与预测数据间的关联性，表达式为

$$R = \frac{\sum_{i=1}^{n_n}(y_E^i - \bar{y}_E)(y_P^i - \bar{y}_P)}{\sqrt{\sum_{i=1}^{n_n}(y_E^i - \bar{y}_E)^2 \sum_{i=1}^{n_n}(y_P^i - \bar{y}_P)^2}} \tag{7-21}$$

式中：$\bar{y}_E$ 和 $\bar{y}_P$ 分别为 y_E 和 y_P 的平均值。

图 7-5 为通过 Arrhenius 本构方程预测的峰值应力与试验峰值应力间的关系曲线。由拟合结果可得，Adj. R、AARE 和 RMSE 分别为 0.994、2.33% 和 1.30 MPa，认为试验结果与计算结果高度相关，表明该模型可以准确地预测 6082 铝合金高温流变应力的峰值应力随温度和应变速率的变化。

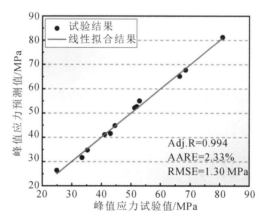

图 7-5 通过 Arrhenius 本构方程预测的峰值应力与试验峰值应力间的相关性结果

7.2.3 热加工图

除材料的化学成分、原始组织状态和前序加工状态外，铝合金材料的固有加工性还与变形工艺参数（如变形温度、变形速率和变形量等）紧密相关。通过 7.2.1 节中 6082 铝合金高温流变应力变化，可以分析材料在不同变形条件下的变形温度、应变速率和应变量的敏感性，并建立热加工图。

目前，热加工图主要分为基于原子模型的 Raj 加工图和基于 DMM 的热加工图。Raj 加工图基于以下 4 种原子活动机制建立：(1) 三角晶界点的楔形开裂；(2) 硬质点周围的空洞形核；(3) 绝热剪切带的形成；(4) DRX。但是 Raj 加工图的应用存在一定的局限性。首先，Raj 加工图适用于纯金属和组元简单的合金，对于复杂合金并不适用；其次，建立 Raj 加工图涉及较多原子活动机制，需要确定大量基本参数；最后，Raj 加工图只能建立几种典型

过程的原子模型,并不适用于所有变形机制。Prasad 和 Gegel 等人依据大塑性变形连续介质力学、物理系统模拟和不可逆热力学理论,将施加外力的设备、模具和工件视为热力学封闭系统,提出并建立动态材料模型(dynamic material model,DMM)。该模型将外界输入的能量(即力所做的功)与材料塑性变形中的能量消耗联系起来。因此,在评价材料热加工性能时基于 DMM 的热加工图得到广泛应用。

在基于 DMM 的热加工图中,材料热成形时外界输入的总能量 P 被分为耗散量 G 和耗散协量 J,其中 G 代表热变形过程中耗散的能量,主要以热能的形式耗散,小部分以晶体缺陷能的形式储存;J 代表各类冶金机制耗散的能量,在铝合金中主要以 DRV、DRX 和相变等微观组织演化的形式耗散。P 与 G 和 J 间的关系可表达为流变应力 σ 和应变速率 $\dot{\varepsilon}$ 的函数:

$$P = \sigma \cdot \dot{\varepsilon} = G + J = \int_0^{\dot{\varepsilon}} \sigma \mathrm{d}\dot{\varepsilon} + \int_0^{\sigma} \dot{\varepsilon} \mathrm{d}\sigma \tag{7-22}$$

在变形温度和应变恒定的条件下,流变应力 σ 和应变速率 $\dot{\varepsilon}$ 的关系可表述为

$$\sigma = K(\dot{\varepsilon})^m \tag{7-23}$$

式中:K 是与材料相关的系数;m 是应变速率敏感指数,可被认为是 G 与 J 间的分配系数,表达式为

$$m = \frac{\partial(\ln\sigma)}{\partial(\ln\dot{\varepsilon})}\bigg|_{\varepsilon,T} \tag{7-24}$$

将式(7-23)代入式(7-22)中可得

$$P = G + J = \int_0^{\dot{\varepsilon}} K(\dot{\varepsilon})^m \mathrm{d}\dot{\varepsilon} + \int_0^{\sigma} \left(\frac{\sigma}{K}\right)^{1/m} \mathrm{d}\sigma = \frac{\sigma\dot{\varepsilon}}{m+1} + \frac{\sigma\dot{\varepsilon}m}{m+1} \tag{7-25}$$

若材料处于理想的线性耗散状态,应变速率敏感指数 $m=1$,此时耗散协量 J 的最大值为

$$J_{\max} = \frac{P}{2} = \frac{\sigma \cdot \dot{\varepsilon}}{2} \tag{7-26}$$

一般情况下,材料在热成形过程中并不会处于理想的线性耗散状态。为描述铝合金材料在热变形过程中微观组织演化引发的能量消耗占最大耗散协量的比例,引入功率耗散率 η,其表达式为

$$\eta = \frac{J}{J_{\max}} = \frac{2m}{m+1} \tag{7-27}$$

将 η 值绘制于材料的温度和应变速率关系的二维平面中,并将相同 η 值连接,即可获得材料的功率耗散图。当材料微观组织演化中功率耗散比例较大时,η 值也较大,表明材料具有更优异的可热加工性能。

依据动态材料模型,流动失稳参数可用于表达流动失稳的条件,如式(7-28)所示。由式(7-28)绘制流动失稳参数 $\xi(\dot{\varepsilon})$ 与变形温度和应变速率相关的函数图,构建材料热成形失稳图。在失稳图中,$\xi(\dot{\varepsilon})$ 处于负值的区域表明材料热成形易发生动态失稳,因此需要尽量避免材料在加工过程中的热工艺参数处于此区域内。

$$\xi(\dot{\varepsilon}) = \frac{\partial \ln\left(\frac{m}{m+1}\right)}{\partial \ln\dot{\varepsilon}} + m \tag{7-28}$$

叠加功率耗散图和失稳图即可获得 6082 铝合金在固定应变下的热加工图。铝合金的成形工艺设计应使功耗效率高(功率耗散率大),同时避免材料处于失稳状态。

7.2.4 功率耗散图

依据应变速率敏感指数 m 计算式(7-24)和功率耗散率 η 计算式(7-27),结合7.2.1节中 6082 铝合金高温流变应力数据及模型,分别建立 6082 铝合金在应变为 0.1、0.3、0.5、0.7,以及变形温度为 400~535 ℃、应变速率为 0.1~10 s^{-1} 条件下基于 DMM 的功率耗散图,如图 7-6 所示。由图 7-6(a)和(b)可以看到,在低应变条件下,6082 铝合金在高温变形中的功率耗散率显著高于低温变形时的功率耗散率,说明在低应变条件下材料更容易在高温变形中发生微观组织演化引发的功率耗散。由图 7-6(c)和(d)可知,随着应变量增加至 0.5 和 0.7,6082 铝合金在各变形温度和应变速率条件下的功率耗散率显著上升,表明变形量可以显著促进材料在变形时发生功率耗散。其中在高温(535 ℃)和低应变速率(0.1 s^{-1})条件下功率耗散率最高,表明材料在该变形条件下更容易发生能量耗散;在低温(400 ℃)和高应变速率(10 s^{-1})条件下的功率耗散率仍然较低。

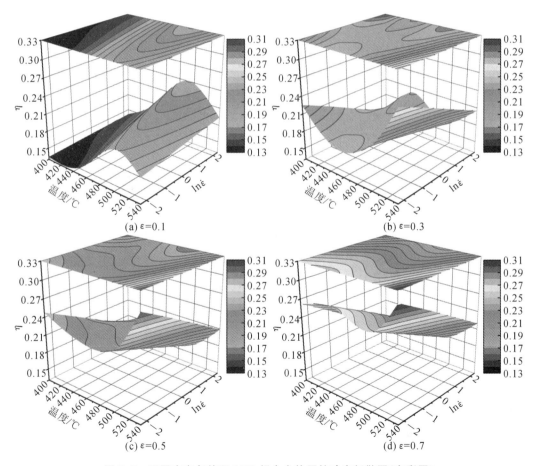

图 7-6　不同应变条件下 6082 铝合金热压缩功率耗散图(有彩图)

7.2.5 失稳图

依据流动失稳参数 $\xi(\dot{\varepsilon})$ 的计算式(7-28),以及应变速率敏感指数 m 和功率耗散率 η,

构建 6082 铝合金在应变为 0.1、0.3、0.5 和 0.7，变形温度为 400~535 ℃，应变速率为 0.1~10 s^{-1} 等变形条件下的热压缩失稳图，如图 7-7 所示。由图 7-7(a) 和图 7-7(b) 可知，在应变量为 0.1 和 0.3 时，$\xi(\dot{\varepsilon})$ 在各变形温度和应变速率下均大于 0，且当应变量从 0.1 增加至 0.3 时，$\xi(\dot{\varepsilon})$ 值呈明显下降趋势。当应变量提高至 0.5 时，在低变形温度（400~410 ℃）、高应变速率（4~10 s^{-1}）条件下存在 $\xi(\dot{\varepsilon})<0$ 的不稳定区域，如图 7-7(c) 所示。当应变从 0.5 增加至 0.7 时，$\xi(\dot{\varepsilon})<0$ 的不稳定区域面积增大，如图 7-7(d) 所示，说明 6082 铝合金不适宜在这些变形条件下进行热成形。在应变为 0.7 的条件下，$\xi(\dot{\varepsilon})$ 值随变形温度的降低、应变速率的提升而逐渐降低，其中 $\xi(\dot{\varepsilon})$ 最大值出现在变形温度为 535 ℃、应变速率为 0.1 s^{-1} 的变形条件下。

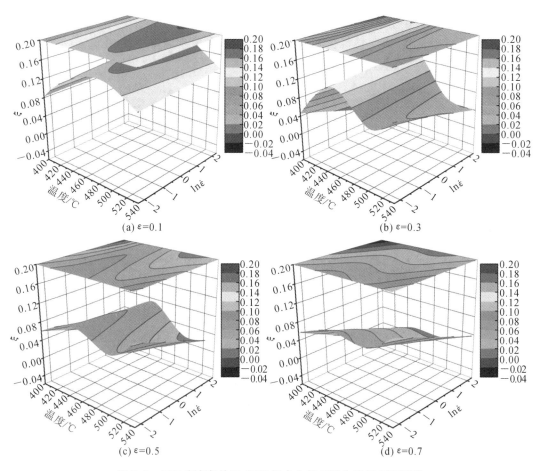

图 7-7　不同应变条件下 6082 铝合金热压缩失稳图（有彩图）

7.2.6　6082 铝合金热加工图

将图 7-6 所示的 6082 铝合金功率耗散图的二维投影图，与图 7-7 所示的 6082 铝合金失稳图的二维投影图进行叠加，获得如图 7-8 所示的不同应变条件下 6082 铝合金的热加工图。热加工图中黑色等高线上所示的数字为功率耗散率 η 的值，灰色区域代表 $\xi(\dot{\varepsilon})<0$ 的不稳定变形区域，其他区域为安全工艺参数区。由图 7-8(a) 和 (b) 可知，应变小于 0.3 时没

有发生动态失稳,η 最大值为 0.27。应变为 0.5 时,动态失稳区域面积较小,对应的失稳工艺参数范围为 400~405 ℃/3.76~10 s^{-1},η 值为 0.17~0.18;安全变形区域对应的工艺参数范围为 400~405 ℃/0.1~3.76 s^{-1} 和 405~535 ℃/0.1~10 s^{-1},η 值最大为 0.29,如图 7-8(c)所示。应变为 0.7 时,动态失稳区域对应的失稳工艺参数范围为 400~430 ℃/1.42~10 s^{-1},η 值为 0.17~0.20;安全变形区域对应的工艺参数范围为 400~430 ℃/0.1~1.42 s^{-1} 和 430~535 ℃/0.1~10 s^{-1},η 值最大为 0.31,如图 7-8(d)所示。6082 铝合金发生固溶-热变形时,在低温和高应变速率条件下发生动态失稳的可能性明显高于在高温和低应变速率条件下,材料内组织演化导致的功率耗散程度较低。随着应变从 0.3 增加至 0.7,各变形条件下的 η 值逐渐增加,且峰值 η 逐渐向高温(535 ℃)和低应变速率(0.1 s^{-1})迁移,说明固溶-热变形时 6082 铝合金内部组织演化程度随变形量的增加而提升,且高变形温度和低应变速率更有利于促进变形时的微观组织演化。在 535 ℃/0.1 s^{-1} 条件下,材料变形时的 η 值从 0.18 逐渐提升至最高值 0.31,微观组织演化程度最高。值得注意的是,当材料固溶后直接变形,即变形温度为 535 ℃ 时,η 值整体较高,在应变为 0.7 时,η 值范围为 0.22~0.31,表现出良好的加工性能。

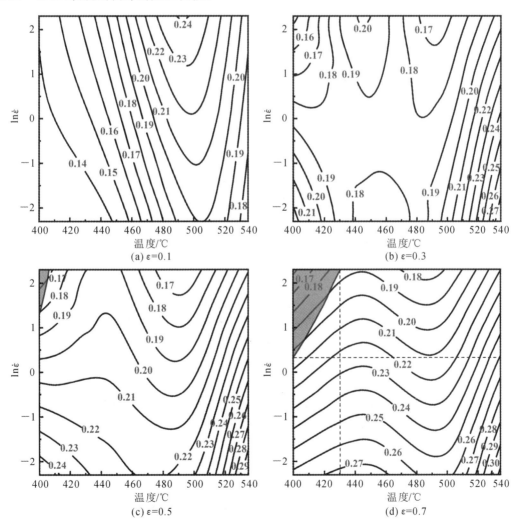

图 7-8 不同应变条件下 6082 铝合金热加工图(其中灰色区域为失稳区)

7.3 高强铝合金轻量化构件热锻案例分析

7.3.1 汽车铝合金下推力杆支架短流程热锻成形试验

7.3.1.1 铝合金下推力杆支架热锻成形有限元分析

汽车铝合金底盘构件在锻造过程中,其坯料受复杂热-力耦合场作用,变形行为复杂。由于模具型腔和坯料的接触状态不同,温度、应变速率和应变量等关键变量变化剧烈。在实际锻造过程中探究汽车铝合金底盘构件的锻造成形过程较为困难,需要进行多场耦合作用下汽车铝合金底盘构件的热锻成形数值模拟分析。本节以某车型底盘下推力杆支架为例,介绍 6082 铝合金热锻成形有限元模型的建模过程。下推力杆支架的功能是在推力杆运行过程中对其进行紧固和支撑,主要用于载重商用车的后桥中。该铝合金底盘构件的三维模型如图 7-9(a)所示,其长度为 225.97 mm,宽度为 203.00 mm,高度为 108.00 mm。热锻共分为预锻和终锻两个工序,在同一模具中完成,锻造模具如图 7-9(b)所示。锻造中,下推力杆支架的主要塑性变形发生于预锻工序,终锻工序完成局部塑性变形。该底盘构件的成形特点是中间支撑区域变形量大、应变速率高。同时,中心区域与模具间接触时间长,构件表层温度变化幅度大,将作为重点区域进行后续研究分析。

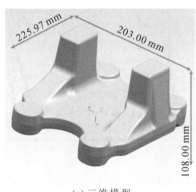 

(a) 三维模型　　　　　　　　　(b) 锻造模具

图 7-9　6082 铝合金下推力杆支架

基于 Deform-3D 有限元数值模拟软件建立汽车铝合金底盘下推力杆支架热锻成形有限元模型,如图 7-10 所示。

坯料为 6082-F 态铝合金挤压棒,直径为 110 mm,长度为 160 mm。材料模型采用本书 7.2 节中获得的 6082 铝合金高温流变应力数据。挤压棒坯料被设置为塑性体并被赋予 2×10^5 个相对网格。按照实际生产中模具预热与保温方法,模具采用 H13 锻造模具钢制作,在模型中将模具设置为刚体,模具的预热温度为 150 ℃,上下模均被赋予 1.5×10^5 个相对网格,主要用于计算下推力杆支架变形过程中的热交换。为优化网格分布并提高计算效率,将模具切分为预锻模具和终锻模具,并将模具中非变形型腔部分切除。为对比传统热锻工艺和短流程工艺条件下铝合金底盘下推力杆支架的成形性,结合实际生产热锻工艺参数和短流程热锻工艺参数,分别设置铝合金坯料的锻造温度为 500 ℃ 和 535 ℃。依据实际锻造中所采用的压力机的实际工况,设置锻造速度为 400 mm/s,数据采集和保存的间隔为 1 mm/

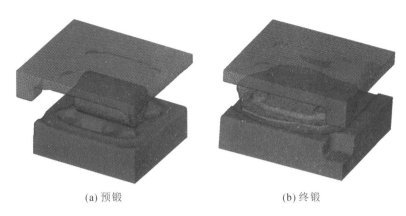

(a) 预锻　　　　　　　　　(b) 终锻

图 7-10　6082 铝合金下推力杆支架有限元模型（有彩图）

步，分别建立 6082 铝合金下推力杆支架的预锻和终锻有限元模型。在预锻中，坯料横置于模具中，采用上模具单向加载。将完成预锻的工件数据与几何特征输入至终锻模型中作为终锻坯料，落料采用自由落体的方式模拟坯料在模具间移动时的落料方式。主要的热锻工艺参数如表 7-1 所示。

表 7-1　6082 铝合金底盘下推力杆支架热锻工艺参数

锻造工艺	坯料温度/℃	模具温度/℃	环境温度/℃	热导率/[W/(m·K)]	摩擦系数
传统工艺	500	150	20	11	0.25
短流程工艺	535				

汽车铝合金下推力杆支架的热锻成形过程复杂，温度和应变速率等关键变量发生明显变化。图 7-11 是 6082 铝合金下推力杆支架在短流程热锻工艺条件下预锻工序的有限元模拟横向切面图。由图 7-11(a)可以观察到，在变形初期，铝合金坯料的心部优先发生塑性变形，应变速率显著提升。预锻结束时，构件塑性变形程度分布不均匀。其中，图 7-11(b)中实线框所示的中心区域的等效应变差异大，构件表层受模具型腔的影响，金属流动性差。构件中心区域的内部金属流动剧烈，在锻造过程中持续向模具型腔的其他区域流动，等效应变高。构件的头部区域等效应变也存在差异，其内部的等效应变值小于表层，可能导致构件微观组织的差异。但是头部区域是机械加工区域，表层材料会被切削，如图 7-11(b)中虚线框所示。依据图 7-11(c)中实线框所示的等效应变速率分布，可以观察到构件中心区域在预锻结束时的应变速率高。由于该区域在整个预锻过程中都与下模具紧密贴合，因此表层温度下降剧烈，如图 7-11(d)所示。通过前文的分析结果，6082 铝合金锻造过程中材料温度、变形量和应变速率的变化均会导致材料力学性能的改变。基于此，后文将重点研究构件中心区域的各项性能参数变化规律。

总体而言，依据数值模拟结果可以明确，采用短流程热锻工艺和传统热锻工艺均可得到型腔填充完整的 6082 铝合金下推力杆支架，说明 6082 铝合金成形性良好。图 7-12 和图 7-13 分别展示了短流程热锻工艺条件下 6082 铝合金下推力杆支架预锻和终锻有限元模拟结果图。铝合金坯料与模具间的接触情况决定了构件温度的分布情况，如图 7-12(a)和图 7-13(a)所示。构件中心区域的表层与内部温度差异十分明显，主要是由于构件中心区域与

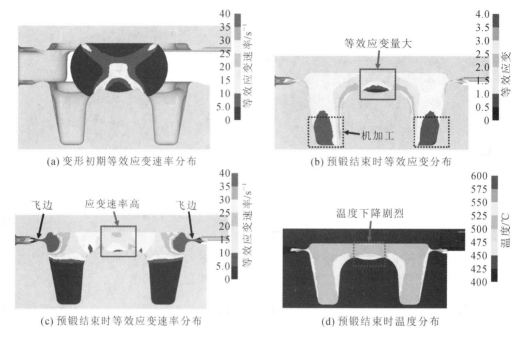

图 7-11 短流程热锻工艺条件下 6082 铝合金下推力杆支架预锻工序有限元模拟横向切面图(有彩图)

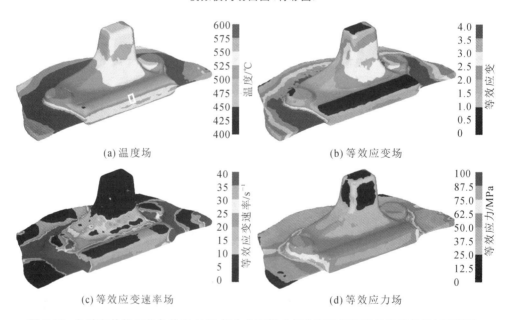

图 7-12 短流程热锻工艺条件下 6082 铝合金下推力杆支架预锻有限元模拟结果(有彩图)

上下模具接触时间长,发生了显著的热交换,构件中心区域的表层温度在变形过程中剧烈下降。如图 7-12(b)所示,虽然中心区域的表层在预锻过程中也发生了塑性变形,但是受摩擦力的影响,表层变形量小,且等效应变速率和等效应力较低,如图 7-12(c)和(d)所示,因此与模具间热交换发生的温度损耗明显高于摩擦功产生的升温,导致构件表层温度从初始的 535 ℃下降至 450~500 ℃。在终锻过程中,构件中心区域发生明显塑性变形,受塑性功和摩擦功的影响,表层温度上升至 500~525 ℃,如图 7-13(a)所示。在变形结束时,构件中心

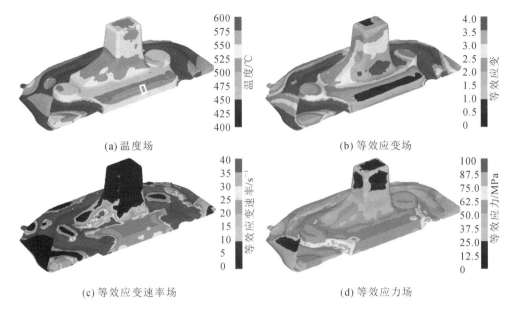

图 7-13 短流程热锻工艺条件下 6082 铝合金下推力杆支架终锻有限元模拟结果（有彩图）

区域表层的应变量比内部低，如图 7-13(b)所示，而等效应变速率和等效应力基本相近，如图 7-13(c)和(d)所示。采用短流程热锻工艺参数成形铝合金下推力杆支架时容易发生热量交换，如果成形时间过长，会导致构件表层温度降低，还会影响构件淬火后的固溶度，降低 SSSS 浓度使力学性能下降。但是，锻造过程中应变速率高，变形量大，有可能促进细晶强化或位错强化效果，这些将在后续章节中分析。

值得注意的是，下推力杆支架的头部也发生了明显的热交换，在塑性功和摩擦功的作用下，表层温度明显上升，接近于 6082 铝合金固溶温度的极限。这是由于这些区域在变形过程中受模具挤压后产生摩擦，构件温度提升。同时，材料在高温变形时的流动应力会随温度的升高而降低，变形抗力也随之降低，因此也表现出良好的模具型腔填充完整性。结合图 7-12 及图 7-13 所示的有限元模拟结果，可以认为这种表层温度上升向构件内部延伸的程度并不高，且高温区域会在后续机械加工过程中被去除。考虑到高温有可能导致构件头部发生过烧，后续分析中也将考察此处的微观组织。依据有限元结果，采用坯料温度为 500 ℃ 的传统锻造工艺成形的下推力杆支架也获得了相似的变形规律，不再赘述。

7.3.1.2 铝合金下推力杆支架锻造成形试验

上一小节通过热锻成形有限元模拟，分析了传统锻造工艺和短流程热锻工艺条件下 6082 铝合金下推力杆支架的成形性与关键变量的分布情况，可以认为两种工艺条件均可以实现 6082 铝合金下推力杆支架的热锻成形。除初始坯料温度的差异之外，短流程热锻工艺和传统锻造工艺的锻后冷却方式以及锻后热处理工艺有明显差别。本小节结合构件尺寸和生产实践经验，制定汽车铝合金下推力杆支架试制所需的关键工艺参数，再分别采用短流程热锻工艺和传统锻造工艺生产试制 6082 铝合金下推力杆支架，对比分析短流程热锻工艺与传统锻造工艺条件下 6082 铝合金下推力杆支架的成形性。

采用合作单位建立的铝合金锻造生产线试制 6082 铝合金下推力杆支架，如图 7-14 所示。该锻造生产线主要包括辊底式加热炉，功率为 360 kW，用于锻前坯料加热和保温；锻造压力机，用于热锻成形；固溶保温炉，用于构件固溶热处理，功率为 460 kW；淬火池，用于构件淬火;时效炉,功率为 230 kW,用于构件人工时效处理。

(a) 辊底式加热炉和压力机

(b) 固溶保温炉、淬火池和时效炉

图 7-14 6082 铝合金下推力杆支架锻造成形装备

分别设计短流程热锻工艺和传统锻造工艺流程及参数,如图 7-15 所示。在短流程热锻工艺中,首先将 6082 铝合金挤压棒送入辊底式加热炉中,炉温为 535 ℃,保温时间为 3 h;然后将保温后的坯料立即转移至锻造压力机的模具中进行预锻、终锻和切边,并立即水淬形成 SSSS;最后对水淬后的构件进行人工时效处理,时效温度为 180 ℃。控制构件移送至时效炉和转移出时效炉的时间间隔为 8 h;锻造工序间转移时间不超过 10 s;坯料从辊底式加热炉中取出与坯料放入淬火池的时间间隔约为 25 s。所生产的构件数量大于 100 件,随机挑选 5 件用于后续微观组织分析和力学性能测试。其中,固溶保温时间依据棒料直径和构件最大截面处厚度参考标准 YS/T 591—2017 制定为 3 h。锻造前使用加热棒将模具加热至 150 ℃,每次成形前通过喷枪将水基石墨喷涂于模具型腔中,用于润滑和脱膜。

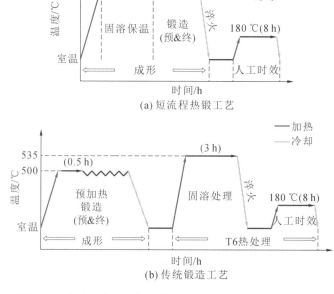

图 7-15 汽车铝合金下推力杆支架热锻成形工艺流程示意图

考虑到构件截面厚度较大,而且人工时效处理是以批量放入的形式将构件放入 180 ℃ 的环境中进行保温,构件升温速度缓慢,保温 6 h 可能导致构件无法获得峰值时效强化效果。因此,将短流程工艺参数中的时效时间从保温 6 h 改为保温 8 h,即构件移送至时效炉与构件转移出时效炉的时间间隔为 8 h,使构件在时效炉中充分加热和保温以实现峰值析出强化。

在传统锻造工艺中,如图 7-15(b)所示,首先将铝合金棒料移送至温度设定为 500 ℃ 的辊底式加热炉中保温 0.5 h 以上,使坯料充分预热,保证良好的热塑性;然后将加热后的坯料转移至锻造压力机的模具中进行预锻、终锻和切边,锻造后自然冷却;再将冷却后的构件转移至固溶保温炉中进行固溶热处理,固溶温度为 535 ℃,保温时间为 3 h,固溶后立即水淬;最后将固溶后的构件转移至时效炉中进行人工时效处理,时效温度为 180 ℃,时效时间为 8 h。所生产的构件数量大于 100 件,随机挑选 5 件用于后续微观组织分析和力学性能测试。

本节采用一般的透射电镜(transmission electron microscopy,TEM)和高分辨率的透射电镜(high resolution transmission electron microscope,HRTEM)观察分析 6082 铝合金的人工时效强化效果。

图 7-16 为采用上述短流程热锻工艺参数锻造成形的 6082 铝合金下推力杆支架以及所建立的热锻有限元模型。图 7-16(a)展示了实际生产中的锻造模具、锻造件、锻造飞边和构件三维模型,构件成形质量较好,没有出现开裂、折叠或型腔填充不满等锻造缺陷。机械加工后的构件如图 7-16(b)所示,经过构件尺寸检测,认为经过锻造和机械加工的零件的尺寸符合图纸要求。对比热锻有限元模拟结果和实际锻造生产结果,可以验证热锻有限元模型的准确性,如图 7-16(c)和(d)所示。

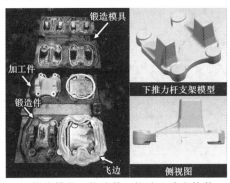

(a) 锻造模具、锻造件、锻造飞边和构件三维模型

(b) 机械加工态

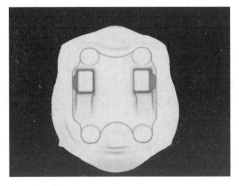

(c) 传统锻造工艺有限元模拟结果

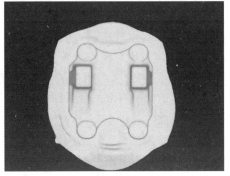

(d) 短流程热锻工艺有限元模拟结果

图 7-16　汽车铝合金下推力杆支架

此外,应用短流程热锻工艺时,只需在锻前使用辊底式加热炉加热铝合金坯料,无须使用锻后固溶保温炉和相应的转移装置,因此减少了工业化条件下所需的生产装备。同时,采用短流程热锻工艺减少了一次加热工序,将传统锻造工艺中坯料预热变更为锻前固溶保温。按照各加热设备的功率结合加热时间,估算使用传统锻造工艺和短流程热锻工艺生产下推力杆支架所需的额定功耗,分别为 3400 kW·h 和 2920 kW·h。相比于传统锻造工艺,采用短流程热锻工艺时功耗降低 14.1%。

7.3.1.3 铝合金下推力杆支架微观组织分析

依据模锻有限元模拟分析,6082 铝合金下推力杆支架的头部和中心区域在热锻过程中与模具发生了剧烈的热交换,构件表层与内部的温度差较大,可能导致不同的微观组织演化结果。对此,随机选取短流程工艺和传统工艺锻造的 6082 铝合金下推力杆支架,分别在头部区域和中心区域切取样品,分析其微观组织,取样位置如图 7-17 所示。其中,区域 1 为支架头部区域,区域 2 为支架中心区域。图 7-17 还给出了采用两种工艺生产的 6082 铝合金下推力杆支架的区域 1 和区域 2 的光学显微镜(OM)图。

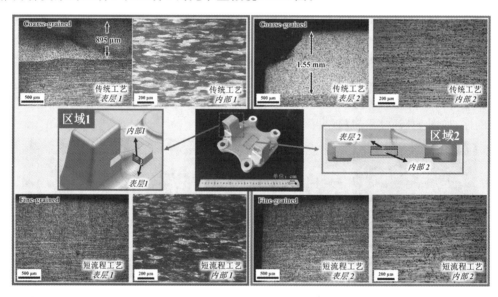

图 7-17 采用短流程热锻工艺和传统锻造工艺生产的 6082 铝合金下推力杆支架 OM 图

可以观察到,采用传统工艺生产的构件的区域 1 和区域 2 均生成了不同深度的表面粗晶(coarse-grained)层,区域 1 表层的粗晶层深度为 895 μm,区域 2 表层的粗晶层深度为 1.55 mm,粗晶层与内部细晶(fine-grained)间存在明显的分界线。采用短流程热锻工艺生产的构件的表层没有出现粗晶,晶粒尺寸均匀,表明采用短流程热锻工艺可以有效抑制构件表层粗晶的萌生。采用短流程和传统工艺生产的构件的内部晶粒尺寸没有明显差异。对比区域 1 和区域 2,除构件表层粗晶层深度的差别外,构件内部的晶粒尺寸也有明显差异。依据前文所述的锻造成形有限元分析结果可知,区域 1 内部等效应变小,变形后的晶粒呈横向纤维状。区域 2 内部等效应变大,晶粒呈横向板条状,晶粒间距小,晶粒平均尺寸 $\bar{D}$ 相对较小,与经过大变形量压缩的材料晶粒结构相似。综合上述分析可以明确,通过传统锻造工艺和短流程热锻工艺生产的汽车下推力杆支架的微观组织有显著差异。其中,由传统锻造工艺生产的构件,其中心区域存在明显的表层粗晶和内部细晶,晶粒尺寸差异比构件的头部区域更大。因此,后文将以区域 2 为研究对象,分析构件微观组织的差异性及其引发的力学性能差异。

图 7-18 给出了不同工艺状态下的 6082 铝合金微观组织结构 OM 图。由图 7-18(a)～

(c)可知,6082-F 态铝合金挤压棒的表层存在最大深度为 376 μm 的粗晶层。这种粗晶结构在棒材挤出过程中产生,即周边粗晶(peripheral coarse grain,PCG)结构。Eivani 等人认为在铝合金挤压过程中,棒材表层已经发生完全再结晶的晶粒会继续长大,最终的形态即为异常晶粒长大(abnormal grain growth,AGG)造成的粗晶结构。一般而言,受工件与模具间摩擦作用的影响,棒材表层变形量较低,形变产生的储能也较低;相比而言,棒材内部变形量大,变形充分,形变储能高。在高温的影响下,形变产生的储能(主要由位错产生)释放,位错

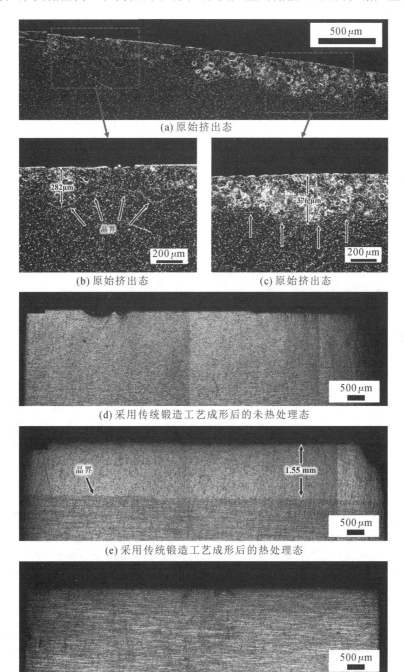

图 7-18 不同工艺状态下 6082 铝合金微观组织结构 OM 图

迁移和重排,具有低储能晶粒的晶界持续吸收位错,以合并的形式由表层向内部延伸,形成内部无位错的大尺寸再结晶晶粒,即 PCG 结构。PCG 结构在后续热锻过程中会发生改变。下面结合 EBSD 测试结果,分析不同工艺对 6082 铝合金微观组织演化的影响。

由图 7-18(d)可知,经传统锻造工艺生产的 6082 铝合金下推力杆支架的中心区域并没有在锻造后产生表层粗晶。然而,经过固溶和时效处理后,构件中心区域的晶粒显著粗化,如图 7-18(e)所示。图 7-19 给出了这些粗晶结构的 EBSD 测试(步长 1 μm)数据。由图可知,构件表层粗晶的晶粒平均尺寸 $\bar{D}$ 达 670 μm,大角度晶界(high angle grain boundary, HAGB)占比 f_{HAGB} 高达 71.7%,平均晶界取向差为 31.2°,相邻粗晶间的晶界为大角度晶界,粗晶内都没有局部晶界取向差差异,呈无畸变状态,表明锻后热处理促进了 AGG 的发生,使构件表层晶粒显著粗化。Birol 等人阐述了 AGG 的产生机理,构件表层晶粒在锻后固溶热处理过程中受持续高温影响发生 SRX(静态再结晶),具有低形变储能的表层晶粒的晶界向内部高形变储能的区域迁移,以吞并的形式生成具有 HAGB 的大尺寸晶粒。

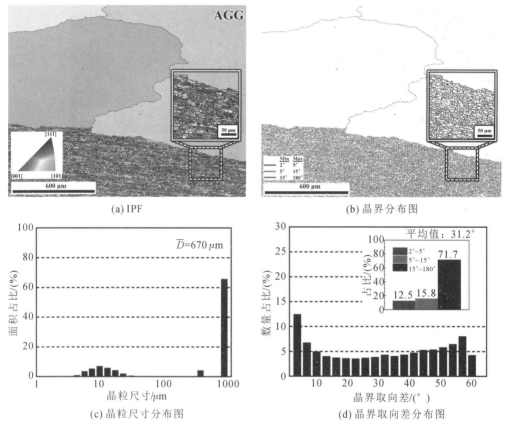

图 7-19 经传统锻造工艺生产的 6082 铝合金下推力杆支架中心区域表层晶粒结构的 EBSD 测试结果(有彩图)

在短流程热锻工艺中,构件淬火后只进行人工时效处理,由于时效温度远低于材料 SRX 和 SRV(静态回复)所需要的温度,变形组织得以完整保存。因此,经过短流程热锻工艺成形的 6082 铝合金下推力杆支架并没有产生由 SRX 引发的表层粗晶,如图 7-18(f)和图 7-20 所示,其表层粗晶的晶粒平均尺寸 $\bar{D}$ 为 44 μm,f_{HAGB} 为 56.7%。

此外,第二相颗粒对晶界的钉扎作用也不容忽视。传统锻造工艺中的锻后固溶热处理会使基体中弥散分布的第二相颗粒部分溶解至基体中,形成固溶体。如 Humphreys 提到

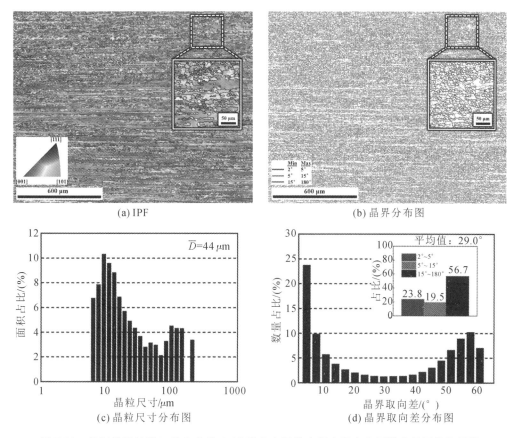

图 7-20 经短流程热锻工艺生产的 6082 铝合金下推力杆支架中心区域表层晶粒结构的 EBSD 测试结果(有彩图)

的,第二相颗粒的溶解降低了其对晶界的钉扎作用,HAGB 在 SRX 过程中迁移阻力降低,更容易与周围晶粒结合导致晶粒粗化。图 7-21 展示了经传统工艺锻造未热处理构件的 SEM 图和对应的 EDS 能谱图。除 $Al_{12}(Fe,Mn)_3Si$ 弥散相颗粒之外,可以观察到在 Al 基体和晶界处弥散分布的 Mg_2Si 相,如图中椭圆圈所示。这些相会在固溶热处理过程中溶解至 Al 基体中形成固溶体,降低晶界的钉扎效果,有利于表层晶粒在固溶热处理过程中发生 AGG。

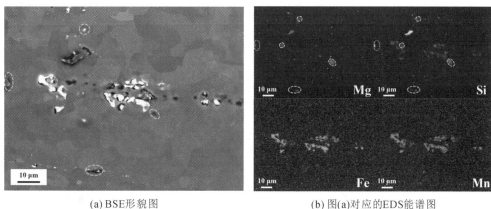

图 7-21 经传统工艺锻造未热处理的 6082 铝合金下推力杆支架 SEM 图(有彩图)

经传统锻造工艺和短流程热锻工艺生产的构件,其内部晶粒结构没有明显差异,如图7-22所示,均为横向板条状结构。材料锻造过程中的加载路径与单向压缩的加载路径类似,因此晶粒的宏观形态相似。锻造过程中,坯料中心区域在模具加压过程中发生塑性变形,原始纤维状晶粒在上模具进给过程中被压缩变形,HAGB沿锻压方向逐渐迁移。对比不同工艺和不同处理状态下构件的内部晶粒,表明锻后固溶热处理并没有显著改变构件内部的晶粒形态。

(a) 传统工艺锻造未热处理态

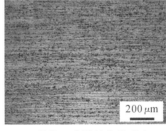
(b) 传统工艺锻造热处理态

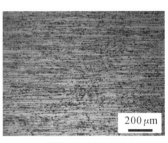
(c) 短流程工艺成形态

图7-22 采用传统工艺和短流程工艺成形的6082铝合金下推力杆支架内部晶粒OM图

在锻后固溶热处理过程中,表层晶粒受持续高温的影响发生了SRX。为了更加清晰地展示不同工艺对下推力杆支架内部组织的影响,使用EBSD对内部晶粒进行分析。由图7-23可知,经传统工艺锻造的下推力杆支架内部晶粒呈横向板条状,混合了大量具有

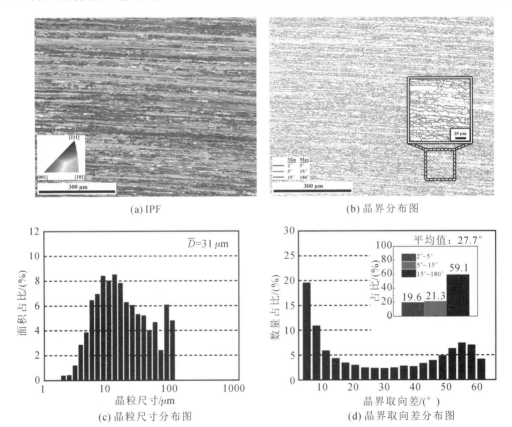

图7-23 采用传统锻造工艺成形的6082铝合金下推力杆支架中心区域内部晶粒结构的EBSD测试结果(有彩图)

HAGB 的细小再结晶晶粒,晶粒平均尺寸 $\bar{D}$ 为 31 μm,比表层晶粒小 95.4%。内部晶粒的晶界以 HAGB 为主,占比为 59.1%,平均晶界取向差为 27.7°,均小于表层,说明经传统工艺锻造的下推力杆支架的内部虽然也发生了再结晶,但是再结晶程度小于表层。相比之下,经短流程热锻工艺生产的下推力杆支架内部晶粒虽然也呈横向板条状,晶粒平均尺寸相差不大,$\bar{D}$ 为 33 μm,但是再结晶程度低于经传统锻造工艺生产的构件,如图 7-24 所示。可以在图 7-24(b)中白色线框所示区域发现由变形引发的局部晶界取向差差异,即在相互平行的 HAGB 中混合部分具有 2°～5°和 5°～15°的小角度晶界(low angle grain boundary,LAGB),平均晶界取向差为 23.6°。这些由 LAGB 引发的局部晶界取向差将提高材料的位错密度,这个内容将在后文详细讨论。对比图 7-23 和图 7-24 晶界可以发现,经短流程热锻工艺生产的构件的 HAGB 占比小于经传统锻造工艺生产的构件,这主要是由于锻造后的处理工艺不同。传统锻造工艺中,锻造后零件在空气中自然冷却,冷却初期构件的温度高于发生 SRX 所需的温度,晶粒发生短时的 SRX。当构件被送入固溶保温炉后,在高温作用下,材料发生大程度的 SRX。短流程热锻工艺通过淬火保存变形组织,没有发生 SRX。

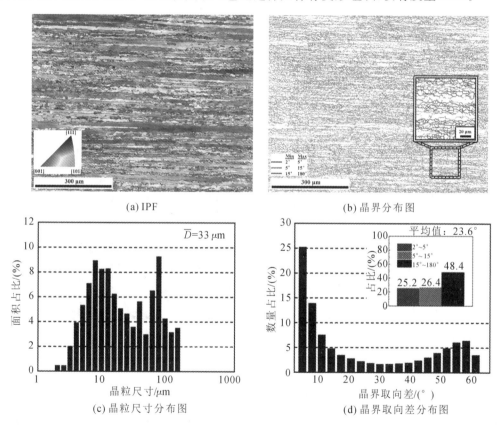

图 7-24 采用短流程热锻工艺成形的 6082 铝合金下推力杆支架中心区域内部晶粒结构的 EBSD 测试结果(有彩图)

图 7-25 给出了经传统工艺和短流程工艺生产的 6082 铝合金下推力杆支架中心区域的内部晶粒结构。由图 7-25(a)可以发现,经传统工艺生产的构件内部晶粒呈等轴状,晶界清晰且晶内畸变程度低。一方面,传统锻造过程中材料也会发生 DRX 和 DRV 等动态软化机制作用下的微观组织演化,使内部位错重排。另一方面,锻造后的自然冷却和固溶热处理使材料发生 SRX,进一步促进晶粒内位错迁移,使变形晶粒由高畸变储能形态向低畸变储能

形态转变。相比之下,经短流程热锻工艺生产的构件内部晶粒呈现出典型的几何动态再结晶特征。由于构件内部变形量大,原始6082铝合金挤压棒的纤维状晶粒的晶界在加载过程中持续迁移,晶界间距降低并相互干涉,形成具有HAGB的几何动态再结晶晶粒,如图7-25(b)所示。此外,由于应变速率较高,构件内部存在亚晶粒结构,这些亚晶粒的晶界被细小弥散的第二相颗粒钉扎。6082铝合金发生变形时新生成的位错会被第二相颗粒钉扎而形成亚晶界。在高应变速率条件下,这些被第二相颗粒钉扎的亚晶界难以克服钉扎力进行迁移,因此在锻后淬火过程中被保存下来,如图7-25(c)所示。通过EDS能谱分析确定这些弥散分布的第二相颗粒为$Al_{12}(Fe,Mn)_3Si$相。

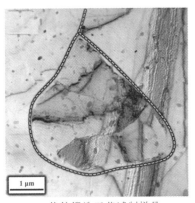

(a) 传统锻造工艺试制样品

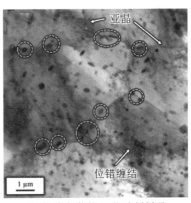

(b) 短流程热锻工艺试制样品

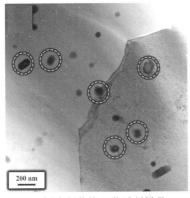

(c) 短流程热锻工艺试制样品

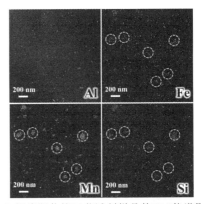

(d) 短流程热锻工艺试制样品的EDS能谱图

图 7-25 不同成形工艺生产的6082铝合金下推力杆支架中心区域的内部晶粒结构TEM图(有彩图)

7.3.1.4 铝合金下推力杆支架力学性能分析

采用短流程热锻工艺可以有效抑制铝合金构件表层粗晶的萌生,相比于由传统锻造工艺生产的底盘构件,构件组织均匀性得到明显提升。本节将重点研究组织均匀性对构件力学性能的影响,分析经短流程热锻工艺成形的铝合金构件的强化机制。

依据标准《金属材料 拉伸试验 第1部分:室温试验方法》(GB/T 228.1—2021)设计用于评价材料抗拉强度、屈服强度和伸长率的拉伸样品,如图7-26(a)所示。试样标距为15 mm,宽度为3 mm,厚度为1.4 mm,表面粗糙度、尺寸公差等参考标准要求。分别从传统工艺和短流程工艺生产的汽车铝合金下推力杆支架中心区域的表层和内部切取拉伸样品。室温拉伸试验采用配有引伸计的MTS SHT4106型拉伸试验机,拉伸速率为2 mm/min,每个拉伸数据为5次试验结果的平均值。采用夏比摆锤冲击韧性试验测试构件中心区域的抗冲击韧性,试验方法参考标准《金属材料 夏比摆锤冲击试验方法》(GB/T 229—2020),试样尺寸如图 7-26(b)所示,试样长度为 55 mm,缺口深度为 2 mm,角度为 45°,缺口根部半径为 0.25 mm,表面粗糙度、尺寸公差等参考标准要求。冲击试样的长度方向与拉伸试样长度方向一致,缺口方向垂直于拉伸方向。每个数据为 3 次试验结果的平均值。

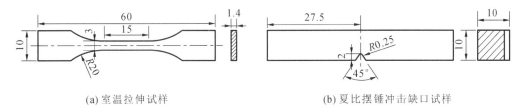

(a) 室温拉伸试样　　　　　　　(b) 夏比摆锤冲击缺口试样

图 7-26　力学性能测试试样尺寸

表 7-2 列出了经传统锻造工艺和短流程热锻工艺成形的 6082 铝合金下推力杆支架中心区域表层试样和内部试样的力学性能。由表可知,经过传统工艺锻造的铝合金构件的抗拉强度和屈服强度与经过短流程工艺锻造的铝合金构件基本一致,差别不超过 3.2%。但是,经过传统工艺生产的构件表层试样与内部试样的伸长率差异显著,内部试样伸长率相比于表层试样高 85.9%。相反的是,采用短流程工艺生产的构件表层试样伸长率与内部试样伸长率基本一致,差别仅为 1.0%,表现出更好的一致性。采用两种工艺生产的构件抗冲击韧性也有明显差异。短流程工艺生产构件的冲击功为 20.0 J,比采用传统工艺生产构件的冲击功高 13.0%,表现出更好的抗冲击韧性。需要说明的是,用于夏比摆锤冲击试验的传统工艺构件试样同时包含表层粗晶结构和内部细晶结构,其冲击韧性结果是对这种混合结构的总体响应。此外,采用两种工艺生产构件的表层试样力学性能相比于内部试样有所下降,但是满足标准 EN 586-2-1994 规定的 6082 铝合金材料的拉伸性能。综上,采用短流程工艺生产的构件的力学性能一致性更好,抗冲击韧性更强。

表 7-2　经传统锻造工艺和短流程热锻工艺成形的 6082 铝合金下推力杆支架的力学性能

工艺	取样位置	抗拉强度/MPa	屈服强度/MPa	伸长率/(%)	冲击功/J
传统	表层	310±5	286±14	6.4±1.2	17.7±2.8
	内部	336±11	312±10	11.9±0.2	
短流程	表层	320±6	293±16	10.3±1.2	20.0±1.0
	内部	329±1	309±1	10.2±0.5	

7.3.2　铝合金转向节短流程热锻成形试验

7.3.2.1　汽车转向节模具分析及工艺流程制定

汽车转向节承载了汽车前半部分的载荷,对强度要求很高,图 7-27 为汽车转向节三维模型,转向节长度约为 340 mm,宽度约为 270 mm,高度约为 180 mm。该转向节两侧结构不对称,其中一侧壁厚且高,成形时容易出现填充不完整的情况,成形难度较大。转向节整体结构较为复杂,具有多处不同形状的凸出细节,形状不规则且大小不一,这些细节也提升了成形的难度。此外,该转向节整体厚度非常不均匀,薄厚相差较大,这使得成形时金属流动较大,需要坯料具有良好的成形性。

由于转向节结构复杂,一次成形难以完成所有的变形,因此将该零件的锻造成形分为预锻和终锻两个步骤。转向节的结构复杂且薄厚区别较大,模具的分模方式无法使用直线分模,所以选取折线分模形式。由于折线分模容易使模具产生错移,因此在模具中也设有防滑锁扣,如图 7-28 所示,模具左下角设置凸台以防止模具的错移,保证锻造成形中模具对正。此外,由于预锻、终锻之间无加热工序,预锻完成后需尽快将预锻件转移至终锻模中,因此,需在预锻模中完成大部分变形,成形出转向节的整体形状,终锻模的作用是完成更精细的成形。为了使预锻件更容易放入终锻模中,终锻模的内边缘尺寸通常比预锻模的尺寸大,转向节的终锻模内模膛尺寸比预锻模的尺寸大 0.5 mm,为了使终锻时继续镦粗而填充补足终锻模扩大的尺寸 0.5 mm,预锻模的高度比终锻模高度大 3 mm。

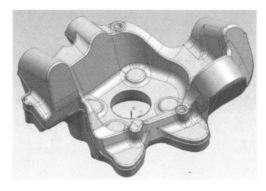

图 7-27　汽车转向节三维模型

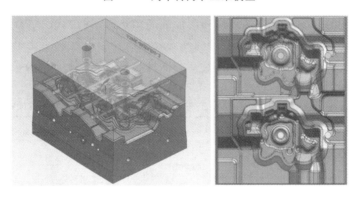

图 7-28　汽车转向节锻造模具的三维模型

转向节的锻造成形使用圆柱形坯料进行生产,其中坯料的体积可依据式(7-29)进行计算:

$$V = V_1 + V_2 \tag{7-29}$$

式中:V 为圆柱坯料的体积;V_1 为转向节的体积;V_2 为转向节锻造模具中飞边的体积。V_2 的计算式如下:

$$V_2 = (S_1 + kS_2)L \tag{7-30}$$

式中:S_1 和 S_2 分别为飞边的桥部和仓部截面积;L 为飞边截面的重心轨迹长度;k 为与锻件相关的常数,对于复杂转向节锻件取 0.75。圆柱坯料的直径计算式如下:

$$d = 0.75V^{1/3} \tag{7-31}$$

式中:d 为坯料的直径。计算后取整,由此确定转向节锻造成形所使用坯料的直径为 120 mm,长度为 330 mm。

除此之外,为了使金属在成形过程中流动顺畅、填充模具完全,需要在模具中多处设计内圆角与外圆角,如没有圆角的设计或圆角尺寸不合适,可能导致模具产生开裂、压塌的损伤,也会对锻件的金属流线产生影响进而影响锻件的力学性能。根据模具中凸台的高度,最终选取外圆角半径 r 为 5 mm,内圆角半径 R 为 10 mm。

在传统铝合金汽车转向节锻造成形工艺中,需将圆柱坯料加热至 450 ℃,根据直径每增加 1 mm 就增加 1.5 min 保温时间的原则,转向节锻造成形所使用的坯料需保温 3 h。该转向节结构复杂,需进行预锻、终锻两次变形来完成成形工序,成形后还需进行热处理,其中固溶工序为 535 ℃ 保温 3 h,时效工序为 180 ℃ 保温 8 h。由此可见传统锻造工艺中,整体工序多,且流程中仅热处理的时间就达到 14 h,故转向节的生产效率较低。

下面进行坯料尺寸与保温时间关系的研究,选取直径 20 mm 和 40 mm 的圆柱试样进行热压缩试验,试验结果见表 7-3。可以看出,在短流程热锻工艺中,随着坯料尺寸的增加,直径每增加 1 mm,200 ℃ 保温的时间相应增加 0.5 min,这样可以获得最佳的成形性能和成形后的力学性能。使用短流程热锻工艺进行铝合金转向节生产时,工序如下:对坯料进行固溶热处理,固溶工序为 535 ℃ 保温 3 h,固溶保温结束后使用水淬的方法将其冷却至室温,之后进行预时效,预时效工序为 160 ℃ 保温 4 h,预时效后在 200 ℃ 下保温 60 min,在 200 ℃ 下进行预锻、终锻,终锻结束后切边、精整,得到转向节产品。相比传统锻造工艺,短流程热锻工艺的工序减少一道次,同时工艺耗时缩短至 8 h 左右,节省时间 40% 以上,大大提高了生产效率。两种工艺流程及对比如图 7-29 所示。若坯料的固溶热处理和预时效由材料供应商完成,则锻造时仅需短时间保温即可成形,生产效率可以进一步提升。

表 7-3 不同尺寸试样热压缩试验结果

试样直径/mm	200 ℃ 保温时间/min	硬度	成形缺陷
20	10	118HV	无
20	20	120HV	开裂
20	30	115HV	开裂
40	20	119HV	无
40	40	118HV	开裂

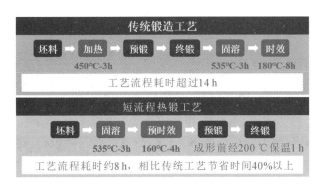

图 7-29 短流程热锻工艺与传统锻造工艺的流程对比图

7.3.2.2 锻造成形有限元仿真分析

为了验证短流程热锻工艺在汽车铝合金转向节生产中的适用性,使用有限元仿真分析的方法对成形过程进行模拟,由于本工艺所使用的坯料为预时效态 6082 铝合金,且变形温度较低,有限元软件材料库中的 6082 铝合金材料应力-应变关系不再适用,因此需要重新建立预时效态 6082 铝合金的流变应力模型。

考虑到该转向节的锻造成形工艺为 200 ℃的等温模锻,且变形会导致锻件温度上升,压缩测试的变形温度分别取为 200 ℃、250 ℃和 300 ℃,应变速率取为 0.1 s^{-1}、1 s^{-1} 和 10 s^{-1}。图 7-30 所示为 6082 铝合金经 160 ℃-4 h 预时效后的热压缩变形时真实应力-应变曲线。在所有的应变速率下,真实应力-应变曲线都符合变形温度越高变形应力越小的规律,且均表现出随应变的增加,应力先急剧增加后保持稳定的趋势。

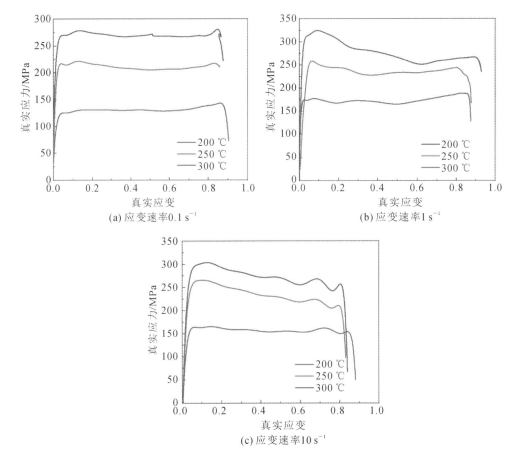

图 7-30 160 ℃-4 h 预时效态 6082 铝合金热压缩变形的真实应力-应变曲线(有彩图)

变形过程中不同温度、应变速率条件下变形所需应力大小的变化关系可利用本构方程进行定量的表达,对于 6082 铝合金的短流程热锻工艺,Arrhenius 本构方程可以准确预测其变形时的真实应力-应变关系,其数学表达式参考 7.2 节部分内容。

将图 7-30 中的峰值应力和应变速率关系绘制成散点图并拟合,得到如图 7-31 所示的拟合曲线,两图拟合直线的平均斜率分别为 18.58 和 0.08,即 n_1 的平均值为 18.58,β 的平均值为 0.08,由 n_1 和 β 求得 α 的值为 0.004。

对式(7-4)取自然对数得

$$\ln\dot{\varepsilon} = \ln A + n\ln[\sinh(\alpha\sigma)] - \frac{Q}{R_g T} \tag{7-32}$$

可以看出,当式中 T 保持不变时,式中的两个函数 $\ln\dot{\varepsilon}$ 与 $\ln[\sinh(\alpha\sigma)]$ 呈线性相关,当

式中 $\dot{\varepsilon}$ 保持不变时,式中的两个函数 $\ln[\sinh(\alpha\sigma)]$ 与 T^{-1} 呈线性相关。同样绘制几个函数的散点图和拟合直线如图 7-32 所示,两图拟合直线的平均斜率分别为 14.23 和 0.47,计算得到 n 的平均值为 14.23,Q 的平均值为 390.76 kJ/mol。

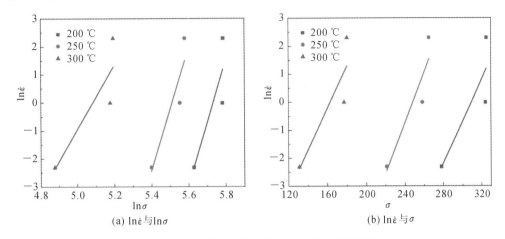

图 7-31　不同温度下的参数关系曲线图(有彩图)

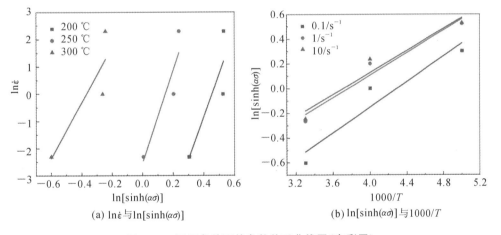

图 7-32　不同条件下的参数关系曲线图(有彩图)

同时,引入参数 Z 来求解 A,Z 的表达式如下:

$$Z = \dot{\varepsilon}\exp\left(\frac{Q}{R_g T}\right) \tag{7-33}$$

将式(7-4)代入式(7-33),再对两边取自然对数得

$$\ln Z = \ln A + n\ln[\sinh(\alpha\sigma)] \tag{7-34}$$

由上式知,$\ln[\sinh(\alpha\sigma)]$ 与 $\ln Z$ 呈线性关系,求得直线的斜率后即可计算得到 A 的值,$\ln[\sinh(\alpha\sigma)]$ 与 $\ln Z$ 的散点拟合直线如图 7-33 所示。该直线的 y 轴截距为 88.91,即 $\ln A$ 的值为 88.91,求得 A 的值为 4.1032×10^{38}。

将所有求得的参数代入式(7-4)中,得到 160 ℃-4 h 预时效态 6082 铝合金的 Arrhenius 本构方程,其表达式为

$$\dot{\varepsilon} = 4.1032\times10^{38}[\sinh(0.004\sigma)]^{14.23}\exp\left(\frac{-390760}{8.314T}\right) \tag{7-35}$$

对其求关于 σ 的反函数得

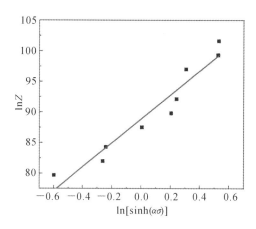

图 7-33 $\ln[\sinh(\alpha\sigma)]$ 与 $\ln Z$ 的关系曲线图

$$\sigma = 250\ln\left\{\left(\frac{Z}{4.1032\times 10^{38}}\right)^{0.07} + \left[\left(\frac{Z}{4.1032\times 10^{38}}\right)^{0.14} + 1\right]^{0.5}\right\} \quad (7\text{-}36)$$

其中：

$$Z = \dot{\varepsilon}\exp\left(\frac{390760}{8.314T}\right) \quad (7\text{-}37)$$

由此得到在短流程热锻工艺中,使用 160 ℃-4 h 预时效态 6082 铝合金进行成形时的流变应力本构方程,该本构方程的建立对预时效态 6082 铝合金的成形模拟具有重要意义。

7.3.2.3 成形过程分析

为模拟转向节的成形过程,使用 Deform-3D 进行转向节短流程热锻工艺的成形过程模拟分析,预锻、终锻有限元模型如图 7-34 所示。其中锻造成形使用的坯料为预时效态 6082 铝合金。圆柱形坯料设置为塑性体,划分为 80000 个网格,模具设置为刚体,由于成形过程为等温模锻,为了准确模拟成形过程中的温度变化,设置坯料和模具的温度均为 200 ℃。为了模拟实际锻造时的状态,填充预锻模和终锻模的顶杆孔,使坯料流动不受顶杆孔的影响。由于成形温度较低,选择慢速进行成形,在软件中将上模的运动速度设置为 150 mm/s,每步模具运动 2 mm。分别设置两次成形的有限元模型,预锻时将坯料横置在预锻模腔中,仅上模下压进行成形,预锻结束后将预锻结果导入终锻模型的前处理模块,在预锻结束后的数据基础上继续设置终锻成形。环境温度设置为 20 ℃,物体间热导率为 11 W/(m·K),摩擦系数为 0.25,关键环境参数如表 7-4 所示。

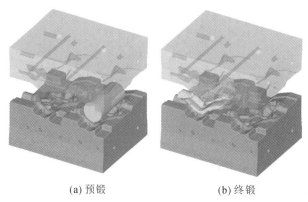

(a) 预锻　　　　　　(b) 终锻

图 7-34 6082 铝合金转向节锻造成形的有限元模型(有彩图)

表 7-4　6082 铝合金转向节短流程热锻工艺的有限元模型参数

坯料温度/℃	模具温度/℃	环境温度/℃	摩擦系数	热导率/[W/(m·K)]
200	200	20	0.25	11

图 7-35 为 6082 铝合金转向节锻造成形的有限元模拟结果。由图 7-35(a) 可见，在预锻结束后，转向节的基本结构已经成形，预锻变形量较大。图 7-35(a) 中圈出的部分在该转向节中厚度较大，在成形时容易出现模具型腔填充不完整的缺陷，而观察预锻后的该部位，发现该处表面有少许塌陷，材料并未完全填充模具型腔。对预锻过程的等效应变进行分析，如图 7-35(b) 所示，发现在预锻过程中转向节的边缘部位等效应变均较大，但圈出部位等效应变极低，变形量较小，这使得此部位金属流动情况较差，造成了成形后表面有塌陷的结果。转向节经过终锻成形后，由于对预锻件的进一步下压镦粗和细节成形，较多部位均完整成形出所需要的形状，同时圈出部位也得到了充分的变形，表面塌陷情况得到改善，该部位已成形到位。由以上模拟结果可知，在短流程热锻工艺中，即使在 200 ℃ 成形，转向节中各个部位也均可以成形到位，终锻后成形情况良好。

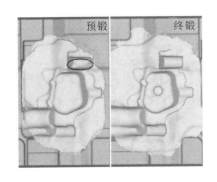
(a) 成形模拟结果

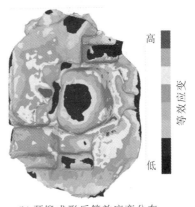
(b) 预锻成形后等效应变分布

图 7-35　6082 铝合金转向节锻造成形的有限元模拟结果(有彩图)

使用 Deform-3D 的后处理模块可以对转向节锻造成形中的温度、应力、应变情况进行分析，图 7-36 所示为 6082 铝合金转向节短流程热锻工艺中预锻的有限元模拟结果。由图 7-36(a) 可见，即使成形温度为 200 ℃，由于变形剧烈，锻件的温度也普遍上升至 275 ℃ 左右，个别边缘区域温度甚至上升至 300 ℃ 以上。由于 6082 铝合金传统锻造工艺的成形温度普遍在 450 ℃ 以上，因此在短流程热锻工艺中构件没有过烧风险，根据短流程热锻成形工艺的双级时效热处理制度，温度的升高会使得析出相粗化，进而降低锻件的力学性能，但成形过程时间极短，在此期间温度上升不足以使析出相发生显著变化，不会影响成形锻件的力学性能。图 7-36(b) 所示为预锻成形的等效应变场，从中可以观察到转向节中部较薄区域应变较小，由于该区域的金属向周围流动，四周应变较大，等效应变普遍在 3 左右，个别边缘区域的等效应变达到 5。图 7-36(c) 所示为预锻成形中的等效应变速率场，和等效应变场相似，成形过程中的应变速率分布也遵循了中间区域小、四周大的规律，中间区域等效应变速率多在 2 s^{-1} 以下，而边缘处达到 6 s^{-1} 左右，靠近飞边处最高可达 10 s^{-1}。图 7-36(d) 所示为预锻成形的等效应力场，中间变形量较小区域与四周变形量较大区域的应力相差不大，整个转向节中的应力普遍在 200~260 MPa 之间，个别边缘处的等效应力达到 300 MPa。可见在短流程热锻工艺中,由于使用预时效强化的 6082 铝合金作为坯料,成形所需的应力较大,材料抗压强度较高,但仍可以成形出所需的形状,预时效虽然使坯料塑性有所降低但不会使转向节成形困难。

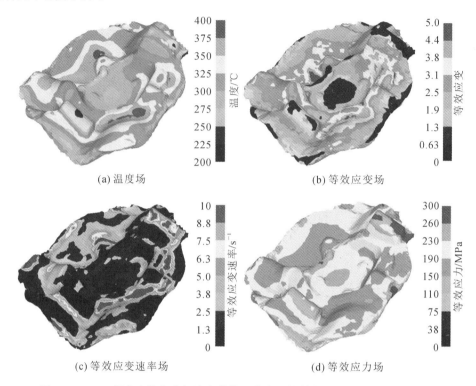

图 7-36 6082 铝合金转向节短流程热锻工艺中预锻的有限元模拟结果(有彩图)

图 7-37 所示为 6082 铝合金转向节短流程热锻工艺中终锻的有限元模拟结果。观察图 7-37(a)可知,终锻过程的温度变化不大,由于终锻仅在预锻的基础上进行了压缩以及细节成形,温度升高较大的区域仅为飞边和中间冲孔部分,因此除上述区域之外,整体温度在 250 ℃左右,且分布相对均匀。图 7-37(b)所示为终锻过程的等效应变场,终锻成形时应变较大的区域为边缘区域,且边缘区域的应变相比预锻过程有所降低,等效应变普遍在 2.5 以下,除边缘区域之外,中间区域的等效应变均在 1.3 以下,可见终锻的变形量非常小。终锻的等效应变速率分布如图 7-37(c)所示,对比预锻过程的应变速率可以发现,预锻和终锻成形时转向节中心区域的应变速率分布基本一致,终锻过程边缘区域的应变速率有所提升,普遍达到 5 s^{-1} 以上,飞边附近达到 10 s^{-1},在预锻模和终锻模形状变化不大的区域(即模具重合区域),应变速率接近于 0。图 7-37(d)所示为终锻过程的等效应力场,由于预锻模膛比终锻模膛要高,终锻成形时会使得锻件整体微量镦粗,因此整个锻件中等效应力的分布较均匀,均在 200 MPa 以上,个别边缘部位的等效应力达到 260 MPa,应力最大处在飞边上,对锻件影响不大。总体来看,终锻所需的变形应力仍较大,但变形量较小,变形相对容易。

图 7-38 所示为 6082 铝合金转向节经短流程热锻工艺成形时的载荷和步数的模拟曲线。预锻过程中随着上模行程的增加,上模所施加的载荷缓慢增加,当行程到达一定步数时,载荷迅速增加,最终载荷增加至 5306 t,如图 7-38(a)所示。终锻时坯料已经具备一定的形状,当上模与坯料接触时就具有较大的接触面积,这使得载荷从模具和坯料接触开始就迅速增加,当成形到位时,上模的最大载荷达到 7627 t,如图 7-38(b)所示。根据有限元模拟的结果,要完成整个转向节的成形过程,需要使用 8000 t 吨位的压力机设备。

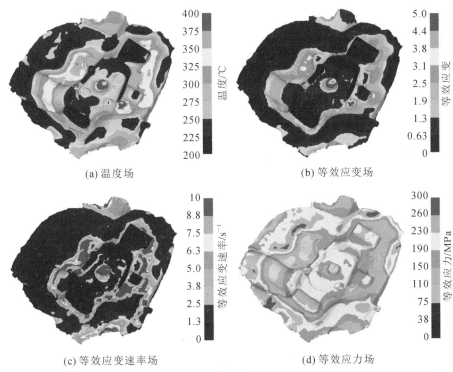

图 7-37 6082 铝合金转向节短流程热锻工艺中终锻的有限元模拟结果(有彩图)

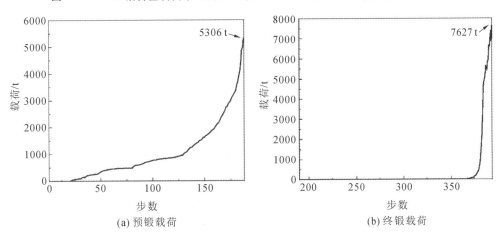

图 7-38 6082 铝合金转向节经短流程热锻工艺成形时的载荷与步数的模拟曲线

7.3.2.4 汽车铝合金转向节成形试验及性能检测

由仿真分析可以判断,在 6082 铝合金转向节短流程热锻工艺中,使用前述的工艺流程和工艺参数进行成形时坯料的成形性能良好,结合短流程热锻工艺流程及最佳工艺参数,本小节设计了铝合金转向节试制试验,试制工艺流程如图 7-39 所示。将坯料放入辊底式加热炉进行固溶热处理,固溶温度为 535 ℃,固溶时间为 3 h,固溶淬火后立即转移至网带时效炉中进行 160 ℃-4 h 预时效和 200 ℃-1 h 锻前保温处理,提前将模具预热至 200 ℃,将 200 ℃的圆柱棒料迅速转移至 8000 t 锻造压力机的等温模具中进行两次锻造成形,变形完成后进行切边精整,得到转向节产品。锻造成形工艺过程中,坯料在加热炉与模具之间转移迅速,且模具中均匀涂抹了石墨以保证润滑。

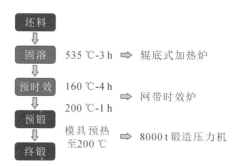

图 7-39　转向节试制工艺流程

终锻后转向节如图 7-40 所示,可见终锻后转向节成形到位无缺陷,飞边处出现裂纹,但对转向节本体无影响。切边完成后的转向节如图 7-41 所示,转向节细节成形到位,未发现开裂、填充不足等缺陷,经检查,转向节的外形及尺寸均达到产品的技术要求,表明短流程热锻工艺适用于铝合金转向节的实际生产。

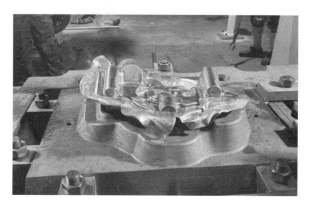

图 7-40　经短流程热锻工艺成形后转向节实物图

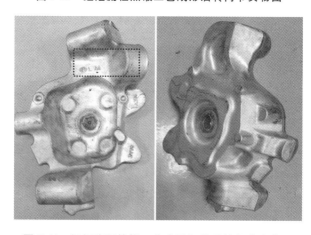

图 7-41　经短流程热锻工艺成形切边后转向节实物图

完成转向节成形后,对转向节进行力学性能测试,试验方法为室温拉伸测试,具体测试指标为屈服强度、抗拉强度和伸长率。取样位置如图 7-41 中黑色方框所示,试样的尺寸依据国标选取,标距为 50 mm,平行长度横截面直径为 10 mm,试样总长度为 120 mm,具体尺寸如图 7-42 所示。

对转向节取样后进行室温拉伸测试,经过三次重复试验后求平均值,所得数据记为最终

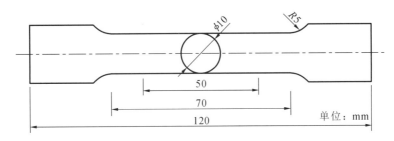

图 7-42 转向节室温拉伸试样尺寸

数据,得到短流程热锻工艺所制造的 6082 铝合金转向节的力学性能。经计算,该转向节的屈服强度为 310 MPa,抗拉强度为 338 MPa,伸长率为 10.2%。经检验,该试样符合 6082 铝合金的锻件性能要求。

转向节试制的完成以及力学性能检测结果表明,短流程热锻工艺可以应用于铝合金转向节的生产,且产品的力学性能满足技术要求。

7.3.3 铝合金航空座椅弹射室构件的短流程热锻成形试验

7.3.3.1 铝合金航空座椅弹射室构件的热锻成形有限元分析

在实际锻造过程中,坯料的变形行为受复杂的热-力耦合场影响,表现出高度复杂性。由于模具型腔与坯料接触状态存在差异,坯料的温度、应变速率和应变量等关键参数会发生剧烈变化。因此,直接探究这些变形过程具有较大挑战,迫切需要开展多场耦合作用下的构件锻造数值模拟分析,以更深入地理解和优化飞机用 7075 铝合金弹射室构件的锻造成形过程。

本小节介绍了 7075 铝合金锻造成形有限元模型的建模过程。飞机用 7075 铝合金弹射室构件主要用于协助发射弹射室座椅。该构件的温锻成形模拟有限元模型主要包括三个部分:凸模、凹模和 7075 铝合金坯料。模拟过程中不考虑凸模、凹模的变形,其流变行为采用 7.2 节中得到的 Arrhenius 模型描述。在此基础上,对该模型进行网格划分,设置边界条件和载荷等初始条件。在锻造过程中,材料的流动性和模具接触条件对应力应变分布至关重要,因此必须准确考虑这些因素。通过分析应力集中、温度梯度及可能出现的成形缺陷(如折皱和裂纹),可以优化工艺参数和模具设计。最后,还要通过试验来验证模拟结果,以确认构件的成形质量和材料利用率得到提升。在预锻和终锻工序中,分析了坯料的流动规律,并研究了棒料的初始尺寸、模具润滑条件、模具温度及棒料温度等条件对锻造成形过程的影响。基于这些分析,可以确定较理想的铝合金构件成形工艺参数,从而优化整个锻造过程。

该铝合金构件的三维模型如图 7-43(a)所示,长 170 mm,宽 74 mm,高 40 mm。锻造模具包括预锻和终锻部分,如图 7-43(b)所示。坯料为预强化棒,直径为 47 mm,长度为 165 mm。在模拟中,坯料被设置为塑性体,网格数为 2.8×10^5 个。模具材料采用 H13 模具钢,温度设定为 250 ℃,设置为刚体,上下模均被赋予 3.2×10^3 个相对网格。设置锻造速度为 7 mm/s,数据采集和数据保存的间隔为 0.2 mm/步。

为了优化网格分布并提升计算效率,将模具分为预锻模具和终锻模具,同时去除模具中非变形型腔部分。为了模拟实际锻造过程,填充预锻和终锻模具的顶杆孔,使坯料流动不受顶杆孔的影响。7075 铝合金在冷态下的塑性加工性能并不理想,然而,当温度升高至 423 K 以上时,原子的活性增强,材料的塑性变形能力得以提升。铝合金的塑性对变形温度非常敏

 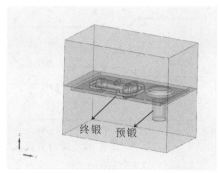

(a) 三维模型　　　　　　　　　　(b) 锻造模具模型

图 7-43　飞机用 7075 铝合金弹射室构件的三维模型及锻造模具模型

感,因此其锻造温度范围较窄,通常在 423~573 K 之间。综合考虑后将铝合金坯料的锻造温度设定为 190 ℃。分别建立飞机用 7075 铝合金弹射室构件的预锻和终锻有限元模型。在预锻阶段,坯料竖向放置在模具中,并采用上模具单向加载方式。将预锻完成的工件数据导入终锻模型的前处理模块,在预锻结束后的数据基础上继续设置终锻成形条件,模拟坯料在模具间移动时采用自由落体方式落料。主要的热锻工艺参数如表 7-5 所示。

表 7-5　飞机用 7075 铝合金弹射室构件 PHF 工艺的有限元模型参数

坯料温度/℃	模具温度/℃	环境温度/℃	热导率/[W/(m·K)]	摩擦系数
190	250	20	11	0.25

在 Deform-3D 软件的前处理过程中生成的网格为四面体网格。在计算过程中,坯料的网格可能发生畸变,软件提供了自动重划分功能,使变形较大区域的网格更加密集。网格划分结果如图 7-44 所示。将模具的上模设置为主动件,下模保持不动。

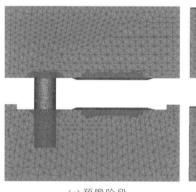 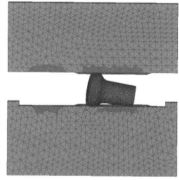

(a) 预锻阶段　　　　　　　　　　(b) 终锻阶段

图 7-44　飞机用 7075 铝合金弹射室构件的网格划分结果(有彩图)

预锻模拟结果如图 7-45 所示,从预锻成形的结果中可以看出,坯料上半部分经历了墩粗阶段,随着上模的进给,坯料的上端逐渐被墩粗成形,此阶段主要形成构件的上端部分。整个成形过程中,坯料填充较为均匀,未出现折皱或局部成形不足等缺陷。预锻阶段的变形量较大,完成了构件的大部分变形。对预锻过程中的等效应变进行分析,如图 7-45(b)所示,发现构件顶端的等效应变普遍较大。

终锻是模锻工艺中最关键的成形步骤,模锻件的几何形状和尺寸由终锻模膛来保证。

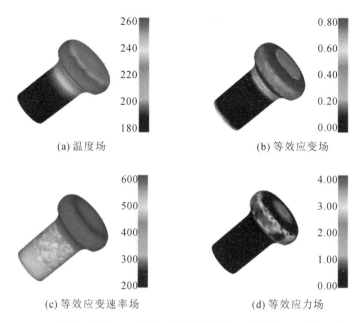

(a) 温度场　　　　　　　　　　(b) 等效应变场

(c) 等效应变速率场　　　　　　(d) 等效应力场

图 7-45　PHF 工艺下飞机用 7075 铝合金弹射室构件预锻的有限元模拟结果（有彩图）

无论哪种锻件的模锻工艺，都必须包含终锻步骤。根据制定的铝合金构件成形工艺流程，坯料在预锻后进入终锻阶段，终锻工序主要完成台阶、凹槽、凸起的最终成形，并使直筒部分进一步延展。设计模具时，综合考虑了前述工艺路线中终锻坯料的变形程度、直筒的高度、锻造后坯料的卸料情况以及扩口工序中上料的定位等因素。为了便于模型的网格划分和分析计算，首先对模具中的螺栓孔、销孔等结构进行适当简化，同时略去一些对分析结果影响较小的零部件，如垫板和卸料装置等。然后，将简化后的模具和坯料模型导出为 *.stl 文件，并导入 Deform-3D 软件中进行分析计算。终锻毛坯采用四面体网格进行网格划分。由于构件的锻造工艺是一个连续作业的过程，坯料在预锻后会立即放入终锻模具中进行终锻。因此，终锻时坯料的温度相较于预锻时可能有所降低；在锻造过程中，由于工件和模具之间会摩擦生热，温度也可能升高，因此终锻的模拟参数和预锻保持一致。

图 7-46 展示了 PHF 工艺下飞机用 7075 铝合金弹射室构件终锻的有限元模拟结果图。终锻完成了凸台的成形，坯料稳定地填充到顶端部位的模具型腔内，坯料没有出现折皱或局部填充不足等缺陷。经过终锻阶段的进一步压缩成形，构件已经完整成形，该构件的形状已经达到设计要求。说明在 PHF 锻造工艺中，即便在 190 ℃ 的成形温度下，弹射室构件的各个部分都能够达到预期成形效果，终锻后的成形质量良好。从温度方面来看，构件在预锻过程中，从初始的 190 ℃ 上升至 240 ℃；在终锻过程中，锻件温度上升至 280 ℃，飞边变形量大，温度较高，如图 7-45(a) 和图 7-46(a) 所示。从应变量方面来看，预锻时坯料下段变形量小，终锻时坯料中心区域应变量小，如图 7-45(b) 和图 7-46(b) 所示。从应变速率和应力方面来看，预锻的等效应变速率较低，等效应力较高，如图 7-45(c)~(d) 所示；终锻的等效应变速率升高，等效应力较低，如图 7-46(c)~(d) 所示。锻造过程中应变速率高，应变大，也有可能促进细晶强化或位错强化的效果。值得注意的是，构件顶端发生了明显的热交换，在塑性功和摩擦功的作用下，构件表层温度明显上升。采用 PHF 工艺对飞机用 7075 铝合金弹射室构件进行锻造成形时发生温度交换，如果成形时间过长，会导致构件温度升高，有可能影响锻件强化相的转化，影响析出强化效果，使力学性能下降，因此有必要控制成形时间。

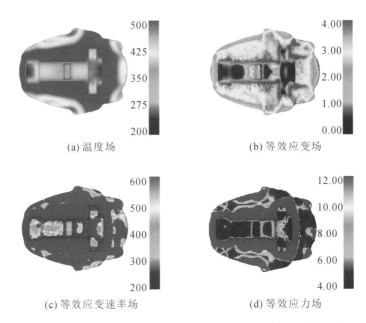

(a) 温度场　　(b) 等效应变场

(c) 等效应变速率场　　(d) 等效应力场

图 7-46　PHF 工艺下飞机用 7075 铝合金弹射室构件终锻的有限元模拟结果（有彩图）

7.3.3.2　飞机用 7075 铝合金弹射室构件锻造成形试验

试验模具的加热采用箱式电阻炉，如图 7-47(a) 所示，加热时需确保炉内温差控制在 ±10 ℃以内。预锻和终锻工序的成形设备为两台 2000 t 模锻液压机，模锻液压机如图 7-47(b) 所示。锻造模具中设置了导向块，以提高导向精度。在预锻和终锻成形模具中，边缘处设计了一定的拔模角度，有效解决了因构件上端较深导致的脱模困难问题。预锻和终锻模具如图 7-48 所示。

(a) 箱式电阻炉　　(b) 模锻液压机

图 7-47　箱式电阻炉和模锻锻压机

预锻和终锻工序的模具均通过箱式电阻炉加热，考虑到模具在装模过程中的温度下降情况，将模具预热温度设置为 205 ℃左右，棒料预热温度则为 190 ℃。温度测量使用 SY-1800 型手持式测温仪进行。为了确保金属流动的均匀性，降低成形力，防止金属粘附于模具，以及延长模具的使用寿命，在试验中一旦模具安装固定，应立即且均匀地在模具型腔涂抹润滑剂。待润滑剂充分分布后，再进行锻造操作。大多数铝合金在锤锻时，允许的最大变形程度不超过 70%；但在压力机上，由于应变速率较低，变形程度可达到 70%～90%。然而，如

(a) 上模　　　　　　　(b) 下模

图 7-48　飞机用 7075 铝合金弹射室构件的锻造模具

果压力机的应变速率过大，则容易导致坯料断裂。因此，在铝合金构件锻造中必须严格控制压力机的下压速度。本试验中，压力机的锻造载荷设定为 2000 t，下压速度为 7 mm/s。

锻造完成后，构件的锻件和喷砂件分别如图 7-49 所示。可见，锻件的直筒部分饱满，尺寸精度较高，且构件端部平整无缺陷，表面光洁度较高。在终锻过程中，上端部位进一步减薄，直筒部分直径继续减小，端部仍然平整且无缺陷。两道工序中的打料过程顺利，未出现锻坯变形或粘模问题，锻坯尺寸稳定性较高，表面无断裂缺陷，锻件表面质量较好。经过成形后的锻件无须热处理，还需经过一系列后续工序，包括机械加工、清洗和喷砂等，最终制成的产品如图 7-49(b)所示。与同尺寸的钢构件相比，铝合金构件重量减少了 35%，轻量化效果非常明显。

 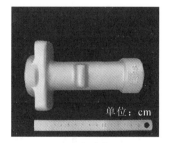

(a) 锻件以及飞边　　　　　　　(b) 喷砂件

图 7-49　飞机用 7075 铝合金弹射室构件的锻件和喷砂件

7.3.3.3　飞机用 7075 铝合金弹射室构件的微观组织分析

将成形后的铝合金构件切开，在直径部位进行取样，以观察其微观组织。为验证 PHF 工艺对粗晶的抑制效果，对原始试样和 PHF 工艺处理后的试样（简称 PHF 试样）进行 EBSD 表征。图 7-50 分别为两种试样的 IPF、晶界分布图及几何必要位错（geometrically necessary dislocations, GND）图。从图 7-50(a)(d)发现，经 PHF 工艺处理后晶粒无粗化现象；从图 7-50(b)(e)发现，小角度占比有所增加，但是整体晶界迁移不显著。从图 7-50(c)(f)发现两种试样的几何必要位错的差异较小。

图 7-51 对比了两种试样的晶粒参考取向偏差（grain reference orientation deviation, GROD）占比图和极图（pole figure, PF）。从图 7-51(a)(c)中可以看出，PHF 试样和原始试样的 GROD 值变化不明显。对于取向偏差平均取向超过 5°的区域（即 GROD 大于 5°的区

域),差值较小。从图 7-51(b)(d)中看出,经 PHF 工艺处理后,材料的织构强度变化不大,织构特征较弱,因此晶粒尺寸相对稳定。

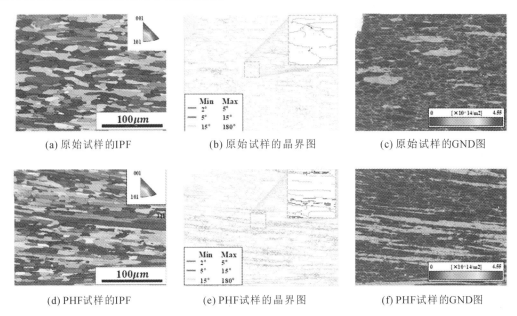

图 7-50　原始试样和 PHF 试样的 IPF、晶界分布图和 GND 图(有彩图)

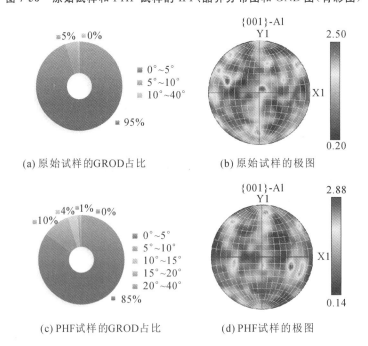

图 7-51　原始试样和 PHF 试样的 GROD 占比和极图(有彩图)

综上所述,经过 PHF 工艺成形,试样的晶粒尺寸、GROD、位错密度、织构变化皆不明显。这证明 PHF 工艺在粗晶抑制方面有明显效果,有望进行工业化应用。

7.3.3.4　飞机用 7075 铝合金弹射室构件的力学性能分析

依据标准 GB/T 228.1—2021 设计用于评价材料抗拉强度、屈服强度和伸长率的拉伸样品,如图 7-52 所示。结果表明,采用 PHF 工艺锻造的构件的抗拉强度 σ_m 达到 554 MPa,

名义屈服强度 $\sigma_{0.2}$ 达到 504 MPa,伸长率 δ 达到 8.6%,各项力学性能均优于构件所要求的力学性能(σ_m=540 MPa,$\sigma_{0.2}$=480 MPa,δ=7%)。

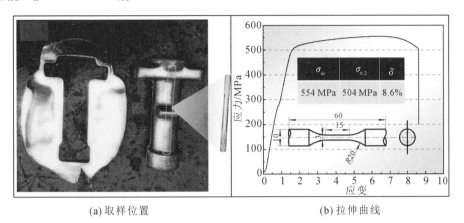

(a) 取样位置　　　　　　　　(b) 拉伸曲线

图 7-52　飞机用 7075 铝合金弹射室构件的力学性能测试

第8章 非金属工程塑料成型工艺技术

8.1 工程塑料成型工艺基础

相比钢铁、水泥等材料的加工来讲,塑料的加工要容易得多,而且耗能少,批量大,可加工成各种形状的精密部件,加工成本低。塑料的成型加工通常是使固体状态(粉状或粒状)、糊状或溶液状态的高分子化合物熔融或变形,经过模具形成所需的形状,并保持其已经取得的形状,最终得到制品的工艺过程,其流程如图8-1所示。

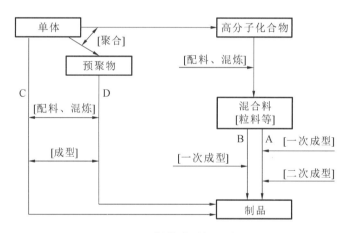

图8-1 塑料的成型加工过程

在图8-1中,流程 A 和 B 采用粒料、粉料等混合料经二次成型或一次成型生产制品,这两种流程占制品生产的 90% 以上。流程 C 和 D 是以单体或低聚物生产制品的特种成型方法,如反应挤出(reactive extrusion,REX)成型、反应注塑(reaction injection moulding,RIM)成型、单体浇铸(monomer casting,MC)成型等。

对一种特定的塑料来说,其成型加工性能是极为重要的特性。高分子化合物在成型加工过程中所表现出来的性质和行为主要是由其本身决定的。成型加工性能主要指可挤压性、可模塑性、可延展性和可纺性等。

可挤压性是指材料通过挤压作用形变时获得形状和保持形状的能力。可模塑性是指材料在温度和压力作用下变形并在模具中成型的能力。可纺性是指材料通过加工形成连续的细的固态纤维的能力,主要取决于材料的流变性质、熔体黏度、熔体强度等。可延展性是指无定形或半结晶固体聚合物在一个或两个方向上受到压延或拉伸时变形的能力。

8.2 工程塑料成型工艺的关键技术

8.2.1 塑料的热-机械曲线和转变

塑料随温度的变化要发生形状及尺寸的改变(称为形变),形变-温度曲线称为塑料(高分子材料)的热-机械曲线,如图 8-2 所示。

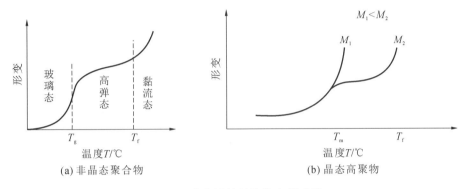

图 8-2 高分子材料的热-机械曲线

高分子材料具有 3 个状态,分别为玻璃态、高弹态和黏流态,如图 8-2(a)所示。当温度很低时($T<T_g$),此时聚合物分子运动能量很低,不足以克服分子链单键的内旋转势垒。整个分子链和链段运动的松弛时间非常大,难以在有限的时间内察觉,处于"冻结"状态,只有小运动单元(链节、侧基等)才能运动,聚合物呈玻璃态。在外力作用下,聚合物形变很小,形变与外力大小成正比,外力除去,形变立即恢复,符合胡克定律,呈现理想固体的胡克弹性,又称普弹性。此时聚合物的力学性能表现与玻璃相似,故称这种力学状态为玻璃态。

随着温度的升高,分子热运动能量逐渐增加,当到达某一温度时,分子的热运动能足以克服内旋转的势垒,可进行链段运动。分子可以绕主链中单键内旋转而不断地改变构象,但是整个分子链仍处于被"冻结"的状态。这样在宏观上,材料表现为受力时形变很大(100%～1000%),去掉力后可恢复,模量很低,只有 105～107 Pa。该形变与时间有关,具有松弛特性,表现为可逆高弹形变,这种具有高弹性的力学状态称为高弹态。高弹态是高聚物特有的力学状态,高弹形变的实质就是分子链伸直和卷曲过程的宏观表现。

当温度继续升高,由于链段的剧烈运动,整个大分子重心发生相对位移(大分子与大分子之间产生了相对滑移),这时高聚物在外力作用下,呈现黏性流动。这种流动形变是不可逆的,这种具有黏性(或塑性)的力学状态称为黏流态。

由玻璃态向高弹态的转变称为玻璃化转变,对应的转变温度称为玻璃化温度 T_g,由高弹态向黏流态的转变称为黏流转变,对应的转变温度称为黏流温度 T_f。由图 8-2(b)可看出,当结晶性高聚物处于晶态时,结晶相所承受的应力远大于非晶相,它的热-机械曲线在温度到达其非晶部分的 T_g 时不出现明显的转折。当温度升至 T_m(熔点)时,由于晶格被破坏,晶区熔融,高分子运动加剧,聚合物进入黏流态,见图 8-2(b)中的曲线 M_1。假如其分子量很大,导致 $T_f>T_m$,则晶区熔融后,聚合物仍未呈现黏流,链段却随外力而伸展(卷曲)出现高弹态,直至温度升到 T_f 以上,方可呈现黏流态,如图 8-2(b)中的曲线 M_2。后一种情况对成型加工是很不利的,因为聚合物进入高温高弹态时,加工将很难进行,再升温又可能导致分解,所以结晶聚合物分子量应控制得低些,只要满足机械强度即可。

8.2.2 成型方法与成型温度的对应关系

工程塑料的成型方法与成型温度的对应关系如图 8-3 所示。

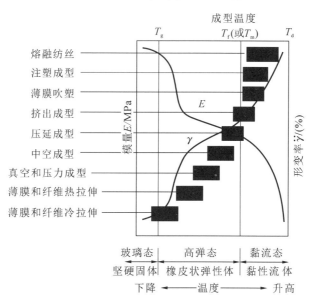

图 8-3 塑料成型方法与成型温度的对应关系图

图 8-3 中,熔融纺丝、注塑成型、薄膜吹塑、挤出成型、压延成型称为塑料的一次成型,即通过这些成型方法可一次性地制备出最终塑料制品;而塑料的中空成型、真空和压力成型、薄膜和纤维的热拉伸和冷拉伸均称为塑料的二次成型,即在一次成型出来的半成品基础上再次成型加工才能制备出最终制品。聚合物(特别是塑料)的加工性好坏(难易)的表征方法就是流变学。

8.2.3 塑料加工的流变学基础

流变学是研究物质(材料)的流动与变形的科学,也就是研究材料的流动变形与造成材料流变的各种因素之间的关系的一门学科。它是介于力学、化学和工程学之间的边缘学科。流动是液体材料的属性,而变形是固体材料的属性。液体流动时,表现出黏性行为,产生永久变形,形变不可恢复并耗散掉部分能量;而固体变形时表现出弹性行为,其产生的弹性形变在外力撤销时能够恢复,且产生形变时储存能量,形变恢复时还原能量,材料具有弹性记忆效应。通常,液体流动时遵从牛顿流动定律,称为牛顿流体;固体变形时遵从胡克定律,称为胡克弹性体。从图 8-4 的对比可以看出,流变性的实质是固-液两相性同存,是一种黏弹性表现,但这种黏弹性在大多数情况下不是简单的线性黏弹性,而是复杂的非线性黏弹性。

图 8-4 液体流动与固体变形的特性对比

高分子液体(熔体和溶液)流动时表现出典型的黏弹性行为,但这种黏弹性不是普通牛顿流体和胡克弹性体的简单加和,而属于非线性黏弹性,其脉络图如图 8-5 所示。可以看出,高分子液体的流变学非常复杂,经典理论显得苍白无力,却给高分子流变学带来了十分有趣和丰富多彩的研究课题以及广阔的发展空间。

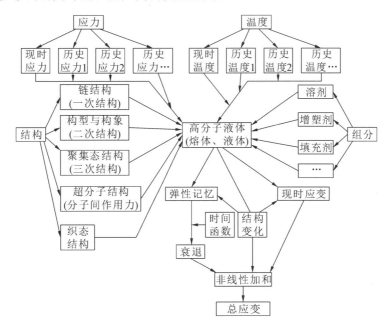

图 8-5　高分子液体流变学脉络图

8.2.4　工程塑料熔体流动曲线

凡是剪切应力和剪切速率之间的关系不服从牛顿流动定律的流体通称为非牛顿流体。非牛顿流体又可分为几种类型,主要有:(1) Bingham 塑性体;(2) 假塑性流体;(3) 胀塑性流体;(4) 触变性流体;(5) 震凝性流体。其中绝大多数高分子液体(包括塑料熔体)属于假塑性流体。其主要特征是当流动很慢时,剪切黏度保持为常数;而随着剪切速率的增大,剪切黏度大幅度地减小。典型的流动曲线如图 8-6 所示。

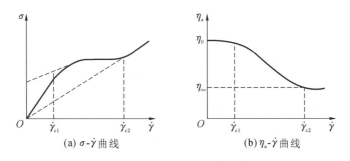

图 8-6　假塑性高分子液体的流动曲线

从图 8-6 可以看出,流动曲线大致可以分为三个区域:$\dot{\gamma} \to 0$ 时,σ-$\dot{\gamma}$ 呈线性关系,液体流动性质与牛顿流体相仿,黏度趋于常数,称为零剪切黏度 η_0,这一区域称为线性流动区,或第一牛顿流动区。零剪切黏度是材料的一个重要常数,它与材料的平均分子量、黏流活化能、结构等有关。

当剪切速率超过某一临界剪切速率 $\dot{\gamma}_{c1}$ 后，材料流动性质表现为非牛顿性，剪切黏度（实际上是表观剪切黏度 η_a）随剪切速率的增大而减小，出现"剪切变稀"行为。这一区域是高分子材料加工的典型区域，也称为假塑性区，或非牛顿流动区，或剪切变稀区。

当剪切速率非常高，即 $\dot{\gamma} \to \infty$ 时，剪切黏度又会趋于另一个定值 η_∞，称为无穷剪切黏度，这一区域有时称为第二牛顿流动区。这一区域通常很难达到，因为在此之前流动已变得极不稳定，甚至破坏。

8.2.5 幂律方程

为了描述高分子液体的流动规律，人们提出了许多个经验方程，简单而实用，在实际研究和生产中经常用到。Ostwald-De Wale 幂律方程就是应用较多的一个经验方程。

试验发现，许多高分子浓溶液和熔体，在通常加工的过程中，剪切速率范围大约为 $10^0 \sim 10^3 \text{ s}^{-1}$，在此范围内剪切应力和剪切速率满足下列经验公式：

$$\sigma = K \cdot \dot{\gamma}^n \text{ 或 } \eta_a = \sigma/\dot{\gamma} = K \cdot \dot{\gamma}^{n-1}$$

式中：K 和 n 为材料参数，可以通过试验测试出来，且

$$n = \frac{\mathrm{d}\ln\sigma}{\mathrm{d}\ln\dot{\gamma}}$$

n 称为材料的流动指数或非牛顿指数，实际上它等于 $\ln\sigma$-$\ln\dot{\gamma}$ 双对数坐标中曲线的斜率。K 是与温度有关的参数。对牛顿流体，$n=1$，$K=\eta_0$；对假塑性流体，$n<1$，n 越小，则非牛顿性越强。但是对同一种材料而言，n 值也随剪切速率范围而改变，如表 8-1 所示。

表 8-1 部分塑料的 n 值随剪切速率的变化

剪切速率	聚甲基丙烯酸甲酯,230 ℃	聚甲醛,200 ℃	尼龙66,280 ℃	乙烯-丙烯共聚物,230 ℃	低密度聚乙烯,170 ℃	聚氯乙烯,150 ℃
0.1	—	—	—	0.93	0.70	—
1	1.00	1.00	—	0.66	0.44	—
10	0.82	1.00	0.96	0.46	0.32	0.62
100	0.46	0.80	0.91	0.34	0.26	0.55
1×10^3	0.22	0.42	0.71	0.19	—	0.47
1×10^4	0.18	0.18	0.40	0.15	—	—
1×10^5	—	—	0.28	—	—	—

n 值可以作为非牛顿流体非线性强弱的量度，因此所有影响材料非线性性质的因素也必对 n 值产生影响。如：T 增大，非线性增强，n 减小；剪切速率增大，非线性增强，n 减小；分子量增大，非线性增强，n 减小；填料量增大，非线性增强，n 减小；增塑剂增大，非线性减弱。

幂律方程形式简单，在工程上有较大的实用价值。许多考虑了假塑性行为的软件采用幂律方程作为本构方程进行计算。但幂律方程也有局限性，一是物理意义不明确，不能描写材料的弹性行为；二是 n 值具有多变性，其适用的剪切速率范围较窄，在应用中要注意。图 8-7 是几种塑料熔体剪应力与剪切速率的关系，可以看出，这些塑料的 σ-$\dot{\gamma}$ 关系与幂律方程吻合程度高，其中每条直线的斜率即为 n 值。

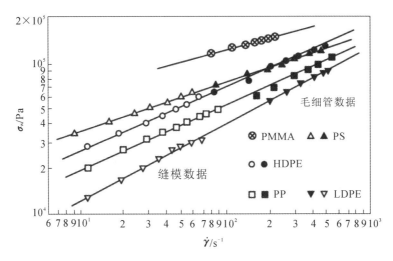

图 8-7　几种塑料熔体剪应力与剪切速率的关系（测试温度 200 ℃）

8.2.6　工程塑料在加工过程中的结晶行为

在成型加工过程中，聚合物会发生一些物理和化学变化。例如在某些条件下，聚合物能够结晶或改变结晶度，能借外力作用产生分子取向，当聚合物分子链中存在薄弱环节或有活性反应基因（活性点）时，还能发生降解或交联反应。加工过程出现的这些物理和化学变化，不仅能引起聚合物出现如力学、光学、热性质以及其他性质的变化，而且对加工过程本身也有影响。

塑料成型、薄膜拉伸及纤维纺丝过程中常出现聚合物结晶现象，但结晶速度慢、结晶具有不完全性和结晶聚合物没有清晰的熔点是大多数聚合物结晶的基本特点。当聚合物熔体或浓溶液冷却时，熔体中的某些有序区域开始形成尺寸很小的晶胚，晶胚长大到某一临界尺寸时转变为初始晶核；然后大分子链通过热运动在晶核上重排而生成最初的晶片，晶片继续生长而形成球晶，如图 8-8 所示。

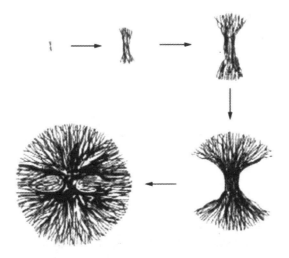

图 8-8　球晶的结构和生长过程示意图

聚合物结晶的不完全性，通常用结晶度表示。一般聚合物的结晶度在 10%～60% 范围内。结晶受温度的影响较大，如图 8-9 所示。

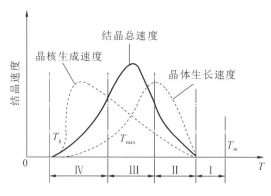

图 8-9 温度对聚合物结晶的影响

显然,成型过程中的冷却速率会严重影响聚合物的结晶速度。如果将聚合物熔体从高温骤然降至聚合物的玻璃化转变温度以下,即使是结晶性聚合物也可能得到非晶态固体。以上讨论的是均相成核的结晶过程。如果聚合物熔体中有其他物质,这些外来物质对结晶过程的影响是比较复杂的。有的外来物质会阻碍结晶过程的进行;有的外来物质却能起到成核剂的作用,加速结晶过程,并且减小温度条件对结晶速度的影响。常用的成核剂是微量的高熔点聚合物,它可在熔体冷却时首先结晶。无机或有机结晶物质也可作为成核剂。

8.2.7　工程塑料在加工过程中的降解行为

交联聚合物在加工过程中,要受到高温、强剪切应力等的作用,在这些因素的作用下,高分子链会发生断链,因而分子量下降,这就是降解。

加工过程中聚合物降解机理有如下几点:

(1) 自由基连锁降解反应。

由热、应力等物理因素引起的降解属于这一类。在高温或剪切力的影响下,聚合物的降解常常是无规则地选择进行的。这是因为聚合物中所有化学键的能量都十分接近。在这些物理因素的作用下,降解机理也极其相似,降解通常是通过形成自由基的中间步骤按连锁反应机理进行,包括自由基的形成、链转移和链减短、链终止几个阶段。

① 自由基的形成。聚合物大分子主链上任意化学键(C—C、C—O 或 C—H 等)断裂都会产生初始自由基,能量则由热或应力作用提供。

② 链转移和链减短。初始自由基使相邻 C—C 键断裂,在形成新自由基的同时形成分子链末端有双键的降解产物,或形成新自由基的同时析出单体物质,或自由基向邻近大分子转移,产生有支链的降解产物。

③ 链终止。自由基重合而链终止,过程中伴随着聚合物结构的改变,形成线性降解产物。

(2) 逐步降解。

逐步降解往往是含有微量水分、酸或碱等杂质的聚合物在高温加工过程中进行的有选择性降解,降解一般发生在碳—杂链(如 C—N,C—O,C—S,C—Si)等处。这是因为碳—杂链的键能较小、稳定性差。降解具有逐步反应的特征,每一步具有独立性,中间产物稳定,断链的概率随分子量增大而增大,所以随着降解反应的逐步进行,聚合物的分子量逐渐减小,其分子量分散性也逐步减小。含有酰胺、酯、缩醛等官能团的聚合物容易在高温下发生水解、酯解、酸解、胺解等降解反应,对 PC(Polycarbonate,聚碳酸酯)来说,微量水分就可引起显著降解反应。

8.3 工程塑料常见的成型工艺方法

8.3.1 塑料挤出成型

挤出成型又叫挤塑、挤压、挤出模塑，是借助螺杆和柱塞的挤压作用，使塑化均匀的塑料强行通过模口而成为具有恒定截面和连续制品的成型方法。挤出工艺分为连续式和间歇式两种方法。

与其他成型方法相比，挤出成型有以下特点。

(1) 操作简单，工艺易控，可连续化、自动化生产，生产效率高，质量稳定，适于大批量生产。

(2) 应用范围广，绝大部分热塑性塑料及部分热固性塑料，如聚氯乙烯(polyvinyl chloride,PVC)、聚苯乙烯(polystyrene,PS)、丙烯腈-丁二烯-苯乙烯(acrylonitrile butadiene styrene,ABS)、聚碳酸酯、聚乙烯(polyethylene,PE)、聚丙烯(polypropylene,PP)、尼龙(polyamide,PA)、丙烯酸树脂、环氧树脂、酚醛树脂及密胺树脂等都可采用挤出成型工艺生产。除在塑料、橡胶、合成纤维的成型加工中广泛应用外，挤出成型工艺也可用于塑料的着色、混炼、塑化、造粒及聚合物的共混改性等。以挤出为基础，配合吹胀、拉伸等技术则可发展为挤出-吹塑成型和挤出-拉伸成型等工艺，这些工艺可用于制造中空吹塑和双轴拉伸薄膜等制品。

(3) 根据产品的不同要求，通过改变机头口模(型)，即可成型各种断面形状的产品或半成品。

(4) 设备简单，投资少，见效快，占地面积小，生产环境卫生，劳动强度低。

在挤出成型过程中，塑料经历了固体—弹性体—黏流(熔融)体的形变过程，在螺杆和料筒之间，塑料沿着螺槽向前流动。在此过程中，塑料有温度、压力、黏度甚至化学结构的变化，因此挤出过程中塑料的状态变化和流动行为相当复杂。多年来，许多学者进行了大量的实验研究工作，提出了多种描述挤出过程的理论，比如固体输送理论、熔融理论、熔体输送理论，有些理论已基本上获得应用。但是各种挤出理论都存在不同程度的片面性和缺点，因此，挤出理论还在不断修正、完善和发展中。

单螺杆挤出机(single screw extruder)是塑料挤出成型的关键设备，如图8-10所示。一台普通的单螺杆挤出机一般由下列四部分组成：① 加料系统；② 挤压系统，它主要由螺杆和料筒组成，是挤出机的关键部分；③ 传动系统，其作用是驱动螺杆，保证螺杆在工作过程中所需要的扭矩和转速；④ 加热冷却系统，它保证塑料和挤压系统在加工过程中的温度控制要求。

挤出工程的发展表明，更多的过程，如交联、发泡、接枝、嵌段、调节分子量甚至聚合反应等化学过程都愈来愈多地在螺杆挤出机上进行。螺杆挤出机这种工艺装备逐步取代了一些由多台经典的化工装备组成的生产线。以连续生产代替间歇生产，必然有较高的生产率和较低的能耗，减少了生产面积和操作工人数量，也易于实现生产自动化，还有较好的劳动条件和较小的环境污染。与此同时，螺杆的搅拌作用也提高了混合质量。

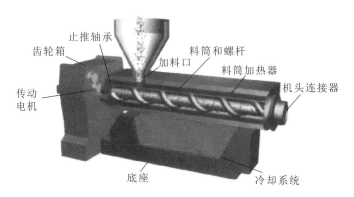

图 8-10 单螺杆挤出机的结构示意图

8.3.2 塑料注塑成型

8.3.2.1 注塑成型

注塑成型的基本原理就是利用塑料的可挤压性与可模塑性,首先将松散的粒状或粉状成型物料从注塑机的料斗送入高温的机筒内加热熔融塑化,使之成为黏流态熔体,然后在柱塞或螺杆的高压推动下,以很高的流速通过机筒前端的喷嘴注射进入温度较低的闭合模具中,经过一段保压冷却定型时间后开启模具便可以从模腔中脱出具有一定形状和尺寸的塑料制品。注塑成型生产工艺流程如图 8-11 所示。

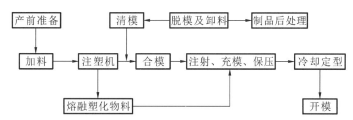

图 8-11 注塑成型生产工艺流程示意图

注塑成型的生产周期短,生产率高,采用注塑成型可以生产形状复杂、尺寸要求高及带有各种嵌件的塑料制品,这是其他塑料成型方法都难以达到的。此外,注塑成型在生产过程容易实现自动化,如注射、脱模、切除浇口等操作过程都可实现自动化,因而注塑成型得到了广泛的应用。然而注塑成型也具有注塑设备价格较高,注塑模具结构复杂,生产成本高、生产周期长,不适合于单件小批量的塑件生产的缺点。

8.3.2.2 反应注塑成型

自 20 世纪 70 年代以来,反应注塑成型(RIM)由于具有设备投资及操作费用低、制件外表美观、耐冲击性好、设计灵活性大等优点,故取得了蓬勃的发展。反应注塑成型,是将两种以上低分子量单体或预聚体在压力下通过混合器注射入密闭模具中,单体或预聚体通过缩聚反应在模腔内形成塑料制品的成型方法。通过配方调整可得到不同密度范围的软硬制品,既可得到低密度的发泡材料、高低密度的结构发泡材料,也可得到由低到高不同模量的弹性体,如聚氨酯或聚氨酯/聚酯复合塑料。

反应注塑成型原理如图 8-12 所示。两种参加反应成型的液态物料从储料罐中经高压计量泵被精确泵入混合头中,在高压下经撞击均匀混合后被注入紧靠混合头的密闭模腔内进行化学反应,发泡剂(低沸点液体)在模腔内汽化,使反应物料发泡并充满模腔,固化定型后,开模顶出即得到制品。

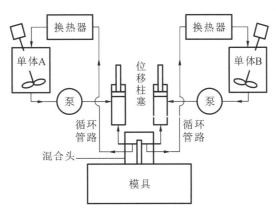

图 8-12　反应注塑成型原理

反应注塑成型的特点是:直接采用液态单体和各种添加剂作为成型物料,且不经过加热塑化即注入模腔,从而省去聚合、配料和塑化等操作,既简化了制品的成型工艺过程,又减少了能源消耗。液态物料的黏度低,充模流动性好,所需的充模压力和锁模力都很低,有利于降低成型设备和模具的成本。由于液态原料浓度低,充模容易,制品固化均匀,成型周期短,一般不超过 2 min,因此特别适合于成型极薄制品和大型、厚壁制品。由于成型过程伴随有化学反应发生,因此模具要有排气系统以便及时排除低分子副产物或残留单体,以免产生气孔或裂痕。反应注塑成型制品收缩大,必须有补料保压机构。反应注塑成型对液态反应物的要求比较高,要求两组分在模内快速反应并固化成型,所以单体或聚合物要有较高的反应活性并能控制反应速度。塑件中带有金属嵌件并不影响正常的加工过程,因此,包含钢筋、凸台、缺口、吊耳等金属嵌件的塑件也能顺利成型。反应注塑成型制品脱模困难,常需人工辅助脱模,增加了劳动强度。

8.3.2.3　气体辅助注塑成型

气体辅助注塑成型技术是一项新兴的塑料注塑成型技术,此技术最早可追溯到 1971 年,美国尝试用加气注塑成型方法制造中空鞋跟,但未取得成功,1983 年英国采用低发泡注塑成型法制造建筑材料时衍生出能控制塑料制品内部压力的成型方法,称之为气体辅助注塑成型。该技术很快得到迅速的发展,推动了各行业的进步。

气体辅助注塑成型的原理是利用高压气体在塑件内部产生中空截面,利用气体保压代替塑料注射保压,消除制品缩痕,完成注塑成型过程。气体辅助注塑成型过程是先向模具型腔中注入经准确计量的塑料熔体[图 8-13(a)],再通过特殊的喷嘴向熔体中注入压缩气体,气体在熔体内沿阻力最小的方向扩散前进,推动熔体充满型腔并对熔体进行保压[图 8-13(b)],待塑料熔体冷却凝固后排去熔体内的气体,开模推出制品[图 8-13(c)]。压缩气体一般选用氮气,这是因为氮气价廉易得,且不与塑料熔体发生反应。

气体辅助注塑成型技术的主要优点:①制品残余应力较低;②翘曲变形较小;③缩痕较小甚至没有;④有更大的设计自由度;⑤制品综合性能提高;⑥与结构发泡相比,制品外观质量得到提高;⑦中空制品更加易于填充,物料流动距离更长,刚度与质量之比更大;⑧与实心制品相比,成型周期缩短,合模力吨位要求降低,注射压力降低;⑨用气道系统取代热流道系统,模具成本降低。

气体辅助注塑成型技术的主要缺点:①受专利使用权限制。②有一定附加的成本。一

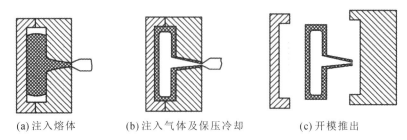

(a) 注入熔体　　　(b) 注入气体及保压冷却　　　(c) 开模推出

图 8-13　气体辅助注塑成型过程示意图

方面是气体辅助注塑成型的专用设备要求的附加费用；另一方面是气体的使用。③气体喷嘴的设计及位置的选择相当困难。

8.3.3　塑料压延成型

塑料压延成型是借助滚筒产生强大的剪切力，使黏流态物料多次受到挤压和延展作用，成为具有一定宽度和厚度的薄层制品的过程。

压延过程一般分为前后两个阶段：前阶段是压延前的备料阶段，主要包括原材料的制作、塑化、热炼和向压延机供料等；后阶段是压延成型的主要阶段，包括压延、牵引、轧花、冷却、卷绕、切割等。因此，压延工艺所用的设备主要是压延机，此外还包括挤出机、供胶装置、干燥冷却装置、轧花和卷曲装置等附属装置，共同组成联动生产线，如图 8-14 所示。

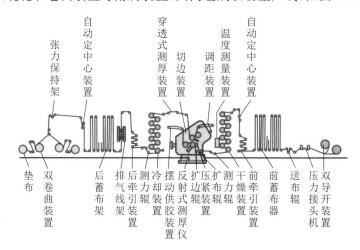

图 8-14　斜 Z 形四辊压延机联动装置

8.3.4　塑料热成型

热成型是将热塑性塑料片材加热至软化，在气体压力、液体压力或机械压力下，采用适当的模具或夹具而使其成为制品的一种成型方法，属塑料的二次成型方法。热成型的工艺方法早在 19 世纪末就为人们所知晓，在 20 世纪 40 年代开始了工业化生产，近年来，作为塑料加工技术中的一种方法得到广泛的应用。

热成型原理：利用热塑性塑料片材作为原料来制造塑料制品，将一定尺寸和固定形状的片材夹在框架上，并将其加热到热弹态，然后凭借施加的压力使其贴近模具型面，因而取得与型面相仿的形状，成型的片材冷却后可从模具中取出，经过适当的修整即可得到制品。大多数热塑性塑料片材都可作为热成型所用的原料，如 PS、PMMA（聚甲基丙烯酸甲酯）、

PVC、ABS、PE、PP、PA、PC等。

与其他热塑性塑料成型方法相比,热成型有许多优点:①适应性强,可以成型特大、特小、特厚或特薄的制品;②应用范围广,日常生活中器皿、食品和药品包装、汽车部件等均可采用热成型方法制作;③设备投资少,热成型压力不大,对设备要求不高;④模具制造方便,所需强度低,除金属之外,木材、塑料、石膏等均可作为模具。热成型的缺点:①所用原料片材或薄膜的成本高;②制品后加工工序多;③只能生产半壳形制品,且其深度也有一定的限制。

塑料热成型方法有差压成型、模压成型、对模成型、柱塞辅助成型、预吹-辅助柱塞成型、回吸成型、双片热成型等几种方式。热成型特别适用于壁薄、表面积大的制品的制造。常用热成型方法生产的塑料品种有各种类型的聚苯乙烯、有机玻璃、聚氯乙烯、ABS、聚乙烯、聚丙烯、聚酰胺、聚碳酸酯和聚对苯二甲酸乙二醇酯等。塑料热成型制品的类型有日用器皿、医用器皿、电子仪表附件、广告牌、玩具、包装用具等,另外还有汽车部件、建筑构件、化工设备、雷达罩和飞机舱罩等。热成型工艺流程如图8-15所示。

板(片)材的夹持 → 加热 → 成型 → 冷却 → 脱模 → 初制品

图 8-15　热成型工艺流程

8.3.5　塑料压制成型

压制成型是高分子材料成型加工技术中历史最久,也是最重要的方法之一,广泛用于热固性塑料的成型加工。这种成型方法是将粉状、粒状或纤维状等塑料放入成型温度下的模具型腔中,再闭模加压使其成型固化的作业方法。根据成型物料的性状和加工设备及工艺的特点,压制成型可分为模压成型和层压成型两大类,前者包括热固性塑料的模压成型(压缩模塑)、橡胶的模压成型(模型硫化)和增强复合材料的模压成型,后者包括复合材料的高压压制成型和低压压制成型。

压制成型的主要特点是需要较大的压力,加压的目的是加速热固性塑料和橡胶成型时的物理化学变化,防止制品出现气泡,保证制品的质量。对于一些不饱和聚酯树脂的压制成型,因为没有低分子物析出,一般不用加压或仅需加少量的压力即可,这样的压制称为低压成型或接触成型。压制成型的主要优点是可压制较大平面的制品,可利用多槽模进行大量生产;其缺点是生产周期长、效率低,不能压制尺寸精确度要求高的制品。

压制成型的原理如图8-16所示,首先将松散状(粉状、粒状或纤维状等)或预压锭的塑料放入成型温度(一般为130～180 ℃)下的模具型腔中,如图8-16(a)所示;然后以一定的速度合模,接着加热加压,使塑料在热和压力的作用下逐渐变成黏流态并充满型腔,如图8-16

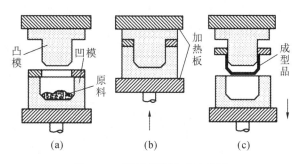

图 8-16　压制成型原理示意图

(b)所示;塑料中的高分子与固化剂发生交联反应,逐步转变为具有一定形状的不熔的硬化塑件,最后经保压一段时间使制品完全定型并达到最佳性能时,开模、脱模并取出制件,如图8-16(c)所示。压制成型工艺过程如图 8-17 所示,主要包括嵌件安放、加料、合模、排气、固化、开模、脱模、后处理几部分。

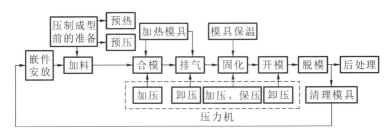

图 8-17　压制成型工艺过程

8.3.6　塑料传递模塑成型

传递模塑成型又称注压成型、传递成型或压铸成型,它是以模压成型为基础,吸收了热塑性塑料注塑成型的经验而发展起来的一种用于热固性树脂复合材料的成型方法。传递模塑成型与模压成型的区别在于所用的模具在成型模腔之外另有一加料室,物料的熔融在加料室完成,成型在模腔内完成。传递模塑成型与注塑成型的区别只是在于传递模塑时塑料是在压模上的加料室内受热熔融的,而注塑成型时物料是在注射机料筒内塑化的。

传递模塑成型的基本方法是:首先把增强材料预制件放置在设计好的下半模腔中,盖好上半模具后,锁定闭合模腔并密封,防止注射树脂时泄压;其次将热固性模塑料或预压料片加入压模上的加料室内,使其受热软化,变成具有流动性质的熔融体;再次由压机对与传递料筒相配合的压柱施压,在压力作用下,已与固化剂混合的熔融树脂通过加料室底部的浇口和模具的流道进入加热的闭合模腔内,模腔内的空气和多余的树脂通过模具上的排气孔排出。树脂充分浸润增强材料后固化,脱模可得制品。

一般来说,热固性塑料制品的主要成型方法是模压成型,但它存在着难以制造结构复杂、薄壁或壁厚变化大、带有精细嵌件的制品,以及制品尺寸精度不高,成型周期长等缺点。传递模塑成型的出现克服了模压成型的缺点。

传递模塑成型与模压成型相比有以下主要特点:

① 可以模塑深度较大的薄壁制品、带有深孔的制品、形状比较复杂以及带有细小金属嵌件的制品。

② 预制件中填料的含量可高达 70%,从而可以降低制品的成本。

③ 成型时分型面处溢料少且飞边薄,易于修整。

④ 传递模塑为闭合模具成型,因而产品表面质量非常好,尺寸精度高。

⑤ 成型物料在加料室内已经预先加热熔融,故进入模腔时温度比较均匀,能较快固化,因此成型周期较短。

⑥ 模具的受损程度比压缩模具小,使用寿命长。

传递模塑成型的工艺条件较模压成型严格,操作技术要求较高,所用模具的结构比模压成型的复杂(如必须设置浇注系统),成型压力也比模压成型时高。因压铸后加料室内仍会留有部分余料,所以消耗的物料比较多。

与模压成型一样,传递模塑成型需控制的主要工艺参数也是成型压力、模塑温度和模塑时间,但是由于传递模塑成型的操作过程与模压成型不同,因此工艺参数的选择有所差异。图 8-18 为传递模塑成型的工艺流程简图。

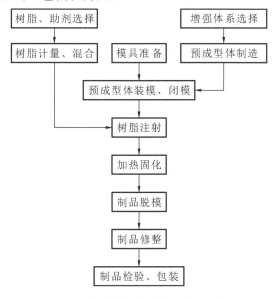

图 8-18　传递模塑成型的工艺流程简图

8.3.7　塑料中空吹塑成型

中空吹塑是指借助流体(压缩空气)压力将闭合模中的高温热塑性塑料型坯或片材吹胀成为中空制品的一种成型方法。

中空吹塑基本上可以分为两大类:挤出-吹塑和注射-吹塑。两者的主要不同点在于型坯的制备过程,后面的吹塑过程基本相同。在这两种成型方法的基础上发展起来的有:挤出-拉伸-吹塑(简称挤-拉-吹),注射-拉伸-吹塑(简称注-拉-吹)以及多层吹塑等。

图 8-19 所示是塑料中空吸塑成型的周期顺序示意图。实际的吹塑成型周期有 4 个步

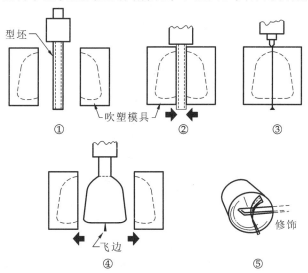

图 8-19　中空吹塑成型的周期顺序

骤,再加上修边共有 5 个步骤:①熔融或塑化树脂;②将熔融的中空管子型坯或预成型型坯放到两个半模中间;③模具在型坯周围闭合;④仍处在熔融状态的型坯被夹紧,用能把熔融型坯吹到冷模具内表面的压缩空气吹胀,当制品冷却定型后打开模具,顶出成型的制品;⑤修掉多余的飞边。

8.3.8　泡沫塑料成型

泡沫塑料是以各种高分子聚合物为主体基料,经加入适量的发泡剂、催化剂、表面活性剂(匀泡剂)、阻燃剂等助剂,在一定条件下形成内部含有无数微小泡沫的制品。可以说,泡沫塑料是以气体为填料的复合塑料。目前,泡沫塑料主要品种有聚氨酯树脂泡沫、聚苯乙烯树脂泡沫、聚乙烯树脂泡沫、聚氯乙烯树脂泡沫、酚醛树脂泡沫、脲醛树脂泡沫、氮尿素泡沫,还有环氧树脂泡沫、聚碳酸酯泡沫等,它们具有轻质、绝热、保温、隔热、隔音、比强度高、导热系数低、吸湿性小、缓冲防震等特点。几乎各种塑料均可做成泡沫塑料,泡沫塑料成型已成为塑料加工中一个重要领域。

20 世纪 60 年代发展起来的结构泡沫塑料,以芯层发泡、皮层不发泡为特征,外硬内韧,比强度(以单位质量计的强度)高,耗料省,日益广泛地代替木材用于建筑和家具工业中。聚烯烃的化学或辐射交联发泡技术取得成功,使泡沫塑料的产量大幅度增加。经共混、填充、增强等改性处理后制得的泡沫塑料,具有更优良的综合性能,能满足各种特殊用途的需求。例如,用反应注塑成型工艺制得的玻璃纤维增强聚氨酯泡沫塑料,已用作飞机、汽车、计算机等的结构部件;用空心玻璃微珠填充聚苯并咪唑制得的泡沫塑料,质轻且耐高温,已用于航天器中。

如图 8-20 所示,泡沫塑料的成型和定型过程一般可分为三个阶段:气泡核的形成、气泡的增长、气泡的稳定。

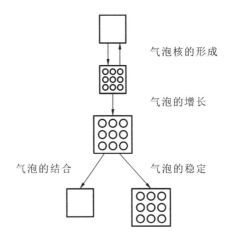

图 8-20　泡沫塑料的成型和定型过程

泡沫塑料品种繁多,发泡方法各有不同,常用的方法有物理发泡法、化学发泡法和机械发泡法。

(1) 物理发泡。

物理发泡法借助于发泡剂在树脂中物理状态的改变,形成大量的气泡,发泡过程中没有化学反应发生。物理发泡剂可分为三类:惰性气体、低沸点液体和固态空心球。

(2) 机械发泡。

机械发泡法是用强烈的机械搅拌将空气卷入树脂的乳液、悬浮液或溶液中,使其成为均匀的泡沫物,而后经过物理/化学变化使之稳定成为泡沫塑料。为了便于搅拌,聚合物应有足够的流动性,所以往往使用溶液、乳液或悬浮液。机械发泡法通常应用于脲醛、聚乙烯醇缩甲醛、聚乙酸乙烯、聚氯乙烯溶胶等泡沫的生产中。

(3) 化学发泡。

化学发泡法是指发泡气体由混合原料的某些组分在制造过程中的化学作用产生。此法有两种:①将发泡剂加入树脂中经加热加压分解出气体而发泡,这是最常用的发泡办法;②通过原料配制,使原料各组分之间相互反应放出气体而发泡。

8.4 工程塑料轻量化成型工艺应用案例

8.4.1 汽车发动机及发动机附件系统应用

工程塑料主要是指能够用作结构材料的热塑性塑料。工程塑料具有良好的综合性能,刚性大,蠕变小,力学性能高,耐热性好,电绝缘性好,能够在较苛刻的化学、物理环境中长期使用,可作为结构材料使用,是金属材料的理想替代材料。随着材料研究与制造技术的发展,高强度、低密度的塑料材料体系不断完善,工程塑料在汽车零部件中的应用范围也日益扩大。

汽车设计中的发动机附件主要包含进气系统、排气系统、冷却系统、燃油供给系统。进气系统的设计主要是设计空气滤清器及进气管路。排气系统的设计主要是催化器、消声器的设计。其中进排气设计还涉及噪声分析、气流场分析、振动分析等仿真。冷却系统的设计主要是散热器、膨胀水箱及风扇的设计。燃油供给系统的设计主要是燃油箱、燃油泵、炭罐、电磁阀及燃油滤清器的设计。工程塑料在发动机及其附件系统中的主要应用如图8-21所示。各种工程塑料在汽车领域的主要应用也列于表8-2中。

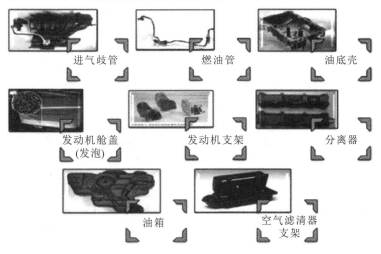

图8-21 工程塑料在发动机及其附件系统中的主要应用

表 8-2 工程塑料在发动机及其附件系统中的主要应用

系统	零部件	塑料材质
发动机本体	缸体上盖罩	PA(聚氨酯,尼龙)66+GF(玻纤)、PA66+GF+无机矿物粉、PA6+GF、SMC(片状模塑料)/BMC(团状模塑料)
	固定支架	PA66+GF
进气系统	进气管(导管)	TPO(聚烯烃类热塑性弹性体)、PP+GF、PA6+GF
	空气滤清器壳	PP+GF、PA6+GF
	缓冲罐	PA66+GF、PA6+GF
	进气歧管	PA66+GF、PA6+GF
	节流阀体	PA66+GF
冷却系统	散热器水室	PA66+GF、PA66/612+GF
	散热器支架	SMC、PA66+GF
	水泵出水管	PA66+GF、芳香族 PA+GF
	耐热螺栓衬垫(罩盖)	芳香族 PA+GF、PPS(聚苯硫醚)+GF
	冷却风扇	PP+GF、PA6+GF、PA66+GF
	风扇护罩	PP+GF、PA6+GF、PA66+GF
油路阀门系统	油底壳	PA6+GF、尼龙钢板
	滤油器座	PP+GF
	加油口盖、油面尺	PA66、PBT(聚对苯二甲酸丁二醇酯)+GF、PET(聚对苯二甲酸乙二醇酯)+GF
	同步带轮罩	PA66+GF、PA6+GF、PP+GF
	张紧轮	PA66+GF
	链导槽	PA66+GF
	凸轮链轮	PF(苯酚-甲醛树脂)+GF
发动机装饰罩盖	装饰罩盖	PA6+(GF+无机矿物粉)、PA66+无机矿物粉、PA6+无机矿物粉、PA66+(GF+无机矿物粉)
电气系统	点火线圈	PBT+GF
	分电器盖	PPS+GF、PBT+GF
	蓄电池盖	PP+GF
	自控器盒	PPS+GF、PBT+GF
燃油供给系统	燃油输出管	PA66+GF
	燃油喷射管	PA66+GF
	燃油滤清器盒	PA66+GF
	燃油管	PA11、PA12、氟树脂/PA(内层+黏合层+外层)
	燃油箱	PA66

8.4.2 汽车内外饰和闭合件系统应用

内外饰是汽车中使用塑料比例最高的模块,涉及的材料种类、用途及技术要求也较复杂。人们日常使用车辆时,最经常观察或接触到的就是内外饰零部件,因此内外饰件直接影响到人们对汽车品质认知以及乘车感受,相应的内外饰零部件设计需综合考虑其外观精致性、触感舒适性以及法规安全性等多方面因素。为实现丰富多样的汽车外观效果,提升舒适度,内外饰部件通常需进行表面处理,常见工艺有喷涂、水转印、模内装饰技术(in-mold decoration,IMD)、电镀、包覆等,不同工艺对材料选择及性能也有着不同的要求。

工程塑料在汽车内饰中的应用主要集中在仪表板、侧围、座椅等部分,在汽车外饰中的应用集中在前端模块、前后保险杠、轮罩及装饰件部分,在车身及闭合件中的应用集中在防撞梁、塑料翼子板、树脂车窗和塑料尾门等部分,如图8-22所示。工程塑料的典型应用有前后保险杠及支架、仪表板本体、门板和副仪表板、仪表板横梁、前端框架、天窗骨架、天窗导轨、天窗排水管、侧围板、轮罩、扰流板、中网、后防撞梁等,如图8-23所示。

图 8-22 工程塑料在内外饰和车身闭合件系统中的应用

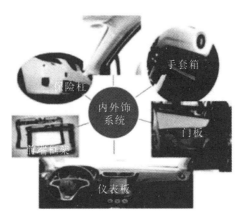

图 8-23 工程塑料在内外饰中的典型应用

从塑料材料品种上看,车身目前用量最多的是改性通用塑料和通用工程塑料,相比金属可减重 40%,且能耐侵蚀,耐轻微碰撞,在低速碰撞的情况下无须维修,从制造角度相比金属有更大的造型自由度,也便于零件集成,见表 8-3。

表 8-3 塑料轻量化典型应用清单

材料	零部件	减重情况
高刚性及流动性 PP/EPDM(三元乙丙橡胶)	保险杠	减重约 10%
PA/PPE(聚丙乙烯)	翼子板	减重约 40%
PPO(聚苯醚)/PA	加油口盖	减重约 60%
PC/PMMA	车窗	减重 40%~50%

8.4.3 汽车电子电器和空调系统应用

工程塑料在电子电器及空调系统中有着广泛应用,主要材料有 PA 合金、PC 合金、POM(polyformaldehyde,改性聚甲醛)等。PA 材料韧性好、机械强度高、耐磨,主要用于制造各种骨架、支撑件、齿轮、传动轮等;PC 的优点是透明、冲击强度高、尺寸稳定,主要应用在电器的透明部分(如窗、外壳、面板等),PC 合金则更多地用于制造电器外壳等零部件;PMMA 的机械强度较高、耐腐蚀、绝缘性能良好、尺寸稳定、透光性能好,用于制造汽车照明标识牌、车门玻璃和灯玻璃罩等透明结构件;POM 材料刚性高、自润滑性优异,在汽车上用于制造各种电器开关及电器仪表上的小齿轮、各种手柄及门锁等。

空调系统中,其内部小件工程塑料的应用与电子电器应用相似,风扇叶片材料主要为玻纤增强尼龙,空调出风口常选用 PC 合金制作。工程塑料在电子电器和空调系统中的轻量化典型应用清单见表 8-4,工程塑料在电子电器和空调系统中的创新应用如图 8-24 所示。

表 8-4 工程塑料在电子电器和空调系统中的轻量化典型应用清单

材料	零部件
PC	车灯
PPE	线束
PPA(聚邻苯二甲酰胺)	电子插接件

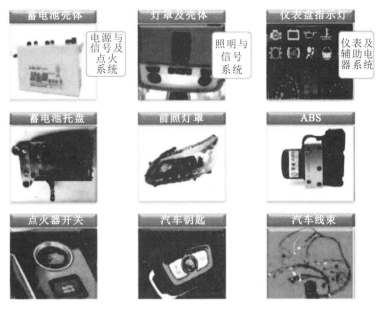

图 8-24 工程塑料在电子电器和空调系统中的创新应用

8.4.4 汽车底盘系统和安全系统应用

汽车底盘件大多需要承载很大的载荷,不易塑料化。目前在汽车转向、制动、传动、悬架系统中普遍采用塑料零件的有转向盘、转向柱套、转向组合开关、转向拉杆球碗、变速器操纵机构球碗、变速器操纵机构偏心架、变速器操纵杆滑动套、转向节衬套、行星齿轮垫片、半轴齿轮垫片、制动轮缸阀套等,如图 8-25 所示。

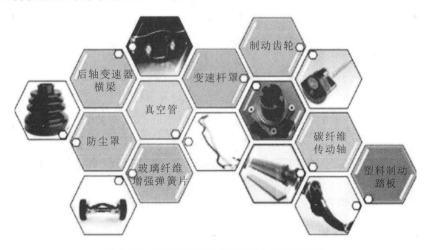

图 8-25 工程塑料在底盘系统上的典型应用

底盘上的塑料件不多,大部分用在需要耐磨的运动件上,这些运动件要求材料强度高、摩擦磨损性能好、耐腐蚀、疲劳耐久性好,因此 POM、PBT、PA 使用较多。工程塑料在安全系统上的应用主要有座椅安全带、收紧器、感应器、ABS 外壳等;在行驶系统上的应用主要有支座、横梁、副车架等;在转向系统中的应用有动力转向器内的蜗轮蜗杆副等。

第9章 非金属复合材料轻量化成型工艺

9.1 非金属复合材料轻量化成型工艺基础

9.1.1 复合材料成型原材料

复合材料成型的原材料主要包括预浸料、纤维织物、基体树脂三种类型。

(1) 预浸料。

预浸料是用定量的树脂(热固性或热塑性)浸渍纤维或织物后形成的中间材料。浸渍技术有溶剂浸渍、热熔体浸渍、粉末浸渍等。预浸料一般以"B阶段"状态或部分固化态储存。单向预浸带(所有纤维平行)是最常见的预浸料形式,它们提供单向增强作用。机织布及其他平面织物预浸料提供二维增强作用,它们一般成卷销售。用纤维预成型体和编织物制成的预浸料,则提供三维增强作用。图9-1所示为碳纤维平纹织物预浸料。

图 9-1 碳纤维平纹织物预浸料

预浸料具有稳定一致的纤维/树脂复合效果,能使纤维完全被浸透。使用预浸料,在模塑成型阶段就无须称量,也无须混合树脂、催化剂等。预浸料中,热固性预浸料的铺覆性和黏性较好,容易操作,但它们必须在低于室温的温度下储存,而且有使用期的限制。也就是说,它们脱离储存条件后必须在一定的时间内使用,以免发生过早的固化反应。而热塑性预浸料没有这些局限,但它们若无特殊的配方,就会缺乏热固性预浸料那样的黏性或铺覆性,因而更难操作。

预浸料一度被认为成本很高而不宜大量生产,但现在预浸料正在迅速成为从航空航天材料到可再生能源材料的理想原材料。实际上,预浸料市场在近年来经历了很大的发展。由于预浸料被广泛接受并面临一些新的市场机遇,目前预浸料行业在整体上颇具吸引力,其利润幅度高于平均水平。这一形势已吸引了投资商和用户的很大关注。世界上各大预浸料生产商也密切注视市场竞争动态,力图占有尽可能多的市场份额。而如何有效地满足用户要求则是决定预浸料生产商能否长期成功的关键。

(2) 纤维织物。

编织是一种基本的纺织工艺,是能够使两条以上纱线在斜向或纵向互相交织形成整体结构的预成型体。这种工艺通常能够制造出复杂形状的预成型体,但其尺寸受设备和纱线尺寸的限制。在航空工业,目前该技术主要集中在编织的设备、生产和几何分析上,最终目的是实现完全自动化生产,并将设备和工艺与CAD/CAM进行集成。该工艺技术一般分为两类:一类是二维编织工艺;另一类是三维编织工艺。

按织造方式的不同,纤维织物主要可以分为以下几类。机织碳纤维布,主要有平纹布、斜纹布、缎纹布、单向布等。针织碳纤维布,主要有经编布、纬编布、圆机布(套管)、横机布(罗纹布)等。编织碳纤维布,主要有套管、盘根、编织带、二维布、三维布、立体编织布等。机织碳纤维平纹织物和缎纹织物如图9-2所示。

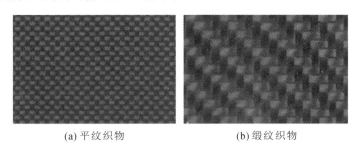

(a) 平纹织物　　　　　　(b) 缎纹织物

图9-2　机织碳纤维织物

(3) 基体树脂。

基体主要起连接、支撑和保护纺织增强件(纤维、线或织物)的作用,能使增强件保持在设计的方向和位置上,具有刚性和稳定性,还能使载荷均匀分布并传递到纤维上去。基体树脂可分为热固性树脂和热塑性树脂两大类。热固性树脂是指加热后产生化学变化,逐渐硬化成型,再受热既不软化也不溶解的一种树脂。热固性树脂在固化后,由于分子间交联而形成网状结构,因此刚性大、硬度高、耐高温、不易燃、制品尺寸稳定性好,但性脆。热固性树脂基体的可选择范围较大,且应用广,耗量大。常用的热固性树脂有聚酯、环氧、改性双马来酰亚胺、酚醛、脲醛等类型。

典型的热塑性树脂基体有聚醚醚酮(poly ether ether ketone, PEEK)、聚苯硫醚(polyphenylene sulfide, PPS)、聚醚酰亚胺(polyetherimide, PEI)等。采用热塑性树脂为基体的复合材料具有许多优于热固性复合材料的综合性能,热塑性复合材料最突出的优点是具有较高的韧性、优秀的损伤容限性能以及良好的抗冲击性能,有利于克服热固性树脂基复合材料层间韧性不足和冲击分层的缺点,可应用于使用环境较为苛刻、承载能力要求较高、容易受到强烈冲击的场合。另外,一些高性能热塑性复合材料(例如纤维增强PEI)的长期使用温度可达250 ℃以上,其耐热性能明显优于热固性复合材料;这些材料还具有优良的抗蠕变能力,可以在较高温度条件下长期使用。同时,热塑性复合材料的耐水性也高于热固性复合材料,可在潮湿环境下使用。热塑性复合材料的预浸料存放环境与时间无限制,废料还可以回收再利用,故通常称热塑性复合材料为"绿色材料"。热塑性复合材料在加工过程中不发生化学反应,成型周期短,结构件可以直接熔融焊接,无须铆接,并且维修方便,故具有降低结构件制造成本和使用成本的巨大潜力。

9.1.2 复合材料成型辅助材料

复合材料成型的辅助材料主要包括真空袋膜、密封胶带、脱模剂、隔离膜、透气毡、吸胶毡、压敏胶带等几种。

(1) 真空袋膜。

图 9-3 所示为真空袋膜,其主要作用是形成真空体系,提供良好的覆盖性,并在固化温度下不透气。真空袋膜一般经吹塑或铸塑制成,厚度为 0.05～0.075 mm,伸长率为 300%～400%。典型的真空袋膜有美国 Richmond 生产的 HS6262、HS8171 和 HS800 等。

图 9-3 真空袋膜

(2) 密封胶带。

如图 9-4 所示,密封胶带是一种有黏性的挤出橡胶带,适用于各种成型模具,能牢固地粘接真空袋膜和模具,保证热压罐成型过程中真空袋膜的气密性要求。密封胶带固化成型完毕后,要求容易剥取下来,且在成型模具上不残留密封材料残渣。

(3) 脱模剂。

脱模剂(见图 9-5)是一种为方便制品与模具分离而附于模具成型面的物质。其功能是使制品顺利地从模具上取下来,同时保证制品表面质量和模具完好。脱模剂主要有薄膜型、混合溶液型、蜡型几种。薄膜型脱模剂主要指聚酯薄膜、聚乙烯醇薄膜、玻璃纸等,其中聚酯薄膜用量较大。在混合溶液型脱模剂中,聚乙烯醇溶液应用最多。聚乙烯醇溶液是采用低聚合度聚乙烯、水和乙醇按一定比例配制的一种黏性、透明液体,干燥时间约 30 min。蜡型脱模剂使用方便,省工省时省料,脱模效果好,价格也不高,因此应用也广泛。

图 9-4 密封胶带   图 9-5 脱模剂

(4) 隔离膜。

隔离膜(见图 9-6)的用途是防止辅助材料与复合材料制件粘连,抑制流胶及替代脱模剂等。隔离膜分为有孔和无孔两种,有孔隔离膜在成型工艺过程中的作用是吸出多余树脂基体材料或排出气体,一般用于成型材料和吸胶毡或透气毡之间。

(5) 透气毡。

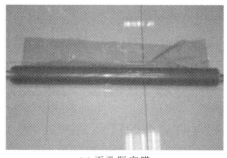
(a) 无孔隔离膜

(b) 有孔隔离膜

图 9-6 隔离膜

透气毡(见图 9-7)是为了连续排出真空袋膜内的空气或固化成型过程中生成的气体而生产的一种通气材料。它通常与隔离膜并用,不直接与复合材料制件接触。

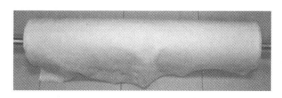

图 9-7 透气毡

(6) 吸胶毡。

吸胶毡的主要用途是在复合材料制品成型工艺过程中,吸出多余的树脂基体材料。使用时根据复合材料制件纤维体积的含量要求,确定固化成型工艺参数,进而选择吸胶毡的种类和层数,以保证复合材料制件质量的稳定性。

(7) 压敏胶带。

压敏胶带(见图 9-8)的主要用途是将隔离膜、透气毡、吸胶毡等辅助材料固定于成型模具上。要求压敏胶带具有很强的黏结力,固化后在成型工装模具表面不留有黏结剂的残渣。

图 9-8 压敏胶带

9.2 非金属复合材料轻量化成型工艺关键技术

9.2.1 热压罐成型

复合材料热压罐成型工艺是迄今为止在航空复合材料结构制造过程中应用最为广泛的

方法之一。它是利用热压罐内部的高温压缩气体产生压力,对复合材料坯料进行加热、加压以完成固化成型的方法。

自 20 世纪 60 年代以来,国内热压罐成型技术得到很大的发展。主要体现为:建立了热熔法预浸料制备技术,预浸料铺贴和裁剪技术与数字化高度融合,高韧性复合材料技术和复合材料结构整体化技术得到快速发展及广泛应用。

热压罐成型技术从最初铺贴、裁剪主要依靠手工,发展到如今的利用预浸料自动下料、激光辅助定位铺层等数字化技术,这一进步提升了热压罐成型技术水平,不仅明显提高了预浸料铺贴、裁剪的精度,还提高了复合材料的制造效率和构件质量。热压罐成型技术的进一步发展将与自动铺放技术相结合,以满足大型复合材料构件的高效优质制造的需求。

早期树脂基复合材料往往是首先成型简单形状的零件,然后通过机械连接构成复合材料部件,大量连接时会严重影响复合材料应用的减重效果。树脂基复合材料整体成型技术是采用热压罐共固化共胶接技术,直接实现带梁、肋和墙的复杂结构的一次性制造。整体成型技术可大量减少零件、紧固件数目,从而提高复合材料结构的应用效率。其主要优点是减少零件数目,提高减重效率,降低制造成本,减少连接件数目,降低装配成本,减少分段和对接,构件表面无间隙、无台阶,有利于降低雷达散射截面(radar cross section,RCS)值,提高隐身性能。

热压罐成型技术目前已经发展成为国内最成熟的先进树脂基复合材料成型技术之一。航空装备的复合材料机翼、机身等大量承力构件主要采用热压罐成型技术制造。

热压罐成型工艺具有产品重复性好、纤维体积含量高、孔隙率低或无孔隙、力学性能可靠等优点。热压罐成型的缺点主要是能耗高以及运行成本高等。而目前大型复合材料构件必须在大型或超大型热压罐内固化,以保证制件的内部质量,因此热压罐的三维尺寸也在不断加大,以适应大尺寸复合材料制件的加工要求。目前,热压罐都采用先进的加热控温系统和计算机控制系统,能够有效地保证罐内工作区域的温度分布均匀,保证复合材料制件的内部质量稳定性,如准确的树脂含量、低孔隙率或无孔隙和无其他内部缺陷,这也是热压罐成型技术一直沿用至今的主要原因。

热压罐主要由罐门和罐体、加热系统、风机系统、冷却系统、压力系统、真空系统、控制系统、安全系统以及其他机械辅助设施等构成,其系统构成如图 9-9 所示。在复合材料制品的固化工序中,根据工艺技术要求,完成对制品的抽真空、加热、加压,达到使制品固化的目的。

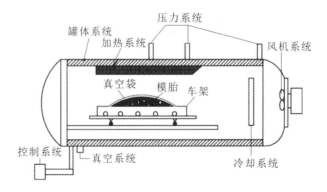

图 9-9 热压罐系统示意图

热压罐罐门用于零件进出热压罐罐体,罐体具有足够的耐高温性和保温性以及足够的耐压性和密封性,热压罐罐体通常为圆柱形,平卧在地基上。加热系统主要用于对罐内空气或其他介质进行加热,通过空气或其他介质对模具和零件进行加热。风机系统的作用是使热压罐内的空气或其他加热介质循环流动,便于温度的均匀分布,以及对模具与零件的均匀加热。冷却系统用于罐内空气和风机的冷却。压力系统用于罐内压力的调节,压力由计算机根据工艺需要自动控制和补偿。真空系统主要是对零件进行抽真空,防止系统在零件固化过程中进入空气。热压罐控制系统实现热压罐控制过程及互锁保护和显示屏控制。软件系统实现热压罐的检测、控制、操作等功能。安全系统用于保障热压罐的运行安全及保护操作人员安全。

热压罐成型分为预浸料解冻、模具表面清理、模具表面涂覆、预浸料铺放、真空封装、热压、脱模、固化等流程,如图 9-10 所示。

图 9-10 热压罐成型流程

9.2.2 真空辅助成型

真空辅助成型工艺(vacuum assisted resin infusion,VARI),即真空灌注工艺(vacuum infusion process,VIP)或真空辅助树脂转移模塑(vacuum assisted resin transfer molding,VARTM),是一种新型、低成本制作复合材料大型制件的成型技术,它是在真空状态下排除纤维增强体中的气体,利用树脂的流动、渗透,实现对纤维及其织物的浸渍,并在一定的温度条件下固化,形成一定树脂/纤维比例的工艺方法。

真空辅助成型工艺开始于 20 世纪 80 年代末,但在 1990 年的早期才有第一个关于该工艺的专利申请。真空辅助成型工艺一开始并没有受到重视,自 1996 年在船舶上获得应用以来,真空辅助成型工艺在海军舰艇上已有了很大规模的发展,同时已用于军用飞机翼梁结构的制造。此外,它已经应用到了很多公共设施的建设上,从桥梁的修复到货物冷藏箱的制作,再到民用基础设施、汽车的生产,都伴随着这一工艺。

如图 9-11 所示,树脂管连接树脂桶和模具,真空管连接模具和真空泵。真空泵使得真空压力作用在铺放于模具中的干态纤维织物上,树脂灌入树脂管中并进入增强纤维之间比较稀疏的空间。树脂管路和真空管路的放置,以及增强材料的渗透率和树脂黏度将决定纤维织物被浸润的快慢。在纤维织物上铺设导流网能够有效地促进树脂流动,导流网通常由无固定方向的塑料或增强材料制成,在纤维织物上提供额外的空间以便让树脂能更快地进入和更好地浸润织物。

VARI 技术主要特点是成本低、产品孔隙率低、性能与热压罐工艺接近、适合制造大型制件等。但作为一种液体成型技术,VARI 技术在复合材料成型过程中,依然有许多难点需要解决,如对树脂流动的控制、对干斑的防治以及对树脂/纤维比例的控制等。

复合材料真空辅助成型的主要工艺流程如图 9-12 所示。

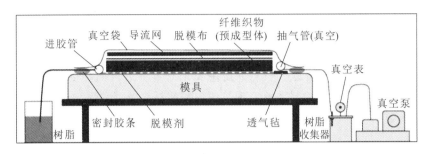

图 9-11 真空辅助成型工艺示意图

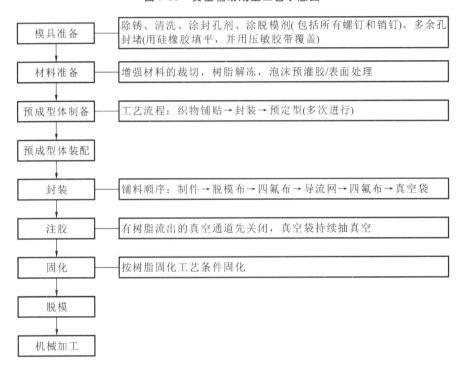

图 9-12 复合材料真空辅助成型的主要工艺流程

9.2.3 RTM 成型

RTM(resin transfer molding,树脂传递模塑)成型是将树脂注入闭合模具中浸润增强材料并固化成型的工艺方法,适于多品种、中批量、高质量的先进复合材料成型。这种先进工艺有着诸多优点:可使用多种纤维增强材料和树脂体系,有极好的制品表面,适用于制造高质量、复杂形状的制品。该工艺具有复合材料制品纤维含量高、成型过程中挥发成分少、对环境污染小、生产自动化适应性强、投资少、生产效率高等特点。因此,RTM 工艺在汽车工业、航空航天、国防工业、机械设备、电子产品生产上得到了广泛应用。

RTM 是起源最早的一种 LCM(liquid composite molding,复合材料液体模塑)成型技术,从湿法铺层和注塑工艺中演变而成,源于 20 世纪 40 年代的"Marco"法,目前许多 LCM 工艺(如 VIMP、SCRIMP 等)都是由 RTM 演变发展而来的。在 20 世纪 60—70 年代,SMC(sheet molding compound,片状模塑料)、BMC(bulk molding compound,团状模塑料)、喷射、缠绕等工艺占据主要位置,直到 80 年代初,环保和低成本化等观念逐渐受到重视,低污染、低成本、高性能的 LCM 成型技术才迅速发展起来。

RTM是在闭合模腔中预先铺覆好增强材料,然后将热固性树脂注入模腔内,浸润其中的增强材料,使树脂在室温或升温条件下固化脱模,必要时再对脱模后的制品进行表面抛光、打磨等后处理,得到表面光滑制品的一种高技术复合材料液体模塑成型技术。RTM成型原理如图9-13所示。

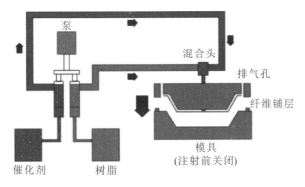

图9-13　RTM成型原理

RTM成型工艺流程包括RTM模具制作、预成型体制备、合模与注胶、固化与脱模几个步骤。图9-14为工字形肋的RTM成型工艺流程。

图9-14　RTM成型工艺流程

9.2.4　模压成型

模压成型工艺是指将一定量的模压料(粉状、粒状、片状或丝状等)放入金属对模中,在一定温度和压力下,固化为异形制品的工艺过程。

模压成型工艺最早可以追溯到20世纪初,最初用于橡胶和塑料材料的成型和固化。20世纪中叶,随着聚合物科学的进步和纤维增强材料的引入,模压成型开始被用于复合材料的探索中。20世纪90年代至今,材料和技术的进步(如碳纤维增强复合材料的出现)扩大了复合材料模压成型工艺的应用。此外,制造商开始将自动化技术和计算机辅助设计(computer-aided design,CAD)融入压缩成型过程中,以提高制品的精度和一致性。复合材料模压成型适用于多种行业,包括航空航天、汽车、体育用品、电子和消费品等。

与其他成型工艺相比，模压成型工艺的特点如下。

优点：①生产效率高；②制品尺寸精确，表面光洁，可以有两个精制表面；③生产成本低，易实现机械化和自动化；④多数结构复杂的制品可一次成型，无须有损制品强度的二次加工；⑤制品的外观尺寸重复性好。

缺点：①压机和模具的设计与制造较复杂；②初次投资高；③制品尺寸受设备限制，一般只适于制造中小型制品。

模压料的种类分为片状模塑料、块状模塑料/团状模塑料、短纤维模压料、预浸纤维布、单向预浸料等几种。

以 SMC 材料为例，其模压成型工艺流程如图 9-15 所示。

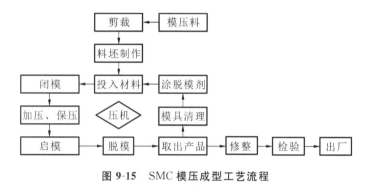

图 9-15　SMC 模压成型工艺流程

9.3　非金属复合材料轻量化成型工艺应用案例

9.3.1　先进的环氧树脂材料

先进复合材料在汽车轻量化上的应用是汽车产业可持续发展的必然趋势，而开发低成本、短周期和高质量的复合材料技术是推动汽车轻量化的关键要素之一。

快速固化环氧树脂基复合材料具有高强度、低 VOC(volatile organic compounds，挥发性有机化合物)、体积收缩率小、能量吸收强、减振降噪、高冲击性、耐疲劳性好和耐化学性好等一系列优良的特性，故其在汽车对强度、刚性和耐冲击性等要求均较高的主承载车身结构件上必将发挥重要的作用。快速固化环氧树脂在汽车部件上的应用如图 9-16 所示。

9.3.2　连续纤维增强热塑性复合材料

世界各地的材料工作者不断地对车用材料进行开发和研究，从热固性纤维复合材料开始，逐步向短纤维增强热塑性复合材料、长纤维增强热塑性复合材料，再到连续纤维增强热塑性复合材料(continuous fibre reinforced thermoplastic polymer，CFRTP)，以期在降低重量的同时，能够满足材料的使用性能、成本及环保要求。不同纤维长度热塑性复合材料的机械强度如图 9-17 所示。

连续纤维增强热塑性复合材料是未来不同纤维长度热塑性复合材料的发展方向之一，是通用塑料高性能化、高附加值产业化的一个重大工程。该材料有别于热固性纤维复合材

图 9-16　快速固化环氧树脂在汽车部件上的应用

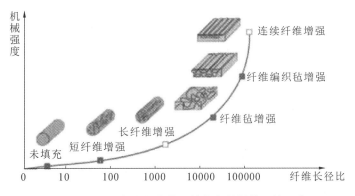

图 9-17　不同纤维长度热塑性复合材料的机械强度

料,是可回收、无污染的绿色循环经济材料,是实现以塑代钢、节能降耗的最具竞争力的新型材料,因此在汽车、机械和建筑等领域的应用会越来越广泛。

在汽车轻量化需求下,连续纤维增强热塑性复合材料的成型及应用在不断创新。利用 CFRTP 材料高强轻质的特性,可直接采用模压成型工艺将连续纤维增强热塑性复合板材压成制品,也可将连续纤维增强热塑性复合片材作为镶嵌件与注塑成型工艺相结合制备制品,以赋予最终制件更高的性能、更轻的重量、更好的经济性和更佳的安全性。

连续纤维增强热塑性复合板材主要应用于保险杠横梁、门框支撑结构、底护板等汽车零部件。应用连续纤维增强热塑性复合片材的制件有门基板模块、制动踏板、底护板、座椅底座、行李舱支架等。

连续纤维增强热塑性蜂窝夹芯板在性能上能媲美市场上常见的复合板材,而且具有更轻的重量,是未来商用车和乘用车轻量化发展的重要材料。目前,连续纤维增强热塑性复合夹芯板材主要应用于货车厢体、行李舱盖板、侧裙板和建筑隔墙等部位。

9.3.3　先进聚氨酯树脂基复合材料

树脂基复合材料工业中,最常用的树脂是不饱和聚酯树脂、乙烯基树脂和环氧树脂。不饱和聚酯树脂的使用量最大,价格最低,但其缺点也是最明显的,即固化后的材料偏脆,虽然硬度高,但延展性低,不适合力学强度要求比较高的场合。

相对来说,乙烯基树脂各项性能总体优于不饱和树脂,这是由其自身的化学结构决定的。乙烯基树脂主要由碳和氢元素组成,是由乙烯分子通过聚合反应,由共价键连接在一起形成的长链状聚合物,其结构相对稳定;不饱和聚酯树脂分子链中的酯键含量较高,且没有额外的基团保护,因而更容易被降解。这也是乙烯基树脂固化物耐水解、耐化学酸碱及盐的性能更优异的原因。

不饱和聚酯树脂和乙烯基树脂另外一个短板就是其VOC残余问题。由于市场上广泛使用的不饱和聚酯树脂和乙烯基树脂均含有大量苯乙烯等小分子单体,因此在树脂固化以后,这些单体不可避免地会产生部分残余并在长期使用的过程中被释放,造成二次污染。在环保要求日益严格的情况下,这种VOC残余问题会面临越来越大的挑战,也不利于不饱和聚酯树脂和乙烯基树脂在汽车和轨道交通领域的应用。

环氧树脂含有大量刚性的环氧骨架分子结构,且采用热开环固化的机理,其树脂固化物各项性能总体来说会优于乙烯基树脂。由于是采用胺类或酸酐类固化剂,VOC问题没有不饱和聚酯树脂和乙烯基树脂那么突出。但是,环氧树脂固化以后,总体来讲材料还是偏脆,可以总结为刚度有余、韧性不够。此外,环氧树脂固化速度总体偏慢,不利于工业化快速成型。另外,那些常用的高性能环氧树脂的起始黏度均偏高,不利于在短时间内对纤维的充分浸润,也增加了生产操作工艺的难度。

相比较以上三种树脂,聚氨酯树脂总体性能会更加优异。首先,聚氨酯树脂完全没有VOC问题,无论是操作过程还是最后的产品中均不会含有VOC小分子,或者VOC含量极低。因此,聚氨酯树脂被认为是一种绿色环保材料。其次,由于聚氨酯树脂不仅含有常规的共价键,还含有二级可逆的氨酯键/氢键,因此高度交联的聚氨酯树脂固化物不仅力学强度更优异,其韧性也更好。这也是聚氨酯树脂的动态耐疲劳性能远高于其他树脂的原因。聚氨酯树脂的耐水解性能和耐化学酸碱及盐等的性能也很优异。基于芳香族聚氨酯结构的树脂强度高、韧性好,非常适合用作承力结构部件;另外,聚氨酯树脂的起始黏度可以很低,低至大概 $0.1\mathrm{Pa\cdot s}$,因此能够快速浸润纤维,非常有利于生产操作;聚氨酯的反应活性可调节空间大,根据特定的产品、工艺和实际操作需求,它的实际固化时间可以调节至几十秒到几十分钟,满足各类产品的生产工艺需求。

改性的聚氨酯树脂系统可以根据其成型工艺的需要在极宽的范围内调节加工工艺窗口,并且借助适当的内部脱模剂可以容易地脱模。此外,较低的初始黏度使它适用于几乎所有可能的复合材料成型工艺(如真空辅助RTM、非常规RTM、间隙浸渍、开放模具中的液体浸渍等)。

沃尔沃XC90等三款车型采用高性能、轻量化的复合材质的横向叶片弹簧,该部件应用汉高双组分聚氨酯树脂基复合材料系统和树脂传递模塑RTM工艺成型,截至2017年末,其总产量达到20万个/年,如图9-18所示。

9.3.4 碳纤维复合材料

碳纤维复合材料是以碳纤维及其织物、纤维毡等为增强体,以树脂、金属、陶瓷等为基体的复合材料的总称。常见的有树脂基碳纤维复合材料、陶瓷基碳纤维复合材料和金属基碳

图 9-18 汉高双组分聚氨酯树脂基复合材料弹簧板

纤维复合材料,汽车用碳纤维复合材料以树脂基碳纤维复合材料为主。

碳纤维复合材料是一种力学性能优异的新材料,它的密度不到钢的 1/4,树脂基碳纤维复合材料的抗拉强度一般都在 3500 MPa 以上,是钢的 7~9 倍,抗拉弹性模量为 23000~43000 MPa,亦高于钢。因此,碳纤维复合材料的比强度(即材料的强度与密度之比)可达到 2000 MPa/(g/cm³),是一种理想的汽车轻量化材料。碳纤维复合材料用于汽车轻量化的优势主要在于:密度小,比强度、比模量高,轻量化效果明显;集成度高,可减少零部件数量;造型自由,实现流线型曲面的成本低;吸收冲击性能是金属的 5 倍,可提高碰撞过程的人员安全性;减振性能好。汽车轻量化材料性能对比如表 9-1 所示。

表 9-1 汽车轻量化材料性能的对比

材料种类		密度/(g/cm³)	拉伸强度/MPa	弹性模量/MPa	比强度/(MPa·cm³·g^{-1})	比模量/(MPa·cm³·g^{-1})
高强度钢		7.8	1000	214000	128.2	27435.90
铝合金		2.8	420	71000	150.00	25357.14
镁合金		1.79	280	45000	156.42	25139.66
钛合金		4.5	942	112000	209.33	24888.89
玻璃纤维复合材料		2.0	1100	40000	550.00	20000.00
碳纤维复合材料	高强度型	1.5	1400	130000	933.33	86666.67
	高模量型	1.6	1100	190000	687.50	118750.00

由于具有优异的综合力学性能、高的比强度和比模量,碳纤维复合材料已经在对轻量化要求高的航空航天、体育器材、医疗器械等领域得到广泛的应用,如图 9-19 所示。

近几年来,随着全球范围内汽车轻量化的大力发展,作为轻量化新材料,碳纤维复合材料逐渐进入汽车企业的视野。

在民用车型领域,初期使用碳纤维复合材料的车型主要集中在一些豪华车以及跑车上,除法拉利、迈凯伦、兰博基尼等少数车型使用碳纤维复合材料作为车身承载结构之外,其他车型主要使用碳纤维复合材料制作车身覆盖件或内部装饰件,如碳纤维发动机舱盖、顶盖、

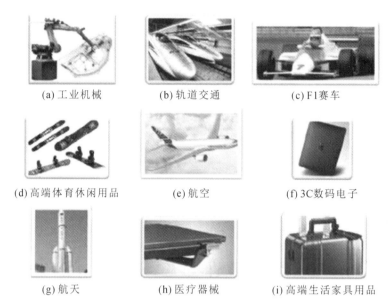

图 9-19 碳纤维复合材料的主要应用领域

内饰板等。宝马公司是首家将碳纤维复合材料大规模应用于汽车制造的厂商,不仅在新能源汽车 i3 与 i8 上采用碳纤维复合材料车身,还为高性能 M 系列车型设计了众多采用碳纤维复合材料制作的内外饰零部件。此外,奥迪、奔驰等其他厂家也相继发布了 CFRP(碳纤维增强复合材料)概念车,并逐步应用于具体车型,丰田、本田、日产和福特等厂家也已经将碳纤维复合材料应用于旗下的高性能汽车。

第 10 章 轻量化结构增材制造技术

10.1 增材制造技术的原理及特点

10.1.1 增材制造的技术原理

增材制造概念的提出始于 20 世纪 80 年代后期,我国于 20 世纪 90 年代初开始研究增材制造技术。经过短短 30 年的时间,这一技术已取得了飞速发展,在航空航天、微纳制造、生物医学工程等诸多领域的应用前景十分广阔。增材制造(additive manufacturing,AM)又称为 3D 打印(3D printing),是一种新兴的工业制造技术,融合了计算机技术、材料工程、激光技术以及数控技术,以数字三维建模为基础,使用金属材料或者非金属材料按照逐层堆积的方法制造实体零件,是一种自下向上材料累加生长的制造方法,可快速生产工件。增材制造相对于传统的减材制造(subtractive manufacturing,SM)和成形制造(formative manufacturing,FM)简化了生产流程,避免了生产周期长、成本高、难以生产复杂零件等缺点,已经广泛应用到航空航天、船舶制造、石油化工、生物医疗等领域,极大地促进了制造业的发展,成为"第三次工业革命"的重点发展对象。增材制造技术原理如图 10-1 所示。

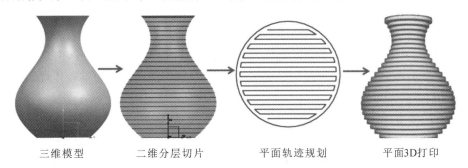

三维模型　　　二维分层切片　　　平面轨迹规划　　　平面3D打印

图 10-1　增材制造技术原理

增材制造技术突破了许多传统制造技术难以制造复杂零件的局限性,很多内部空腔结构的零件都能够通过增材制造技术来加工完成。使用增材制造技术,可以快速生产结构复杂、材料昂贵的零件,也可以快速生产小批量定制零件,大大缩短了生产周期,降低了生产成本,使用增材制造技术加工的典型零件如图 10-2 所示。增材制造技术作为新兴的制造技术,对未来的制造产业发展将有很大的影响。国务院发布的《中国制造 2025》将增材制造技术列为重点发展技术,为推动其发展提供了支持和保证。

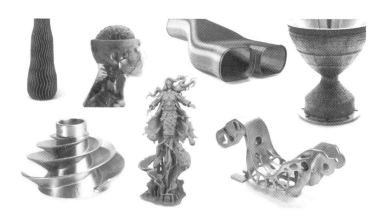

图 10-2 典型增材制造零件

10.1.2 增材制造的特点

增材制造与减材和等材制造技术相比，有如下典型特点：

(1) 材料利用率高。

增材制造通过逐层堆积材料构建零件，相较于减材制造，避免了大量材料的浪费。根据 NIST(美国国家标准与技术研究院) 的数据，增材制造的材料利用率可以达到 90%～99%，而传统减材制造的材料利用率通常较低，为 30%～50%。

(2) 设计自由度大。

增材制造允许实现复杂的几何形状和内部结构，这为设计人员提供了更大的自由度。与减材制造相比，增材制造的零件设计可以更加灵活。例如，可以实现更复杂的蜂窝结构和内部通道，提高零件的轻量化效果。在增材制造中，可以创建高达 1000 万个独立像素的复杂结构，而减材制造很难实现。

(3) 生产工序减少。

传统车、铣、刨、磨、铸、锻、焊等减材和等材制造技术，需要经过制坯、成形、粗加工、热处理、精加工等多道工序，制造周期长，质量影响因素多，而增材制造工艺由材料直接逐层堆积成形，工序数量显著减少。但增材制造的点-线-面逐层堆积制造速度较慢，构建一个复杂的零件可能需要数小时到数天的时间，根据一项研究，增材制造的速度通常较传统的加工方式慢 2～20 倍。

(4) 适用于小批量生产和定制化生产。

增材制造在小批量生产和定制化生产方面表现出色。与传统的等材制造批量生产相比，增材制造可以根据不同的客户需求制造不同的产品，降低了生产成本。根据加拿大《战略信息服务》的报告，增材制造特别适用于批量为 1～100 之间的产品的生产，而传统的等材制造技术在大批量生产时更具优势。

(5) 高附加值应用。

增材制造在高附加值应用方面表现出色，尤其适用于航空航天、医疗器械和汽车等领域。这些领域的产品通常需要复杂的结构和高度个性化的设计，增材制造能够满足这些要求。根据 2018 年美国国防部的报告，增材制造在航空航天和国防领域的支出预计达到 20 亿美元。

综上所述，增材制造相较于减材和等材制造技术具有高材料利用率、设计自由度大、工序步骤少、适用于小批量生产和定制化生产,以及适用于高附加值应用等典型特点。

10.1.3 增材制造零件的典型应用

增材制造技术因为其使用的材料和成形方法的不同,已被应用于多个行业领域,并且发挥着越来越重要的作用。

(1) 在航空航天领域的应用。

航空航天领域的机器零件(见图 10-3),外形复杂多变,材料硬度、强度和塑性较高,难以加工且零件加工成本较高,而新生代飞行器的发展正朝着长寿命、高可靠性、高性能以及低成本的方向迈进,采用整体结构模式向复杂大型化方向发展是其趋势。正是基于这种发展趋势,增材制造技术中的电子束或激光的熔融沉积以及选择性烧结成形等加工技术越来越受到航空航天领域加工制造商的青睐。

图 10-3 使用增材制造技术加工的火箭发动机轻量化零件原型

(2) 在汽车零件制造领域的应用。

汽车工业是国家经济发展的支柱产业,汽车零件的形状同样复杂,加工制造难度大,增材制造技术同样具有应用优势。图 10-4 所示是布加迪使用 3D 打印技术加工的集成冷却通道中的电机支架。2014 年的奥迪 R18 E-Tron Quattro 模型是遥控赛车也是 3D 打印作品,这款遥控车车身和底盘是用普通 FDM 打印机以 0.2 mm 层厚打印而成的,其数字 3D 模型是采用 Fusion 360 软件设计的。2016 年 6 月 16 日,美国亚利桑那州的 3D 打印汽车公司 Local Motors "打印"出了一辆自动驾驶电动公交车 Olli,而且这辆车的一部分是可回收的。

图 10-4 集成冷却通道的 3D 打印电机支架

(3) 在生物医学领域的应用。

生物医学领域与人类生活和健康息息相关,随着技术的进步,传统生物医学治疗手段和治疗器械也在发生不断变革,增材制造技术为生物医学领域带来了前所未有的变化。目前,3D 打印技术已经在牙齿矫正、脚踝矫正、医学模型快速制造、组织器官替代、脸部修饰和美容等方面得到应用与发展,如图 10-5 所示的是采用 3D 打印技术加工的生物骨骼。美国爱齐科技公司(Align Technology)首创的现代隐形矫正技术,应用 3D 打印技术批量制作了 Invisalign(隐适美)牙科矫正器,个性化定制使患者摆脱了牙箍的束缚,已经被广泛应用于牙科医学中。

图 10-5 3D 打印生物骨骼

(4) 在建筑领域的应用。

建筑行业里的设计师们,受传统建造技术的局限而无法将具有创意性和更具艺术效果的作品变为现实,增材制造技术的出现使得建筑设计师们的创意能够实现。2014 年 3 月,荷兰建筑师利用 3D 打印技术"打印"出了世界上第一座 3D 打印建筑,如图 10-6 所示。2015 年 9 月 9 日,第一座 3D 打印酒店在菲律宾落成。在我国,2014 年 4 月,10 幢 3D 打印建筑建成于上海张江高新青浦园区。

图 10-6 3D 打印混凝土建筑

(5) 在军事领域的应用。

现代化军事特点不仅仅是机械化、信息化,还要求有快速的创伤修复能力,比如战场机械的修复就需要辅助工具的帮助,而这些零件和工具在机动性强、变化迅速的战场会变成负担,并且损伤零件的不确定性和辅助工具的不通用性,都会制约战场的作战效率。增材制造技术可以有效地解决这些问题,只要有零件的模型数字数据加上合适的材料,就能采用 3D

打印技术"打印"出所需要的零件和工具,完成机器的修复(见图 10-7)。2015 年 12 月 25 日,美军"杜鲁门"号航母配备 3D 打印机,能够自行在船上用 3D 打印机"打印"出船上受损的特殊零件,减少了易损零件的存储和携带工作等。

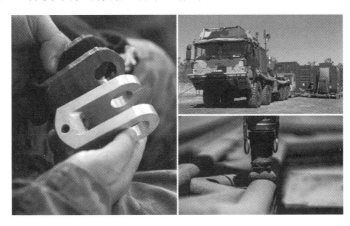

图 10-7 军事装备现场增材制造、修复再制造

10.2 增材制造关键技术

10.2.1 增材制造技术的分类

根据 3D 打印所用材料的状态及成形方法,3D 打印技术可以分为熔融沉积成形(fused deposition modeling,FDM)、光固化立体成形(stereo lithography apparatus,SLA)、分层实体制造(laminated object manufacturing,LOM)、电子束选区熔化(electron beam melting,EBM)、激光选区熔化(selective laser melting,SLM)、金属激光熔融沉积(laser direct melting deposition,LDMD)、电子束熔丝沉积成形(electron beam freeform fabrication,EBF)、喷墨打印技术。

(1) 熔融沉积成形(FDM)。

熔融沉积成形技术是以丝状的 PLA、ABS 等热塑性材料为原料,通过加工头的加热挤压,在计算机的控制下逐层堆积,最终得到成形立体零件的加工方法。这种技术是目前最常见的 3D 打印技术,技术成熟度高,成本较低,可以进行彩色打印。

(2) 光固化立体成形(SLA)。

光固化立体成形技术是利用紫外激光逐层扫描液态的光敏聚合物(如丙烯酸树脂、环氧树脂等),实现液态材料的固化、逐渐堆积成形的技术。这种技术可以制作结构复杂的零件,零件精度以及材料的利用率高,缺点是能用于成形的材料种类少,工艺成本高。

(3) 分层实体制造(LOM)。

分层实体制造技术以薄片材料为原料,如纸、金属箔、塑料薄膜等,在材料表面涂覆热熔胶,再根据每层截面形状进行切割粘贴,实现零件的立体成形的技术。这种技术生产速度较快,可以成形大尺寸的零件,但是材料浪费严重,表面质量差。

(4) 电子束选区熔化(EBM)。

电子束选区熔化成形技术的原理是在真空环境下以电子束为热源,以金属粉末为成形材料,通过不断在粉末床上铺展金属粉末然后用电子束扫描熔化,使一个个小的熔池相互熔合并凝固,如此形成一个完整的金属零件实体。这种技术可以成形出结构复杂、性能优良的金属零件,但是成形尺寸受到粉末床和真空室的限制。

(5) 激光选区熔化(SLM)。

激光选区熔化成形技术的原理与电子束选区熔化成形技术相似,也是一种基于粉末床的铺粉成形技术,只是热源由电子束换成了激光束。通过这种技术同样可以成形出结构复杂、性能优异、表面质量良好的金属零件,但目前这种技术无法成形出大尺寸的零件。

(6) 金属激光熔融沉积(LDMD)。

金属激光熔融沉积成形技术以激光束为热源,通过自动送粉装置将金属粉末同步、精确地送入激光在成形表面上所形成熔池中,随着激光斑点的移动,粉末不断地送入熔池中熔化然后凝固,最终得到所需要的形状。这种成形工艺可以成形大尺寸的金属零件,但是无法成形结构非常复杂的零件。

(7) 电子束熔丝沉积成形(EBF)。

电子束熔丝沉积成形技术又称电子束自由成形制造技术,原理是在真空环境中,以电子束为热源,金属丝材为成形材料,通过送丝装置将金属丝送入熔池并按设定轨迹运动,直到制造出目标零件或毛坯。这种方法效率高,成形零件内部质量好,但是成形精度及表面质量差,且不适用于塑性较差的材料,因而无法加工成丝材。

(8) 喷墨打印技术。

喷墨打印技术是增材制造中的一种重要方法,也被称为3D喷墨打印或液体基增材制造。它利用传统喷墨打印机的工作原理,将液体或半固态材料通过喷头逐层喷射到构建平台上,然后通过紫外光固化或化学反应固化形成三维零件。这种技术通常用于制造复杂的塑料或柔性材料零件,并在快速原型制造、小批量生产和定制化制造方面具有广泛的应用。

以上是目前3D打印常见的工艺方法,它们根据各自的工艺特点在不同的领域有不同的应用。这些工艺都是基于离散/堆积的原理,实现零件从无到有的过程。

10.2.2 增材制造技术的零件设计

增材制造零件设计(design for additive manufacturing,DFAM)是适用于增材制造(AM)的可制造性设计,是一种通用类型的设计方法或工具,其中功能和/或其他与产品生命周期有关的关键因素(例如可制造性、可靠性和成本)可以根据增材制造技术的特点进行优化。

AM技术为设计提供了巨大的自由度,要想充分利用AM流程的独特功能,就需要使用DFAM方法或工具。典型的DFAM方法或工具包括拓扑优化、多尺度结构设计(晶格或蜂窝结构)、多材料设计、大规模定制、部件合并以及可以利用AM功能的其他设计方法。

增材制造工艺通常是逐层实现的。与传统制造技术(如CNC加工或铸造)相比,AM工艺具有多种独特功能。它可以制造具有复杂形状和复杂材料分布的零件,这些独特的功能大大扩展了设计师的设计自由度。但是,它们也带来了巨大的挑战。传统的制造设计规则或指南深深扎根于设计师们的脑海,并限制了设计人员利用AM流程带来的这些独特功能进一步提高产品性能。此外,传统的基于特征的CAD工具也难以处理不规则几何形状。要解决这些问题,需要设计新方法或新工具来帮助设计人员充分利用AM流程提供的设计自由度,这些新方法或新工具可归类为增材制造设计方法。

(1) 拓扑优化。

拓扑优化是一种结构优化技术,可以优化给定设计空间内的材料布局。与其他典型的结构优化技术(例如尺寸优化或形状优化)相比,拓扑优化可以更新零件的形状和拓扑结构。然而,从拓扑优化中获得的复杂优化形状始终是传统制造工艺(如 CNC 加工)无法实现的难题。为了解决这个问题,可以应用增材制造工艺来处理拓扑优化结果。应该注意的是,在拓扑优化过程中还需要考虑一些制造约束,例如最小特征尺寸。由于拓扑优化可以帮助设计人员获得用于增材制造的最佳复杂几何形状,因此该技术可以被认为是 DFAM 方法之一。

(2) 多尺度结构设计。

AM 工艺以其独特的功能,使得制造具有多尺度复杂性的零件成为可能。这让设计者可以在微观或中尺度上运用细胞结构或晶格结构来实现所需的特性。例如,在航空航天领域,采用 AM 工艺制造的晶格结构可减轻构件重量;在生物医学领域,基于晶格或细胞结构制成的生物植入物可以增强骨整合。

(3) 多材料设计。

具有多种材料或复杂材料分布的零件可以通过增材制造工艺实现。为了帮助设计人员利用这一优势,科研人员已经提出了几种设计和仿真方法来支持设计具有多种材料或功能梯度材料的零件。这些设计方法也给传统的 CAD 系统带来了挑战。

(4) 大规模定制设计。

由于增材制造可以直接由产品的数字模型来制造零件,因此大大降低了生产定制产品的成本,也缩短了产品的上市时间。如何快速生成定制零件成为大规模定制的核心问题。目前已经有几种设计方法来帮助设计者或用户以简单的方式获得定制产品。这些方法或工具也可以被视为 DFAM 方法。

(5) 零件合并。

由于传统制造方法的限制,一些复杂的部件通常被分成几个部分,以便于制造和组装。使用增材制造技术改变了这种情况。有研究表明原始设计中的某些部件可以合并成一个复杂的部件,并可通过增材制造工艺制造。这种重新设计过程可称为零件合并。研究表明,零件合并不仅可以减少零件数量,还可以提高产品的功能性能。因此,可以指导设计者进行零件合并的设计方法也可以视为一种 DFAM 方法。

10.2.3 增材制造材料的选择

材料是增材制造(3D 打印)技术的基础,也是决定该技术应用范围的关键因素,目前,适用于增材制造的材料有金属材料、高分子材料、陶瓷材料和新型材料等。

(1) 金属材料。

目前,国内外市场上主流的金属 3D 打印材料主要有铁基合金、铝基合金、钛基合金、镍基合金、钴基合金这五大类。

铁基合金:铁基合金是工业上应用最广泛的金属材料之一,也是最早被用于 3D 打印的金属材料。目前适用于 3D 打印的铁基金属粉末包括不锈钢、工具钢、马氏体钢等。铁基合金的打印件遍布军事工业、航空航天、工业模具、汽车工业、石油化工等领域。

铝基合金:铝基合金熔点低,制造出来的成品件轻,力学性能优异,且价格便宜,因此在 3D 打印方面的使用量在不断增长。但铝基合金的缺点也比较明显,因为它的重量轻,所以制成的铝合金粉末的流动性比其他金属粉末差,加之激光烧结时很容易在粉末颗粒周围形成氧化层,这些氧化层只能在高温保护下去除,但是铝不耐高温的特性限制了这种操作。目前用于3D打印的铝基合金种类较少,只有AlSi12和AlSi10Mg,要想大规模使用铝基合金,还需要在材料方面不断突破。

钛基合金:钛和钛合金具有强度高、硬度高、耐腐蚀、弹性模量小等特点,是最适用于3D打印的金属材料之一,但它的价格相对昂贵,目前主要应用在航空航天、医疗(骨科植入物)、豪华汽车、赛车和专业体育设备等领域。

镍基合金:镍合金是一种耐高温合金,具有良好的抗拉伸、抗疲劳和抗热疲劳性能,常用来制造需要耐高温的零部件,比如飞机发动机、燃气轮、飞机涡轮发动机等,广泛应用在化工、电力工业和石油天然气等领域。

钴基合金:钴基合金具有良好的高温性能、力学性能、耐腐蚀性、耐磨性和生物相容性等,多用在牙科、整形外科、航空航天等领域。

(2) 高分子材料。

高分子材料是增材制造(3D打印)技术诞生之初就开始选用的材料,是适用性最强的材料。高分子材料按照材质可以分为塑料材料和光敏树脂材料,按照所适用的成形技术(SLA、选择性激光烧结SLS、FDM等)又可以分为三种,分别是液态光敏树脂、塑料粉末及热塑性高分子丝材,其中塑料粉末包括半结晶性高分子粉末、PEEK、聚己内酯(PCL)和非晶态高分子粉末(PC和PS)。

液态光敏树脂材料:液态光敏树脂材料主要由共聚物、光引发剂和稀释剂组成,该类材料的机械强度高、无挥发性气味、便于储存,适用的3D打印技术是光固化成形技术(SLA)。光敏树脂新材料的开发主要通过在材料里增加添加剂的方式实现,目前已有各种力学性能优良、具有耐热性和生物相容性的光敏树脂材料。

塑料粉末:最常用于增材制造(3D打印)的塑料粉末材料有尼龙PA系列(PA12、PA6、PA11)、PEEK、PCL、PEI、PC、PS和ABS,这些塑料与普通塑料相比在强度、韧性、热塑性、耐腐蚀性方面表现更优,与金属材料相比具有质量轻、易加工和电绝缘性好等优点,在工业领域逐渐由用作设计验证向功能性部件(比如汽车内饰件、电器件、控制面板等)扩展。高分子粉末材料主要通过粉末床熔融技术(选择性激光烧结SLS或高速烧结HSS)进行3D打印。

高分子丝材:高分子丝材主要通过材料挤出技术(如FDM,熔丝制造FFF)打印,其成品的精度和力学性能不佳,目前主要用于桌面级3D打印。

(3) 陶瓷材料。

陶瓷材料是工业领域应用广泛的材料,具有硬度大、耐磨损、耐高温、力学性能适用等优点。用于增材制造(3D打印)的陶瓷材料需要专门处理成为球形度高的粉材、丝材、浆料/膏料和专用陶瓷墨水几种形态。

陶瓷粉材适用的增材制造(3D打印)技术主要有黏结剂喷射技术(binder jetting technology,BJT)和粉末床熔融技术(SLS,SLM)。BJT技术通过黏结剂将陶瓷粉末加工成陶瓷初坯,再通过高温烧结进行加固。SLS技术的原理是将陶瓷粉末和低熔点黏结剂(如尼龙、环氧树脂、铝粉等)混合,然后通过低功率激光熔化黏合剂将陶瓷粉末黏合在一起制成打印件。SLM技术的原理是使用高功率激光直接熔化粉材,不需要进行后续的脱脂和烧结操作,但因热源温度过高容易导致零件在成形过程中出现裂纹、气孔或翘曲等问题。陶瓷丝材一般由陶瓷粉末和热塑性聚合物组成,适用于FFF技术。陶瓷浆料/膏料是通过在陶瓷材料里添加光敏树脂材料而形成的。陶瓷粉末材料在光固化打印技术的作用下发生聚合反应,从而黏结在一起形成素坯,经过脱脂和烧结固化过程后便得到最终的陶瓷浆料或膏料。该技术是陶瓷材料增材制造(3D 打印)中使用最为普遍、发展最为迅速的技术,制作的陶瓷制品精度高,性能优。

(4) 新型材料。

新型聚合物材料:目前高分子材料领域还在不断发展新型聚合物材料,比如 Evonik 公司推出的高熔点的尼龙粉末材料 PA613,其熔点达到 195 ℃;英国 Victrex 和吉林中研推出的熔点超过 300 ℃的 PEEK 粉末,既具有高强度、高耐温性,又具有生物相容性,可用于人体内骨骼的仿生。

生物医疗材料:生物医疗领域的增材制造(3D 打印)所使用的材料有无机物、有机物,也有两者的结合,具体而言有金属材料、高分子材料、生物凝胶,还有活体细胞。使用的打印成形技术主要有材料喷射(MJ)和光固化成形(SLA)技术。目前,通过这些材料和技术已经实现生物支架打印、可植入骨骼打印、细胞打印,以及聚合物药物生长因子打印。

其他材料:除了以上材料外,还有记忆材料、人造混凝土、微纳级别的材料等。

10.2.4 增材制造技术的分层切片

3D 打印的本质就在于分层制造,而其核心技术就是对三维模型的数据处理,包括切片和路径规划,即将三维模型转换为打印系统可以直接处理的指令文件。3D 打印的切片和路径规划直接关系着最终产品的成形质量和加工效率,诸多学者针对切片及路径规划提出了不同的方法,旨在提高产品精度、质量以及成形效率。在切片软件中采用分层切片算法才可以完成 3D 打印对模型的分层处理过程,将三维模型信息转化为该模型的层片信息。

(1) 平面分层切片算法。

常用的分层切片算法分为基于 CAD 模型的算法和基于 STL 模型的算法两类。STL 模型使用大量无规律的空间三角面片来模拟近似三维实体模型,该种文件格式简单,容易被读取。为了保证 STL 模型文件的准确性,就必须使该文件遵循一定的规则,如右手法则、共点(边)法则和面法则。基于 STL 模型的分层切片算法原理是首先选取合适的切片厚度,然后在该厚度的约束下,沿模型高度方向开始切片,求得模型各层与切平面相交的由数个三角面片集成的二维轮廓信息,即标志切片分层过程的完成。3D 打印分层切片的实质就是无限逼近零件三维模型,若切片厚度及切片方向等与切片过程相关的参数选取不当,就会使得逼近结果产生一定的尺寸误差,典型的缺陷就是会产生"阶梯效应"(见图 10-8),即在与分层方向成一定角度的三维模型的表面产生无数台阶,切片厚度越小,"阶梯效应"越弱。可见切片处理时切片分层厚度的选取与模型精度息息相关,因此该分层算法又可分为两种,一种是等层厚的分层切片算法,另一种是自适应层厚的分层切片算法,两种算法都致力于减少"阶梯效应"带来的模型精度的误差。

自适应层厚分层切片算法是增材制造中的一种先进切片方法,它根据零件的几何形状和要求,在构建过程中自动调整不同区域的层厚,以实现更高的制造效率和更好的表面质量。在自适应层厚分层切片算法中,计算机辅助设计(CAD)软件或切片软件会对零件的几何模型进行分析,识别出不同的区域,然后根据每个区域的特性自动调整层厚,如图 10-9 所示。通常,对于复杂几何结构或高精度表面的区域,层厚会减小,以提高轮廓精度和表面质量;而在一些简单结构或不太重要的区域,层厚可能增加,以提高制造效率。

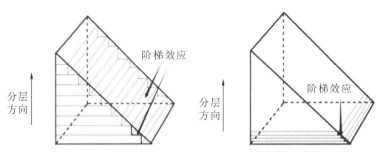

图 10-8　模型分层切片"阶梯效应"示意图

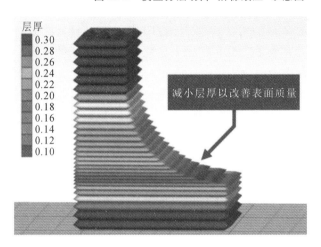

图 10-9　自适应层厚分层切片（有彩图）　　　第 10 章彩图

自适应层厚分层切片算法的优势包括：①表面质量较高，通过在复杂几何结构上使用较小的层厚，减弱了"阶梯效应"，提高了表面质量；②制造效率高，在一些简单结构或不重要的区域使用较大的层厚，可以加快构建速度；③材料利用率高，自适应层厚分层切片可以更好地匹配零件的不同区域需求，减少了材料浪费，提高了材料利用率；④后续处理简单，由于所制造零件的表面质量足够好，减少了后续处理工序。

（2）曲面分层切片算法。

解决成形精度与制造效率的矛盾，分层切片算法是关键环节。对于复杂曲面的增材制造，采用传统的平面分层算法会出现严重的"阶梯效应"，尤其对于单层高度较大的增材制造方法。例如，熔化极气体保护电弧（gas metal arc，GMA）增材制造的"阶梯效应"非常明显，零件的表面粗糙度值较大，严重影响成形精度。

曲面分层增材制造是指使用一组空间等距曲面代替平面来分割零件三维模型的增材制造方法。相对平面分层增材制造，它具有以下优势：① 表面成形质量更好，减少了大曲率零件采用平面分层算法时出现的"阶梯效应"；② 总熔敷层数更少，单条熔敷道长度更长，熔敷效率更高；③起弧点、熄弧点更少，成形质量更好。独特的优势使曲面分层算法更适合于表面曲率较大的零件，如螺旋桨。开发的曲面分层算法包括初始分层曲面的确定、等距分层曲面的生成、分层曲面与模型相交轮廓的计算 3 个步骤。

（3）多方向分层切片算法。

多方向分层切片算法是增材制造过程中的一种切片方法，用于处理具有复杂几何结构的零部件。这种方法将复杂结构的零部件分成多个块，并采用多方向分层切片算法来处理每个块。

具体而言,该方法包括以下步骤:①复杂结构零部件的分块,将复杂结构的零部件根据其几何形状和特征分成多个块;②多方向分层切片,对每个分块采用多方向分层切片方法进行切片;③多方向切片,在切片过程中不限制在单一方向上进行切割,而是根据每个分块的几何形状和需求,选择最合适的切片方向,以更好地逼近复杂几何表面,提高表面质量和轮廓精度。

使用多方向分层切片算法的优势:①支持更复杂的零部件。这种方法克服了传统单向切片的限制,可以处理更复杂、更多样化的零部件,包括包含分支结构和悬挑结构等的复杂几何形状。②制造质量高。多方向切片可以更好地逼近复杂表面,减弱"阶梯效应",从而提高制件的表面质量和轮廓精度。③支撑结构少。通过更精细的切片方法,可以减少支撑结构,从而简化后续处理步骤。④构建效率高。多方向分层切片算法可以优化构建过程,减少构建时间,提高制造效率。

10.2.5 增材制造技术的路径规划

对模型进行切片分层得到截面信息之后,还须对求得的截面信息中的数据轮廓信息进行路径规划。该环节使用切片软件中的扫描填充算法。本文将路径规划环节分为路径生成和路径优化两步。

(1) Zig-Zag 往复扫描轨迹模式。

目前应用最为普遍的一种填充算法是往复平行扫描算法,也称 Z 字扫描(Zig-Zag)算法,该扫描方式是单向扫描的改进,也是目前 3D 打印中最基本的填充方式,具体扫描路径如图 10-10 所示。该算法具有两个优点:①所有的扫描线(扫描路径)均平行,扫描时自下而上逐行填充,很容易实现,是多类切片引擎的首要选择;②每填充一行,不需像单向扫描那样必须空行程回到下一行的起始点,而是直接实施逆向填充,遇到不需填充的空腔时,只需空程移动喷头,较为可靠。但该算法也存在不少缺陷:①在实际的模型打印过程中,喷头往往在来回扫描过程中总会不经意碰触到打印轮廓,使实体质量精度降低;②每条填充路径的收缩应力处于相同方向,使得翘曲变形的可能性大大增加;③对于有型腔结构的零件,扫描过程需反复跨越内轮廓,空行程太多,成形效率降低。

图 10-10 Zig-Zag 扫描路径

(2) OFFSET 扫描填充路径。

为改善往复平行扫描算法的不足,刘斌等人提出一种偏置扫描算法(OFFSET 扫描算法），此算法的原理是将轮廓向实体方向进行等距线式的偏移扫描。采用该种算法时，需对切片所得的多边形轮廓进行内外轮廓区域的区分，按外轮廓向内偏置或按内轮廓向外偏置，再检查各个轮廓偏置是否自相交或与别的偏置轮廓是否有交点，进行自相交和布尔运算处理之后，就可得到填充路径，其扫描路径为由图案轮廓构成的多个相同距离的偏置路径的集合，具体扫描路径如图10-11所示。此算法有三个优点：①运行时的空行程较短，启停次数较少，断丝次数少，填充紧实；②不因喷头过多的跨越而对工件表面产生刮伤；③因其内部按OFFSET方式填充，故扫描方向不断发生变化，产生的内应力始终发散，符合热传递规律，降低了成形工件的残余应力，降低了工件翘曲变形的可能性，提高了工件的光洁平整度。但该算法也有不足之处，如扫描矢量涉及多种多边形操作，若需处理复杂模型，则会出现因轮廓环内外偏置而产生自相交或环相交的现象，算法处理难度大大增加，处理效率随之降低。因此，该算法常被应用在一些对成形零件要求较高的领域，一般不单独使用。

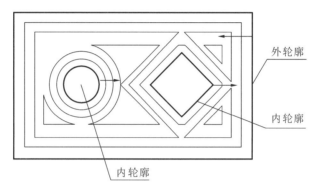

图 10-11　OFFSET 扫描填充路径

（3）分区扫描路径。

扫描路径空行程太多，会导致打印机喷头重复启停，频繁断丝出丝，影响成形质量，针对此情况，一些学者提出了一种以往复扫描填充为基础的分区扫描算法。此算法将扫描区域分割成若干连通区域，在每个区域中，以往复平行扫描方式进行扫描填充，逐次加工，具体扫描路径如图10-12所示。在表示同一区域的填充量时，该算法有两个明显特征：①若该区域的截面轮廓与扫描线交点数目不发生变化，说明没有凹洞，就直接提取出该区域的扫描填充矢量。②若两者交点数目发生变化，才对该矢量归属哪部分区域进行判断。

采用该算法能直接减少填充扫描矢量的判断次数，提高运行效率。在实际的扫描加工过程中，可对某个区域扫描加工完成之后，再去扫描另一个区域，因而节省了两两型腔区域之间的跨越时间，减少了"拉丝"现象，进而提高了生产效率。但该算法也存在两个缺点：①扫描相邻区域时，若前一个区域的扫描终点与后一个区域的扫描起始点距离很近，从加工工艺角度出发，则应将两点连接，但事实上两点是断开的，不仅毫无加工意义，还会降低工件的表面质量；②因对子区域采用往复平行扫描的填充方式，若相邻两层界面的扫描方向平行，则收缩应力也同向，工件翘曲变形的可能性增加。

（4）螺旋扫描路径。

螺旋扫描算法具有两个交错的子螺旋，一个向内，一个向外，能够连续地填充二维区域图案。也因螺旋填充缺乏方向偏差，相邻切片层的螺旋图案会相互复刻，无法在同一个角度上实现"交叉编织"，严重降低了工件的制造强度，所以该算法在AM制造领域不被广泛使用。

图 10-12 分区扫描路径

基于 Fermat 螺旋线的原理,演变出了一种 3D 打印路径规划方法,具体路径如图 10-13 所示。该方法本质上是一种分区扫描和螺旋扫描的复合扫描方式,在每个小的拓扑连通区域采用 Fermat 螺旋线进行填充,之后将多条独立的螺旋线进行连接,实现了全局不间断的打印,因此可生成同时具有连续和平滑两种特性的打印喷头路径,大大提高了打印质量,同时减少了打印时间。

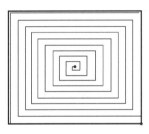 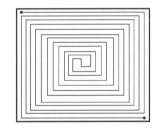

(a) 普通螺旋线填充　　(b) Fermat 螺旋线填充

图 10-13 螺旋填充路径算法原理图

(5) Hilbert 填充路径。

从提高快速成形制造工件性能的角度出发,沿分形曲线轨迹扫描填充二维轮廓的方式也逐渐被人们使用。以典型的空间填充曲线——Hilbert 曲线为例,该曲线通过自我复制方式产生,从起点到终点利用二分技术递归地计算转折位置,最终生成二维甚至更高维度的曲线,且得到的填充路径是由多个连接的折线段组成的。图 10-14 所示是 $n=4$ 时的 Hilbert 曲线。

使用 Hilbert 曲线作为扫描填充轨迹的优点:①可最大限度地改善翘曲变形现象,满足扫描过程中的质量需求;②将此算法应用于带有凹槽的复杂曲面加工中,能生成连续的轨迹,可提高整体加工效率。但该方式存在明显不足:①喷头运动路径的几何形状及曲率,会影响加工制造的时间和质量,Hilbert 型填充路径自身有多重急剧转折,因此增加了挤出头加速和减速的缓冲时间。②急转角也会导致丝束的过度填充或填充不足等缺陷。

10.2.6　增材制造技术的过程控制

增材制造的"控形控性"是指在增材制造过程中,通过精确控制工艺参数和材料特性,实

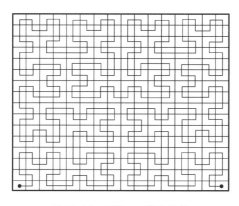

图 10-14 Hilbert 填充路径

现对最终产品形状和性能的精确控制。在增材制造中,通过逐层添加材料来构建三维物体,每一层材料的形状和特性都对最终产品的质量和性能产生影响。因此,控制形状和性能是增材制造过程中至关重要的目标。

"控形"指的是控制产品的几何形状,确保产品与设计模型一致,没有形状缺陷或失真。这项要求涉及精确的分层切片和路径规划,简单来说,就是确保每一层的添加材料都在正确的位置,并按照预定的轨迹进行添加,以形成期望的形状。

"控性"指的是控制产品的材料性能,包括力学性能、热学性能、耐腐蚀性等。这要求精确控制材料的成分、晶体结构和热处理过程,确保在增材制造过程中获得所需的性能特性。

要实现"控形控性",在增材制造过程中需要密切关注以下方面:①工艺参数控制。选择适当的温度、速度、喷头间距等工艺参数,以控制每一层材料的添加精度和一致性。②材料选择和质量控制。选择合适的增材制造材料,并确保其质量符合要求,避免材料缺陷对最终产品性能产生影响。③切片和路径规划。采用合适的切片软件和路径规划算法,确保每一层的切片和路径准确无误。④精确的控制系统。使用高精度的控制系统,确保增材过程中的位置和运动轨迹的准确性。

通过实现"控形控性",增材制造可以生产出符合设计要求的高质量产品,广泛应用于航空航天、医疗、汽车、工程等领域,并为个性化制造和快速原型制作提供了强大的支持。

10.2.7 增材制造技术的无损检测

尽管国内外已经将 3D 打印技术逐渐应用到了工业领域,但此技术还不太完善,仍有需要探索和研究优化的地方。特别是在工程应用上,还需要考虑如何进一步降低设备与材料成本、提高成形效率、提高设备与工艺的稳定性,解决大工作台范围内的预热温度场难以控制、工艺过程监控不完善等问题。研究发现,增材制造材料的缺陷可以分为三大类:①材料特性导致的缺陷,主要包括粉末颗粒形貌、粒度分布不均匀、密度不均匀、空心粉末以及夹杂物;②特征参量导致的缺陷,激光束对材料的作用时间极短,在材料逐层堆积的过程中,材料不断经历急热和急冷的交替过程,致使熔池及其附近部位的加热熔化、凝固和冷却的速度比周围区域高,在此过程中不同的特性参量会导致出现不同缺陷,如残余应力、孔隙、球化以及裂纹等缺陷;③服役导致的缺陷,在零件服役过程中形成的缺陷主要有裂纹和变形。增材制造构件常见的缺陷类型如图 10-15 所示。

目前,无损检测技术作为一种灵活、快捷的技术,已广泛应用于航天航空、特种设备、能

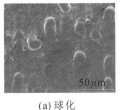   

(a) 球化　　　　　(b) 翘曲　　　　　(c) 孔隙　　　　　(d) 裂纹

图 10-15　增材制造典型缺陷

源电力、轨道交通、电信电子、钢铁冶金等诸多领域。常规无损检测技术包括目视检测（visual testing，VT）、磁粉检测（magnetic particle testing，MT）、渗透检测（penetrant testing，PT）、射线检测（radiology testing，RT）、超声检测（ultrasonic testing，UT）、涡流检测（eddy current testing，ET）和激光超声检测（laser ultrasonic testing，LUT）等方法，具体分类及特点如表 10-1 所示。虽然应用广泛，但是这些方法也存在一些问题，比如：目视检测法对检测者的经验要求较高；常规超声检测结果无法永久保存；磁粉检测和渗透检测难以检测埋藏较深的内部缺陷；射线检测对现场操作要求较高且操作不慎就会对人体有放射性危害等。

借助于计算机科学技术、图像处理技术、自动化技术、压电复合材料、各类微电子器件等飞速发展，数字射线检测（digital radiography，DR）、工业计算机层析成像射线检测（computer tomography，CT）、基于时差衍射法的超声检测（ultrasonic testing based time of flight diffraction，TOFD）、相控阵超声检测（phased array ultrasonic testing，PAUT）等技术快速发展，目前已成熟应用于工业生产检测过程中。相较于常规无损检测技术，数字成像技术 DR、CT 的灵敏度和分辨率都有较大提高，避免了射线对检测者的危害，还可以利用后期图像处理软件和仿真软件得到更为全面清晰的检测结果；TOFD 和 PAUT 超声检测新技术穿透力强，探测深度大，仅从一面扫查检测物体，就可以对缺陷的位置、大小、形状及性质等做出较为准确的判断，检测速度快，可靠性高，应用领域正在不断扩展。

表 10-1　无损检测技术分类表

名称	简称	技术原理	特点
目视检测	VT	肉眼观察或者借助光学设备等技术手段直接观测缺陷形态	优点：一般应用于超声检测或者射线检测前，可快速发现焊接错位、变形、咬边、焊接余高过高等焊接表面缺陷，准备工序少，操作简单方便，检测速度快。 缺点：检测存在随意性和盲目性
磁粉检测	MT	将磁粉喷涂于被检试件表面，当试件被磁化后，缺陷的部位会形成漏磁场，从而显示缺陷的存在	优点：针对表面或近表面缺陷，多用于检测焊件、铸件或锻件的表面缺陷，如阀门、泵、压缩机部件、法兰、喷嘴设备等；检测经济快捷，灵敏度和可靠性高。 缺点：仅限铁磁性材料，对内部缺陷的判断不够精确，不能定量
渗透检测	PT	试件表面缺陷中的渗透剂和显影剂在毛细现象的作用下放大显现痕迹	优点：广泛应用于检测大部分的非吸收性物料的表面开口缺陷，如钢铁、有色金属、陶瓷及塑料等，不需要额外设备，方法灵活，适应性强，灵敏度高。 缺点：检测程序烦琐，速度慢，试剂成本较高，不适用于内部缺陷，灵敏度低于磁粉检测，不能定量

续表

名称	简称	技术原理	特点
射线检测	RT	利用 X 射线、y 射线、中子射线透过材料后,不同性质材料的胶片底片感光成像差异来显示缺陷影像	优点:广泛应用于锅炉压力容器焊缝和其他工业产品内部缺陷的检测,对体积型缺陷,如气孔、夹渣等的检出率很高,直观性强,在长度方向上的精确性高。 缺点:检测工序烦琐,检测效率较低,对于面积型缺陷,如裂纹、未熔合类缺陷,如果照相角度不适当,比较容易漏检;射线对人体有害,需要做特殊防护
超声检测	UT	利用超声波遇到异质界面产生的反射波来发现物体内部缺陷	优点:成本低,无污染,检测速度快,广泛应用于金属材料母材和焊缝内部缺陷的检测。 缺点:需要耦合剂,存在草状波干扰,接触面有局限性
涡流检测	ET	基于电磁感应原理,利用交变磁场在导体材料中产生涡流波动,进而检测导体中的缺陷信息	优点:适用于工件表面或近表面的缺陷检测,不需要接触工件,也不需要借助于耦合剂,检测速度快,检出灵敏度高,综合效率高。 缺点:只适用于导电材料,受限于检测线圈的形状、尺寸和技术参数,不适用于内部缺陷的检测
激光超声检测	LUT	利用激光产生超声波来探测材料内部缺陷	优点:非接触式检测,不需要与工件直接接触,精度高,检测效率高,适用于多种材料。 缺点:对材料表面状态要求高,成本较高,信号干扰影响准确性,对较深缺陷检测有限制

10.3 轻量化增材制造工艺

轻量化制造的实现途径可以分为三个方面:①改变材料;②改变设计;③运用先进的制造技术。其中,3D打印在两方面展现出了明显优势,首先它本身就是一种先进的制造技术,在减少零部件的数量、提高材料利用率方面比传统制造更具优势,其次它可以满足设计的无限可能,可以轻松将各种轻量化巧思落地。本节重点从设计方面来谈谈3D打印如何实现轻量化制造。

10.3.1 轻量化增材制造的结构设计

轻量化结构设计按照结构的式样可以分为中空夹层结构、胞元结构、一体化结构和拓扑优化结构。

(1) 中空夹层结构设计。

中空夹层结构通常由薄壁作为面板(见图10-16),内芯加筋形成交错支撑的结构,整体呈空心,在承受弯曲载荷时,面板主要承受拉应力和压应力,内芯主要承担剪应力和部分压应力。这样的结构具有一定的弯曲刚度与强度,并且具有质量轻、耐疲劳、吸音和隔热等优点。

(2) 胞元结构设计。

胞元结构是增材制造的一个重要研究领域,正如建筑用的空心砖,胞元结构的应用减少了

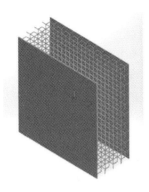

图 10-16 增材制造中空夹层结构示例

材料的使用,有效帮助实现轻量化。四种常见的胞元结构包括蜂窝结构、开孔泡沫结构、闭孔泡沫结构与点阵结构(晶格结构)。胞元结构材料因在热、电和光学性能等方面具有优势,以及作为潜在的轻量化材料而受到人们的关注。胞元结构所固有的复杂性,使得增材制造(3D 打印)技术与其制造有着天然的结合点,使用 3D 打印技术加工的胞元结构如图 10-17 所示。

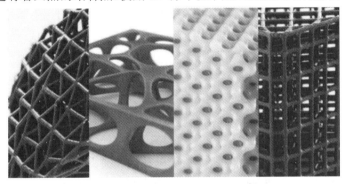

图 10-17 采用增材制造技术加工的胞元结构

3D 打印的一大优势是灵活性以及制造成本对产品的复杂性不敏感,这也是复杂的胞元结构成为 3D 打印领域的一大热门研究方向的主要原因。3D 打印的胞元结构能表现出如下优点:

结构与功能的结合:自然界中随处可见胞元结构,如骨骼和金属晶体等。在产品设计时,利用胞元的机械效能,如超大表面积、优异的减震性能、优异的抗冲击性能等,能够克服传统制造的限制,创造新的更高性能的产品。

优异的强度-重量比:通常有两种途径可以改善部件的强度-重量比。在传统制造中,人们常通过减少非关键区域的材料来减少材料的使用,以减轻重量。而胞元设计可以同时减少零件关键区域中的材料以减轻重量,这样做有时确实降低了零件的整体强度,但可以提高强度-重量比。

超大的表面积:胞元结构材料不仅重量轻,而且可以释放大量的表面积,这类结构能够促进热交换和化学反应。以计算机热交换器为例,计算机处理器的性能往往受到所产生热量的影响,热交换器的工作就是在风扇的协助下,将热量从芯片中除去并排出到大气中,该系统的整体效率与散热器的表面积息息相关。然而,如果没有 3D 打印技术,"小"特征想具有大表面积是难以实现的。目前,从汽车、航空航天、能源到电子等行业都在尝试使用胞元结构提高热交换效率。比如说,根据 3D 科学谷的市场研究,UTC 联合技术公司在其燃气涡轮发动机部件内部采用胞元结构设计,主要目的是为燃气涡轮发动机部件提供有效的局部对流冷却,以应对高温燃烧气体的热负荷。这些胞元结构可以通过粉末床激光熔融3D打印技术来生产,还可以通过电子束选区熔化工艺来生产。3D科学谷了解到由于胞元结构的存在,发动机保持了广泛的热交换表面,可以获得较高的散热表面/体积比。

出色的减震和冲击保护性能:胞元还可以通过更好地吸收能量来保护产品。例如,有胞元结构的运动鞋中底和橄榄球头盔缓冲结构,在受到外力作用时,它们可以吸收撞击力起到保护安全的作用。

理想的吸振和降噪功能:噪音和振动令人不悦,振动甚至会降低机器性能。增材制造的胞元结构还可以降低机械噪音和振动。由于刚度低,承受和恢复大应变的能力强,胞元结构在抑制振动方面很有效。例如,胞元结构可以运用到重型设备上的隔离垫中,以减少进入制造系统的能量。胞元结构的可调特性也使得工程师可以通过改进设计来匹配特定应用要求。

(3)一体化结构设计。

3D打印一体化结构是一种具有代表性的为增材制造而设计的结构。3D打印一体化结构设计可以实现产品"瘦身",减少部件数量,实现功能与结构的集成。它是一种以增材制造技术为主导的主动设计思维方式,设计之初就以考虑产品的功能性为主,而不用花费过多的精力去考虑结构装配的问题,遵循这种方法,可以为产品的开发提供创新性的思路。3D打印技术可以实现复杂部件的一体化制造,这为零部件设计带来了优化的空间,设计师可以尝试将原本需要多个装配组件的复杂部件进行一体化设计。图10-18所示是采用3D打印技术生产的一体化车辆前端结构。这种方式不仅实现了零件的整体化结构,还能够避免多个零件组合时存在的连接结构(如法兰、焊缝等),也可以帮助设计者突破束缚实现功能最优化设计。

一体化结构是将原来分散的,需要连接的,甚至是不同材料的零件集成为一个大的部件,便于设计者进行整体最优化设计,从而实现减轻部件的重量、减少加工步骤的目标。

图10-18 3D打印的一体化车辆前端结构

(4)结构拓扑优化设计。

拓扑优化是一种先进的结构设计方法,其目的是在给定的设计空间内找到最佳的材料分布,以满足特定的性能要求和约束条件。这种方法通过数学算法进行迭代计算,逐步移除低应力区域的材料,同时保留并加强承载关键区域,从而实现结构的最优化设计。相比尺寸优化和形状优化,拓扑优化不依赖于初始构型的选择,具有更高的设计空间,是寻求高性能、轻量化、多功能创新结构的有效设计方法,现已广泛应用于航空航天、汽车制造、建筑设计等技术领域。在增材制造中,拓扑优化可以用于改进零件的设计,使其在保持强度和刚度的前提下,最大限度地减少材料的使用。面向增材制造的拓扑结构优化考虑了增材制造技术的特殊性,旨在设计适合增材制造的轻量化结构,并优化其性能。在增材制造中,材料是逐层添加的,因此结构的密度分布可以在垂直方向上进行优化,不受传统制造工艺的限制,如图10-19 所示。

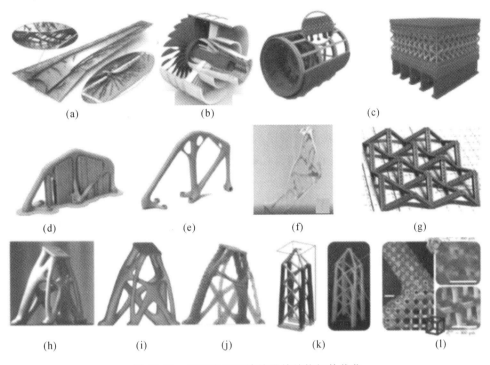

图 10-19 面向增材制造的零件结构拓扑优化

目前,面向增材制造的拓扑结构优化方法主要有以下几种:

① 密度法拓扑优化。

密度法拓扑优化是最简单的拓扑优化方法之一。它将结构看作由不同密度的材料构成,通过调整单元的密度值来优化结构。较低密度的区域可以被挖空,从而减少材料的使用,实现轻量化设计。密度法拓扑优化适用于任意复杂的结构,但可能产生平滑性差的结果,后续需要进行形态优化。

目标函数:$\underset{\rho}{\text{minimize}} \sum \rho_i$。

约束条件:$K(\rho) \leqslant f$。

在密度法拓扑优化中,结构的设计域被划分为有限元网格,每个网格单元的密度用 ρ_i 表示,其中 i 表示网格单元的编号。目标函数的目标是最小化所有网格单元的密度之和,从而减少材料的使用。约束条件可以是结构的刚度 $K(\rho)$,也可以是体积分数的约束 f。通过优化密度分布,可以得到最优的拓扑结构。

② 拓扑敏感的设计变量方法。

拓扑敏感的设计变量方法将设计变量引入拓扑优化中,这些设计变量代表结构中不同区域的密度或材料。在优化过程中,这些设计变量会根据加载和边界条件进行调整,从而优化结构的性能。这种方法可以使优化结果更加平滑和合理,适用于各种增材制造的结构设计。

目标函数:$\underset{\rho}{\text{minimize}} f(\rho)$。

约束条件:subject to $g(\rho) \leqslant 0$。

拓扑敏感的设计变量方法引入了敏感设计变量 ρ,它在优化过程中用于调整结构的密度分布。目标函数 $f(\rho)$ 表示结构的性能指标，可以是结构的刚度、强度、重量等。约束条件 $g(\rho)$ 用于限制密度的取值范围，确保得到合理的密度分布。

③ 有限元方法。

有限元方法将结构划分为有限元网格，将每个网格单元的密度作为优化变量。通过对网格单元密度的优化，可以实现结构的最优设计。有限元方法在拓扑优化中得到广泛应用，它可以适应不同的加载和约束条件，并能够考虑复杂的结构几何形状。

目标函数：$\underset{\rho}{\text{minimize}} \, f(\rho)$。

约束条件：subject to $g(\rho) \leqslant 0$。

有限元方法在拓扑优化中被广泛应用。目标函数 $f(\rho)$ 和约束条件 $g(\rho)$ 与拓扑敏感的设计变量方法类似，用于表示结构性能指标和密度的约束条件。通过调整密度分布 ρ，可以优化结构的形状。

④ 级变优化。

级变优化是一种逐步增加材料并优化结构的方法。在初步优化后，一些局部区域可能出现过度挖空的情况，这会导致结构的稳定性下降。级变优化引入多个优化步骤，逐渐增加材料并优化结构，从而得到更加合理的优化结果。

级变优化是一种多步骤的优化方法。

第一步：密度法拓扑优化。

目标：$\underset{\rho^{(1)}}{\text{minimize}} \sum \rho_i^{(1)}$。

约束：$K(\rho^{(1)}) \leqslant f$。

采用密度法拓扑优化，目标是最小化第一步中每个网格单元的密度 $\rho_i^{(1)}$，从而减少材料的使用。

第二步：密度法拓扑优化。

目标：$\underset{\rho^{(2)}}{\text{minimize}} \sum \rho_i^{(2)}$。

约束：$K(\rho^{(2)}) \leqslant f$。

基于第一步的优化结果，继续采用密度法拓扑优化，最小化第二步中每个网格单元的密度 $\rho_i^{(2)}$。

以此类推，可以进行多步骤的级变优化，逐步增加材料并优化结构，从而得到更加合理的优化结果。

⑤ 拓扑优化与尺寸优化结合。

拓扑优化通常用于确定结构的整体形状，而尺寸优化用于进一步优化结构的局部细节。将拓扑优化与尺寸优化相结合可以得到更加精细和高效的结构设计。

目标函数：$\underset{\rho, x}{\text{minimize}} \, f(\rho, x)$。

约束条件：subject to $g(\rho, x) \leqslant 0$。

拓扑优化与尺寸优化结合，同时优化密度分布 ρ 和结构尺寸 x。目标函数 $f(\rho, x)$ 可以同时考虑结构的性能和材料使用情况。约束条件 $g(\rho, x)$ 用于限制密度和尺寸的取值范围，确保得到合理的优化结果。

⑥ 多尺度拓扑优化。

多尺度拓扑优化考虑结构在不同尺度上的优化问题。通过在不同尺度上对结构进行优化,可以获得在全局和局部都具有优越性能的结构。

目标函数:$\underset{\rho,\omega}{\operatorname{minimize}} f(\rho,\omega)$。

约束条件:subject to $g(\rho,\omega) \leqslant 0$。

其中,ρ 是结构中每个单元的密度;ω 是尺度参数,用于调整不同尺度之间的权重。

目标函数 $f(\rho,\omega)$ 可以同时考虑全局和局部性能指标,确保在不同尺度上都有优越的性能。约束条件 $g(\rho,\omega)$ 用于限制密度和尺度的取值范围。多尺度拓扑优化可以通过逐步调整尺度参数 ω,在全局和局部尺度上进行优化,从而得到结构的最优设计。

拓扑优化在增材制造中得到广泛的应用,可以用于改进零件的设计,提高零件的性能和轻量化效应,如图 10-20 所示。第一,拓扑优化能增加部件的强度,通过拓扑优化,可以改变零件的拓扑形状,使其承受外部载荷时具有更好的强度和刚度。优化后的结构可以减少应力集中,部件的寿命和可靠性得以提高。第二,拓扑优化能减少部件的重量,拓扑优化可以去除不必要的材料,实现零件的轻量化。这对于需要重量减少的应用场景特别有用,例如航空航天和汽车工业领域。第三,结构优化能改善部件性能,通过拓扑优化,可以优化零件的结构形状,使其在各种工作条件下具有更好的性能。例如,在增材制造的医疗植入物中,可以通过优化设计来实现更好的生物相容性和力学性能。第四,多材料拓扑优化增材制造技术可以实现多材料的打印,拓扑优化可以将不同材料分配到合适的位置,从而实现复合材料的设计。第五,面向特定制造工艺的拓扑优化,针对不同的增材制造工艺,可以设计相应的拓扑优化方法。例如,在激光选区熔化(SLM)中,可以优化结构的逐层形状,以减少应力集中和热应力。

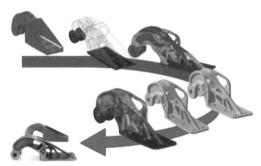

图 10-20 考虑材料各向异性、残余应力的零件结构拓扑优化

拓扑优化是一种有效的设计工具,可以用于改进增材制造中零件的性能。面向增材制造的拓扑结构优化方法考虑了增材制造的特殊性,可以实现轻量化设计和结构性能的优化。拓扑优化在增材制造中的应用具有广泛的前景,可以推动增材制造技术在各个领域的应用和发展。但同时需要克服一些挑战,例如拓扑优化结果的验证和工程化转化,以确保其可靠性和实用性。未来,随着增材制造技术的不断发展和拓扑优化方法的不断改进,拓扑优化在增材制造中的应用将得到推广。

10.3.2 轻量化构件增材制造工艺

铝合金、钛合金、镁合金和碳纤维等轻量化材料因其优异的性能,被广泛用于增材制造技术中,为制造业带来了革命性的变化。

(1) 铝合金构件的增材制造。

随着航空航天、国防领域的零部件向着高性能、低成本、长寿命、轻量化方面发展,典型构件越来越多地采用整体结构,零件趋于轻量一体化制造,这大大推动了轻质合金在这些领域的应用。钛合金和铝合金是航空航天领域应用最广泛的轻质合金,其制造技术也是衡量金属增材制造技术水平的重要参考因素。铝合金是目前全球应用率仅次于钢的金属材料,具有密度轻、弹性好、比刚度和比强度高、耐磨性和耐腐蚀性优、导电导热性好等优点,因此铝合金增材制造技术受到越来越多研究学者的关注。铝合金因其良好的耐腐蚀性、高的强度重量比以及能够与多种金属和非金属合金化的独特性能,近乎成为最具吸引力和最经济的金属。其中铝/铜、铝/硅、铝/锂和铝/镁/锂合金在现代工艺中,特别是在航空航天领域有着广泛的应用。铝合金具有较低的激光吸收率,与电子束作用过程中会产生大量元素烧损;铝合金比重低,极易氧化,使得制粉过程困难,成本高,容易形成微气孔等缺陷,因此基于粉末床熔合(PBF)和定向能沉积(DED)的 AM 技术针对铝合金的研究甚少。与粉末相比,目前市场上可以采购到从 1 系到 5 系共 30 多种牌号的铝合金丝材,且丝材的成本可以控制在粉末的 1/10 以内,这使得 WAAM(wire arc additive manufacturing,电弧熔丝增材制造)技术成为铝合金增材制造的最佳方式,特别是针对航空航天领域的中大型结构的各种肋板结构,如图 10-21 所示。

(a) 1米级火箭贮箱　　　(b) 10米级火箭连接环

图 10-21　高强铝合金电弧增材制造一体化成形案例

增材制造技术,其核心在于将材料逐层熔化并堆叠,以构建三维结构。然而,铝合金因其高热导率和显著的热膨胀特性,在增材制造过程中易出现非平衡凝固现象,导致结构变形和不均匀收缩。此外,气孔、热裂纹以及力学性能不足等问题,也严重制约了铝合金在增材制造领域的实际应用。针对铝合金在快速凝固、循环加热和冷却条件下的组织演化行为,深入分析材料熔化过程液滴的过渡和稳定性,研究工艺参数对微观组织生长和缺陷生成机制的影响,控制成形过程中的热应力和变形,并采用合理的强化机制来调控力学性能,是研究铝合金成形过程的关键。

(2) 钛合金构件的增材制造。

钛合金由于具有比强度高、耐热性好、耐腐蚀性好等特点,成为航空零件制造的首选材料之一,广泛用于制造航空发动机的风扇叶片以及飞机结构中的梁、缘条、接头和隔框等重要承力构件。近年来,航空工业为减轻飞机和飞行器的结构重量,对高强度、低密度材料的需求与日俱增。在民用航空领域,波音公司在其飞机型号的更新迭代中,倾向性地增加了钛合金的使用比例:从 757 型号的 6% 提升至 777 型号的 7%。同样,空客公司也展现了类似的趋势,其 A320 型号的钛合金用量为 4.5%,而到了 A340 型号,这一比例增长至 6%。更值得注意的是,波音公司在其最新型号 787 中,钛合金的使用比例已经高达 15%。军用飞机也大量使用了钛合金,尤其是第 4 代战斗机 F-22,其钛合金使用量更是达到了结构总重量的 41%。国产商用飞机 C919 也大量使用了钛合金,其钛合金用量约占总体结构重量的 10%,在登机门及前后货舱门上使用了许多钛合金增材制造制件,但是,在机翼、尾翼等部件中,钛合金的制造形式仍为锻造。

钛合金是一种新型合金,但是采用传统加工制造方法成本太高,这是因为钛合金具有熔点高、高温易氧化及加工变形抗力大的特点,难加工、制作周期长、产量低等各方面都制约了其发展。激光增材制造钛合金技术通过高功率激光熔化同步输送的钛合金粉末,逐点逐层堆积成形零件,克服了传统技术难以生产复杂钛合金构件、钛合金冷加工变形抗力大等缺点,为大型整体结构件的制造提供了新的技术途径,且其具有与锻件相当的力学性能,为钛合金加工成形开辟了一条新的先进制造途径。

(3) 镁合金构件的增材制造。

镁合金具有轻质、比强度高、阻尼减振性好、生物相容性好、体内可降解等优点,在航空航天、汽车轻量化、生物医疗等领域应用潜力巨大。然而,传统的镁合金铸造成形和变形加工技术在制备一体化复杂结构件上具有一定的局限性,制约了镁合金在上述领域的应用普及。增材制造是一种根据三维模型数据逐层熔化沉积的先进技术,有望成为镁合金复杂构件制备的重要技术途径。

现阶段,镁合金增材制造技术的研究主要集中在 SLM 技术和 WAAM 技术方面。与传统铸造相比,增材制造镁合金具有无须模具、节省原材料、智能化及轻量化等优点,尤其在具有复杂拓扑结构设计的医疗器械产品以及大尺寸航空航天异形构件的制备中具有独特优势。然而,镁合金由于具有高反射性,导致能量吸收率低,并且镁粉末原材料具有易燃易爆的本征特性,大大限制了镁合金增材制造技术的发展。与钢、铝合金、钛合金等其他常用合金相比,有关镁合金增材制造的研究起步较晚,技术发展还非常有限。因此,寻求一种能够安全稳定实现复杂结构成形的方法是增材制造镁合金研究领域亟须攻克的难题。

目前 SLM 技术和 WAAM 技术是镁合金增材制造最常采用也是发展最为成熟的两种技术。致密度是衡量成形质量的关键指标,它不仅用于评估成形效果,还能指导工艺参数的优化,以预防不当加工条件引发的成形缺陷。镁合金成形件的内部缺陷会显著降低其整体的力学性能,因此,通过提高生产过程的稳定性和成形件的致密度,可以有效提升成形件的质量。采用增材制造技术已经能够制备相对密度高达 99.9% 以上的镁合金。

10.3.3 多材料复合增材制造

多材料复合增材制造(multi-material composite additive manufacturing,简称 MMC-AM)是增材制造技术的一种高级应用形式,它通过将不同的材料在一次建造过程中复合打印,从而创造出具有多种性能和功能的复合材料部件。MMC-AM 将传统增材制造技术与材料复合技术相结合,扩展了增材制造技术的应用领域,并为制造业带来了革命性的变化。

10.3.3.1 多材料复合增材制造的优势

多材料复合增材制造技术具有如下优势:

(1) 功能多样性。

多材料复合增材制造允许在一次建造过程中将不同的材料组合在一起,从而创造出具有多样性功能的复合材料。这种多功能的部件可以满足复杂的工程需求,例如在一个部件中实现结构强度、导电性、导热性和耐腐蚀性等多重特性。不同材料之间的相互补充和组合,为工程师和设计师提供了更多的创新空间。

(2) 轻量化设计。

多材料复合增材制造可以在不同部位使用不同材料,优化材料分布,实现轻量化设计,提高部件的性能,同时降低构件的整体重量。这对于航空航天和汽车等领域的制造来说尤为重要,因为轻量化设计有助于提高能源效率和运输性能。

(3)节约成本。

多材料复合增材制造可以减少浪费,节约成本。通过使用合适的材料,工程师可以在关键位置使用高性能的材料,而在其他地方使用成本较低的材料。这种灵活的材料组合可以降低制造成本,并提高产品的性价比。

(4)定制化。

多材料复合增材制造可以根据具体需求进行定制化设计,为不同行业和应用提供量身定制的解决方案。不同材料的组合可以满足不同客户的特定需求,实现定制化生产,增强了产品的竞争力。

目前多材料复合增材制造仍处于发展阶段,但已经在一些领域得到了应用。在航空航天领域中,多材料复合增材制造技术被用于制造复合材料零件,提高了飞行器的性能和耐用性。在医疗领域,多材料复合增材制造技术用于制造医疗植入器件,如人工关节和骨板,以满足不同患者的个性化需求。随着技术的发展和应用领域的拓展,多材料复合增材制造将进一步实现市场商业化。

10.3.3.2 多材料复合增材制造的发展趋势

多材料复合增材制造为制造具有复杂结构、性能最优的零件提供了新途径,其应用价值大,但相关技术仍处于基础研究阶段,面临诸多挑战,未来发展趋势如下:

(1)多材料预制系统完善。

如何精确高效地铺设及回收多种粉末状、丝状材料是多材料增材制造的关键。这不仅影响零件的成形效率,而且涉及材料的成本问题。因此,还需针对多材料成形系统的软硬件构建与优化做进一步研究。

(2)多材料结合界面控制。

较差的界面结合会使零件层间形成孔隙、分层等缺陷,严重时还会降低零件的机械性能,因此还需针对多种材料间的相容性匹配、界面结合等机制做进一步研究。

(3)多材料成形质量控制。

多材料零件在沉积方向和水平方向表现出各向异性,表面粗糙度较大,影响零件的应用,因此还需对稳定可控的适合多种材料的成形工艺参数做进一步研究。

(4)多材料零件的应用拓展。

综上所述,多材料复合增材制造是增材制造技术的重要发展方向。通过合理设计和材料选择,多材料复合增材制造可以创造出更加复杂的多功能部件,推动制造业向更高效、更高性能和个性化方向发展。尽管面临一些挑战,但随着技术的不断进步和应用范围的拓展,多材料复合增材制造将成为增材制造领域的一项重要创新。

10.4 增材制造技术在发动机连杆上的应用

连杆是活塞式发动机中传递运动和动力的重要零部件,在工作过程中承受着气体压力、往复惯性力等大小方向呈周期性变化的交变载荷,工作条件恶劣,并且尺寸精度、力学性能要求高。目前,连杆生产制造主要依靠辊锻、楔横轧制坯、模锻成形等工艺,其中,仅锻造模具的成本就占据连杆制造成本的前三位,我国现阶段大型精密模具的制造能力也还远远无法满足市场需求,并且连杆锻造工艺中漫长的模具开发过程也阻碍了技术的更新。

以当前市场占有率较高的 1.6 L 排量发动机的连杆为例,首先根据校核合格的连杆结构尺寸绘制三维模型(见图 10-22),并对三维模型进行分层切片、填充路径规划处理,然后将加工代码导入激光 3D 打印系统中进行连杆打印试验,最后对成形连杆的组织结构和显微硬度进行分析。

图 10-22 连杆三维模型

发动机连杆激光 3D 打印试验的研究结果表明,能够直接依据连杆三维模型在激光 3D 打印系统中制造连杆,省略了模具设计开发这一步骤,能够有效提高生产效率,降低制造成本,同时获得机械性能优良的连杆产品。

10.4.1 连杆模型数据转换

目前广泛应用于工程设计的 CAD 软件种类繁多,例如 CATIA、UG、Pro/E 等,这类软件所建立模型的数据格式并不一致,模型数据直接载入制造中心后不能满足 3D 打印要求,因此必须对模型输出数据格式进行转换,3D 打印主要采用的数据格式为 STL。STL 文件格式是美国 3D System 公司制定的一种为计算机辅助设计软件(CAD)与增材制造中心实现模型数据交换的接口协议。STL 数据文件存储了三维实体模型表面的离散三角形顶点坐标和面片法向量,它包含多个三角形面片。一般而言,模型的三角形数量越多,模型精度越高,但是数据文件所占用的存储空间就会越大,数据处理过程就会更耗时。STL 文件一般有两种格式,即二进制格式和 ASCII 文本格式。

导出连杆三维模型 STL 文件,设置三角形公差为 0.08 mm,相邻公差为 0.08 mm,自动法向生成。最终生成的 STL 数据文件包含 776 个三角形面片单元,2328 个三角形顶点。

10.4.2 模型分层切片

3D 打印技术是依靠片层堆积的成形过程,所以需要把三维模型进行分层切片处理,影响切片结果的主要因素有分层方向和分层厚度,分层厚度一般由 3D 打印系统的相关工艺参数决定,分层方向则是依据零件结构因素确定的,包括支撑体积、成形时间、材料消耗等因素。由于连杆大头孔和小头孔的轴线均为 Z 方向,而且连杆模型 Z 方向高度较小且结构连续性较好,因此,选取 Z 方向作为连杆模型的分层切片方向。

① 读入 STL 文件信息并将其转换成数据形式保存在链表中,包含三角形面片的顶点坐标和对应的法向量。

② 比较三角形面片 Z 轴坐标并按照从小到大排序,得到三维模型 Z 坐标的最大值 Z_{max} 和最小值 Z_{min},确定分层厚度 ΔZ。

③ 按照 Z 坐标从小到大的顺序,由分层高度 $Z=Z_{min}$ 开始分层切片。

④ 判断切平面与三角形面片的相交情况,计算求得交点坐标 V_1、V_2、V_3、V_4、…,并依次记录下来。

⑤ 去除轮廓数据中的冗余点,得到无冗余的交点坐标 V_1'、V_2'、V_3'、…,首尾相连形成闭合轮廓线。分层高度增加 ΔZ,即 $Z=Z+\Delta Z$。

⑥ 判断分层高度 Z 的大小,如果 $Z \leqslant Z_{max}$,则重复上述步骤④⑤,否则分层结束。连杆模型 STL 文件分层切片算法流程如图 10-23 所示。连杆模型分层切片结果如图 10-24 所示。

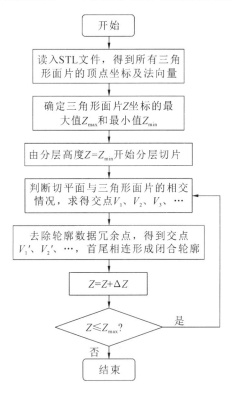

图 10-23　STL 文件分层切片算法流程图

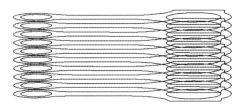

图 10-24　连杆模型分层切片结果

10.4.3　连杆模型填充路径生成

片层成形过程就是对该层截面轮廓线形成的区域进行扫描填充的过程,最常用的算法是 Zig-Zag 路径扫描算法(见图 10-25)。这种路径生成策略在填充过程中以一种高效且均匀的方式覆盖模型,从而确保了成形的质量和效率。连杆模型激光 3D 打印 Zig-Zag 路径如图 10-26 所示。Zig-Zag 路径确保了激光 3D 打印过程中粉末的均匀熔化和固化,从而形成了高质量的层状结构。填充路径规划的基本原则如下:①遍历性规则,规划的路径必须完全覆盖整个填充区域,每层都不能有空缺,也不能有重复。②最短行程规则,路径间距保持一致,没有重叠或者交叉部分,同时减少空行程,避免频繁开关激光。③支撑稳定性规则,加工路径在重力条件下,即竖直方向上要有稳定的支撑,并且材料没有重复沉积。④算法效率规则,路径规划算法的时间空间复杂度尽可能优化,尤其在需要实时规划路径的使用情况下。

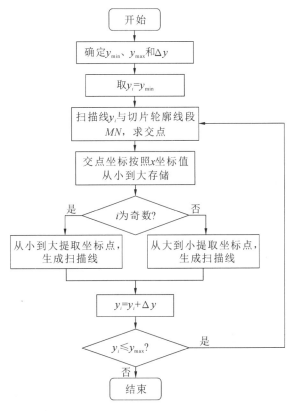

图 10-25 Zig-Zag 路径生成算法流程图

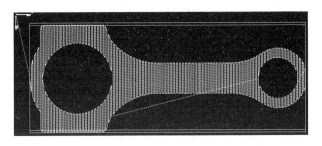

图 10-26 连杆模型激光 3D 打印 Zig-Zag 路径

模型经过分层切片处理以及填充路径规划之后,生成的数据结构并不能直接输入 3D 打印设备,需要将扫描路径与其他相关工艺参数进行组合后才能输入设备控制系统。扫描路径文件转化为如图 10-27 所示的 G-CODE 数据结构,其中 G40 表示取消刀具半径补偿,G17 表示 XY 平面选择,G49 表示取消刀具长度补偿,G90 表示绝对坐标系编程,G54 表示应用工件坐标系,F1000 表示进给速度为 1000 mm/min,M08、M09 分别控制激光的开启以及关闭。

10.4.4 连杆增材制造材料、参数及过程控制

激光 3D 打印系统由电源、控制器、数控工作台、光纤激光器、送粉装置、冷却装置等多

```
N0010 O8001
N0020 G01 G40 G17 G49 G90
N0030 G54
N0040 G00 G90 X34.6411 Y2.4507 Z0.0
N0050 G01    F1000
N0060 M08
N0070 X35.6261 Y-.383
N0080 G02 X36.7705 Y0.0 I17.0739 J-49.117
```

图 10-27　增材制造导出轨迹的代码

个部分组成,如图 10-28 所示。

(a) 电源　　(b) 控制器　　(c) 数控工作台

(d) 光纤激光器　　(e) 送粉装置　　(f) 冷却装置

图 10-28　激光 3D 打印系统

目前激光 3D 打印粉末材料主要有 Fe 基合金、Ni 基合金、Co 基合金等。Ni 基合金粉末的主要特点是熔点低,具有良好的韧性、抗氧化性和耐冲击性;Co 基合金粉末抗氧化、抗腐蚀、耐高温性能好,但是价格昂贵;Fe 基合金粉末成本低,具有与 Ni 基合金、Co 基合金以及 Cu 基合金等同等优越的性能。连杆的试验材料选用 Fe 基合金粉末,具体化学成分如表 10-2 所示。

表 10-2　Fe 基合金粉末的化学成分(质量分数)　　　　　　　　单位:%

C	Si	B	Ni	Cr	W	Fe
0.6~0.8	3.0~4.0	3.0~4.0	12.0~14.0	16.0~18.0	1.0~2.0	余量

基体材料选用 45♯钢,45♯钢毛坯的初始硬度小于 HRC28,淬火后硬度达到 HRC55~58,极限值可达 HRC62,并且冷热加工性能优良、力学性能较好,来源广泛、价格低,化

学成分如表10-3所示。基体板材的几何尺寸为300 mm×200 mm×20 mm,为了减少基体材料表面对激光的反射,试验前对基体钢板用砂纸打磨,然后用丙酮、乙醇溶液清洗干净。

表10-3 45#钢的化学成分(质量分数) 单位:%

C	Si	Mn	P	S	Cr	Ni	Fe
0.42~0.50	0.17~0.37	0.50~0.80	≤0.035	≤0.035	≤0.25	≤0.25	余量

激光功率对单道熔池的高度、宽度以及熔池表面质量的影响较复杂。在激光扫描速度、送粉速率等其他影响因素一定的情况下,激光功率过小,则不能完全熔化输送的粉末,激光功率过大则会导致熔池高度和宽度增加,表面粗糙度也会降低。根据相关工艺试验数据,考虑连杆分层切片厚度以及扫描轨迹间距,设定激光功率为1000 W。

在激光功率和送粉速率一定的情况下,扫描速度增大会使激光束与金属粉末以及基体的交互时间减少,金属粉末以及基体吸收能量减少,熔化的金属粉末随之减少,同时也减小了基体表面的热传导区域,单道熔池的高度和宽度都呈减小的趋势。综合考虑,确定数控工作台主轴的进给速度(即激光扫描速度)为1000 mm/min。

送粉速率对成形零件的致密度和表面质量有决定性的影响,随着送粉速率的增大,金属粉末熔化量增加,单道熔池的高度和宽度均相应增大。但是受到激光功率以及激光扫描速度的影响,当送粉速率增大到一定范围后,过量的粉末反而会影响激光的透光率,基体受热区域减小,熔池宽度和高度都会减小,并且未完全熔化的粉末会黏附于成形件表面,增大了零件表面粗糙度。综合考虑激光功率、扫描速度的影响,确定送粉速率为15 g/min。发动机连杆激光3D打印的工艺参数如表10-4所示。

表10-4 连杆激光3D打印工艺参数

零件名	材料	激光功率 P/W	扫描速度 $V_1/(mm/min)$	送粉速率 $V_2/(g/min)$	光斑直径 D/mm
发动机连杆	Fe基合金	1000	1000	15	1

本例采用激光DED技术制造汽车发动机连杆,并对不同位置的显微组织进行了表征与分析。图10-29显示了激光3D打印连杆的过程,并展示了关键层的打印情况,随后从打印好的连杆中切取试样,进行显微组织的观察与分析。

(a) 30 min,第5层　　(b) 58 min,第10层　　(c) 60 min,第15层

图10-29 激光3D打印连杆的过程

图10-30展示了从连杆底部、中部和顶部三个不同位置切取的试样在不同放大倍数下的显微组织形貌。从显微组织图像可以得到以下结论:

  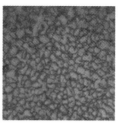

(a) 连杆底部1000×   (b) 连杆中部500×   (c) 连杆顶部1000×

图 10-30 连杆截面试样高倍镜下的组织结构

(1) 底部显微组织：底部区域的显微组织中存在沿增材成形方向的细小柱状晶，这是因为在打印初期，由于基板的冷却效应，冷却速率较快，因此底部区域的晶粒较小。这种细小晶粒结构通常能够提供较高的强度和硬度。

(2) 中部显微组织：中部区域的晶粒较底部稍微粗大，仍然具有竖直方向性。这是由于在打印过程中，热输入逐渐增大，冷却速率相应减慢，因此晶粒有一定的长大趋势。

(3) 顶部显微组织：相较于底部和中部，顶部区域的晶粒明显粗大且呈现出更为复杂的结构。这是由于在打印的最后几层，基体温度较高，冷却速率显著降低，晶粒有足够时间进行长大和重新分布。这种粗大的晶粒结构可能导致材料在此处的力学性能有所下降。

通过对汽车发动机连杆的显微组织分析，可以得出以下结论：增材制造由于具有极高的温度梯度和冷却速率，通常会形成沿成长方向的柱状晶，并外延生长贯穿多层。随着打印层数的增加，显微组织的晶粒尺寸逐渐增大，从底部到顶部，晶粒粗化现象明显。冷却速率是影响晶粒尺寸和结构的重要因素，初期打印层由于基板的冷却效应，晶粒相对较小，而随着打印层数增加，基体温度升高，冷却速率减慢，晶粒逐渐长大。显微组织的变化对材料的力学性能有显著影响，底部区域由于晶粒细小，强度和硬度较高，而顶部区域由于晶粒粗大，其材料性能相应下降。这些结果表明，在激光 DED 增材制造过程中，控制冷却速率和热输入是优化显微组织和提升材料性能的关键因素。

10.5 增材制造技术在航发叶片上的应用

在航空航天领域，尤其是航空发动机叶片（简称航发叶片）的制造中，增材制造技术展现出了巨大的潜力和优势。这项技术能够实现叶片复杂冷却结构的成形，使叶片更加轻量化，甚至可以重塑叶片设计规范。

10.5.1 增材制造成形航发叶片

在航空航天领域，常用的增材制造技术包括激光选区烧结（SLS）、激光选区熔化（SLM）、光固化成形（SLA）、熔融沉积成形（FDM）等。在航发叶片制造中，常用的材料包括高温合金、TiAl 合金等，这些材料通过增材制造技术能够实现高性能部件的制造。航发叶片采用粉末床 SLM 成形技术制造，如图 10-31 所示，使用激光束熔化粉末材料，利用分层的思想，将计算机中的三维模型成形为三维实体零件。

以 Inconel 718 粉末为原材料，利用增材制造技术成形某型涡轮工作叶片，叶片模型如图 10-32 所示。

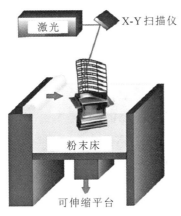
图 10-31 粉末床激光选区熔融成形技术

图 10-32 某型涡轮工作叶片模型

采用粉末床 SLM 成形技术制造的叶片毛坯如图 10-33 所示。可见,其叶身外表面存在波纹,表面凹凸明显,且纹路走向基本一致。经检测,表面粗糙度在 $Ra\ 3.2\sim12.0\ \mu m$ 之间,超出了设计要求($\geqslant Ra\ 3.2\ \mu m$)。

图 10-33 采用 SLM 成形技术制造的叶片毛坯

引起毛坯表面波纹及粗糙度超差的原因主要有:

(1) 激光光斑具有一定直径(直径为 $0.08\sim0.12\ mm$),激光在沿理论轮廓熔融金属的过程中,光斑边缘的低温区会在外轮廓面上形成熔融分界面,产生不完全熔融区域,导致成形后的毛坯表面粗糙;

(2) 激光在熔融过程中,光斑的实际行进路线为折线,熔融完成的轮廓面上会形成突点或毛刺,对表面质量有影响,增加了粗糙度;

(3) 分层熔融过程中,由于层与层之间的熔融分界面叠加、错位而形成走向大致相同的波纹线;

(4) 目标模型成形完毕后,需要将零件表面的支撑结构与目标模型分离,分离过程中会影响目标模型局部表面的质量。

随后采用抛光和吹砂的方法对毛坯表面进行处理,以期改善叶身的表面波纹及粗糙度,经表面处理的叶片毛坯如图 10-34 所示。

10.5.2 增材制造成形航发叶片的拉伸性能

通过常温和高温拉伸试验对增材制造成形的航空叶片进行力学性能评估。分别沿叶身

(a) 抛光表面处理

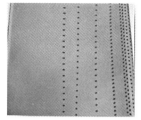
(b) 吹砂表面处理

图 10-34　经表面处理的叶片毛坯

横向(与激光烧结层平行)、叶片竖向(与激光烧结层垂直)及 45°方向截取薄壁标准拉伸试样,在 25 ℃(常温)及 200 ℃条件下进行拉伸性能检测。试样的横向和竖向厚度均为 1.5 mm,45°方向的尺寸为 1.6 mm,试样的其余尺寸参照 GB/T 228.1—2021 确定,每个方向的拉伸试验重复两次,拉伸试验结果见表 10-5。

表 10-5　航发叶片拉伸试验结果

温度	试样	抗拉强度/MPa	屈服强度/MPa	伸长率/%
25 ℃	H-1	1425	1159	16.5
	H-2	1414	1173	14.5
	S-1	1354	1149	11.0
	S-2	1295	1135	10.0
	45°-1	1342	1144	12.0
	45°-2	1279	1124	9.5
200 ℃	H-1	1310	1070	12.0
	H-2	1300	1040	12.5
	S-1	1200	975	8.5
	S-2	1160	955	9.5
	45°-1	1260	1030	11.0
	45°-2	1260	1050	9.5

注:H 表示横向;S 表示竖向;45°表示横纵等分线方向;-1、-2 分别表示试样 1 和试样 2。

10.5.3　增材制造技术在航发叶片上应用的挑战

采用增材制造技术制造航空发动机涡轮叶片的研究,取得了有价值的工程应用成果,是激光增材制造技术在涡轮叶片中应用的有益尝试,但也面临着一系列挑战。

(1) 成本问题:成本是增材制造技术应用中最大的挑战之一。这不仅包括设备和材料成本,还包括产品的高度复杂性以及由稳定性和可靠性不足而带来的隐性成本。

(2) 标准和认证体系的缺乏:试样的材料性能数据获取还不全面,增材制造技术缺乏完善的标准和认证体系,产品质量一致性存在短板。

(3) 数字化流程的挑战:增材制造要求以数字要素的共享流动为基础,实现整个增材制造生产流程和供应链的数字化。目前,叶片成形路径规划、成形方法仿真、成形过程建模、支撑结构优化以及数据库参数支持等方面还存在不足。

(4) 形性主动控制难度大:在增材制造过程中,材料往往存在强烈的物理、化学变化以及经历复杂的物理冶金过程,同时伴随着复杂的形变过程。以上过程影响因素众多,涉及材料、结构设计、工艺过程、后处理等诸多因素,这也使得增材制造过程的材料—工艺—组织—性能关系往往难以准确把握,形性的主动有效调控较难实现。

参 考 文 献

[1] 刘勇,耿会程,朱彬,等.高强铝合金高效热冲压工艺研究进展[J].锻压技术,2020,45(7):1-12.

[2] 胡志力,芦俊杰,华林.铝合金热冲压技术研究进展[J].锻压技术,2022,47(2):1-11.

[3] 王义林,刘勇,耿会程,等.高强铝合金热冲压成形技术研究进展[J].航空制造技术,2019,62(16):22-35.

[4] 赵宁.汽车铝合金底盘关键构件短流程热锻成形与组织性能调控研究[D].武汉:武汉理工大学,2022.

[5] QUAN G, REN L, ZHOU M. 2.13 solutionizing and age hardening of aluminum alloys[M]//Hashmi M. Comprehensive Materials Finishing. Oxford: Elsevier, 2017: 372-397.

[6] LAN J, SHEN X J, LIU J, et al. Strengthening mechanisms of 2A14 aluminum alloy with cold deformation prior to artificial aging[J]. Materials Science and Engineering A, 2019, 745: 517-535.

[7] TEICHMANN K, MARIOARA C D, ANDERSEN S J, et al. The effect of preaging deformation on the precipitation behavior of an Al-Mg-Si alloy[J]. Metallurgical and Materials Transactions, 2012, 43(11): 4006-4014.

[8] 刘静安,张宏伟,谢水生.铝合金锻造技术[M].北京:冶金工业出版社,2012.

[9] 王岗,尹志民,赵凯,等.6082铝合金的TTT曲线及其研究[J].材料科学与工艺,2011,19(4):84-88.

[10] 芦俊杰.7075铝合金车身构件预硬化高效热冲压成形工艺研究[D].武汉:武汉理工大学,2023.

[11] ZHAN L H, LIN J G, DEAN T A, et al. Experimental studies and constitutive modelling of the hardening of aluminium alloy 7055 under creep age forming conditions[J]. International Journal of Mechanical Sciences, 2011, 53(8): 595-605.

[12] 袁普光.6082铝合金汽车转向节短流程高性能锻造成形技术研究[D].武汉:武汉理工大学,2023.

[13] 节能与新能源汽车技术路线图战略咨询委员会,中国汽车工程学会.节能与新能源汽车技术路线图[M].北京:机械工业出版社,2016.

[14] 刘柯军,邵亮.汽车零件失效分析[M].北京:机械工业出版社,2022.

[15] 陈吉清,兰凤崇.汽车结构轻量化设计与分析方法[M].北京:北京理工大学出版社,2017.

[16] 范子杰,桂良进,苏瑞意.汽车轻量化技术的研究与进展[J].汽车安全与节能学报,2014,5(1):1-16.

[17] 李光霁,刘新玲.汽车轻量化技术的研究现状综述[J].材料科学与工艺,2020,28(5):47-61.

[18] 王刚,安玉民,刘海涛.汽车轻量化——材料、工艺与设计[M].北京:清华大学出版社,2021.

[19] 中国汽车工程学会,中国汽车轻量化技术创新战略联盟,中国第一汽车股份有限公司技术中心.中国汽车轻量化发展——战略与路径[M].北京:北京理工大学出版社,2015.

[20] [美]P. K. 迈利克.汽车轻量化——材料、设计与制造[M].于京诺,宋进桂,梅文征,等译.北京:机械工业出版社,2012.

[21] 中国汽车工程学会,汽车轻量化技术创新战略联盟.乘用车车身零部件轻量化设计典型案例[M].北京:机械工业出版社,2020.

[22] 李永兵,李亚庭,楼铭,等.轿车车身轻量化及其对连接技术的挑战[J].机械工程学报,2012,48(18):44-54.

[23] 唐程光,刘江波,鲁后国.乘用车车身结构设计与轻量化[M].北京:机械工业出版社,2020.

[24] 张卫红,唐长红.航空航天装备的轻量化:挑战与未来[J].航空学报,2024,45(5):1-7.

[25] 廖文和,戴宁.航空航天结构轻量化设计制造技术发展现状与挑战[J].南京航空航天大学学报,2023,55(3):347-360.

[26] 王博,郝鹏,田阔,等.航空航天结构轻量化设计与实验方法研究进展[J].宇航学报,2023,44(4):596-606.

[27] 许斌,郝予琛,杨海洋,等.防空导弹结构轻量化技术的发展与展望[J].空天防御,2024,7(3):1-13,26.

[28] HAO P, LIU H, FENG S J, et al. A high-dimensional optimization method combining projection correlation-based Kriging and multimodal parallel computing[J]. Structural and Multidisciplinary Optimization, 2023, 66:18.

[29] WEI P, MA H T, WANG Y M. The stiffness spreading method for layout optimization of truss structures[J]. Structural and Multidisciplinary Optimization, 2014, 49(4):667-682.

[30] 王志祥,武泽平,王婕,等.大型运载火箭加筋柱壳近似建模方法[J].宇航学报,2020,41(10):1267-1279.

[31] WANG B, HAO P, MA X T, et al. Knockdown factor of buckling load for axially compressed cylindrical shells: state of the art and new perspectives[J]. Acta Mechanica Sinica, 2022, 38:421440.

[32] WAGNER H N R, KÖKE H, DÄHNE S, et al. Decision tree-based machine learning to optimize the laminate stacking of composite cylinders for maximum buckling load and minimum imperfection sensitivity[J]. Composite Structures, 2019, 220:45-63.

[33] 杨利鑫,何东泽,陈强,等.高温环境下大尺度薄壁结构的电性能优化设计[J].宇航学报,2021,42(9):1099-1107.

[34] 张坤鹏,郝鹏,段于辉,等.基于深度学习的多级曲线加筋壁板布局优化设计[J].中国舰船研究,2021,16(4):86-95.

[35] 石鹏.曲型加筋板、壳结构的建模方法与分析研究[D].北京:北京理工大学,2015.

[36] 周济,于相龙. 智能超材料的创新特性与应用前景[J]. 中国工业和信息化,2018(8):22-28.

[37] YU X L,ZHOU J,LIANG H Y,et al. Mechanical metamaterials associated with stiffness,rigidity and compressibility:a brief review[J]. Progress in Materials Science,2018,94:114-173.

[38] SONG Z Y,LIANG H Y,DING H T,et al. Structure design and mechanical properties of a novel anti-collision system with negative Poisson's ratio core[J]. International Journal of Mechanical Sciences,2023,239:107864.

[39] SURJADI J U,GAO L B,DU H F,et al. Mechanical metamaterials and their engineering applications[J]. Advanced Engineering Materials,2019,21(3):1800864.

[40] 高玉魁. 负泊松比超材料和结构[J]. 材料工程,2021,49(5):38-47.

[41] NEELAKANTAN S,BOSBACH W,WOODHOUSE J,et al. Characterization and deformation response of orthotropic fibre networks with auxetic out-of-plane behaviour[J]. Acta Materialia,2014,66:326-339.

[42] 谭莉,程博,贾铎,等. 多工况下的发动机支架拓扑优化设计[J]. 航空发动机,2022,48(2):90-95.

[43] XIE Y M,STEVEN G P. Evolutionary structural optimization for dynamic problems[J]. Computers & Structures,1996,58(6):1067-1073.